孔子
人能弘道

修订珍藏本　倪培民○著

李子华○译

世界图书出版公司
北京·广州·上海·西安

图书在版编目（CIP）数据

孔子：人能弘道：修订珍藏本 / 倪培民著；李子华译. — 北京：世界图书出版
有限公司北京分公司，2020.12
ISBN 978-7-5192-8085-7

Ⅰ. ①孔… Ⅱ. ①倪… ②李… Ⅲ. ①孔丘（前551～前479）—哲学思想—研究
Ⅳ. ①B222.25

中国版本图书馆CIP数据核字（2020）第242151号

书　　名	孔子——人能弘道（修订珍藏本）	
	KONGZI——REN NENG HONGDAO	
著　　者	倪培民	
译　　者	李子华	
责任编辑	王思惠	
出版发行	世界图书出版有限公司北京分公司	
地　　址	北京市东城区朝内大街137号	
邮　　编	100010	
电　　话	010-64038355（发行）　　64033507（总编室）	
网　　址	http://www.wpcbj.com.cn	
邮　　箱	wpcbjst@vip.163.com	
销　　售	新华书店	
印　　刷	三河市国英印务有限公司	
开　　本	880mm×1230mm　1/32	
印　　张	10.5	
字　　数	240千字	
版　　次	2020年12月第1版	
印　　次	2020年12月第1次印刷	
国际书号	ISBN 978-7-5192-8085-7	
定　　价	89.00元	

从1966年至1976年，中国一场"文革"浩劫，裹挟着"批林批孔"之狂飙，横扫一切秩序、诚信、信仰等以仁义礼智信为核心的中国传统文化，也刮断了包括作者和我在内的这整整一代人受系统教育的正常链条。所幸，"文革"终于结束，第二年，我们也都挤上了高等教育的"班车"。更加庆幸的是，我与这样一批"文革"十年"积攒箱底"的各路精英成了同学，而作者倪培民先生又是同学中的佼佼者。

"文革"期间，生活在上海的作者，能深刻感受到上海那座大工业城市所遭受的全方位的重创，特别是在经历了身为领导干部的父母蒙冤挨整、自己工伤九死一生等苦痛之后，对社会和人生有了更多的思考。因此，1978年，倪培民先生以上钢一厂电工的身份参加高考，他填报的第一志愿是哲学，第二志愿也是哲学，第三志愿还是哲学。在复旦七年间连获哲学学士、硕士学位，

1985年被推荐赴美国康涅狄格大学深造并获哲学博士学位，尔后在美国大学里担任教授，长期从事哲学教学和研究工作，著作甚丰，并先后担任诸研究机构和相关学会的负责人。复旦哲学系50周年系庆时倪培民获"杰出系友"殊荣。

　　我生活在农业大省湖南，在上大学前，虽有两年下乡知青的身份，但实则在农场只待了一年，第二年便被家人召回复习赶考。农场的一年，还来不及给我展开知青文学中常见的、事关前途的招工招干等现实一面，倒是实实在在感受到了一种脱离父母管束、在广阔天地里沐浴大自然本来意义上的风花雪月的自由喜悦，以及知青和乡亲们友好温暖的一面。因此在大学期间，作为一个相对低龄的学生，我的人生阅历使我对哲学的思考远没有我的同学迫切，同时深受"文革"遗风的影响，我甚至也肤浅地认为，以儒学为代表的中国哲学，就是一种禁锢思想和言行自由的枷锁，是一种迂腐过时的学问。处在那个百废待兴的时代，我和许多年轻人一样，追赶当时的潮流，向往西方的先进和自由，对西方哲学特别是萨特的存在主义更感兴趣。

　　改革开放40多年来，中国经济高速发展，世界格局也发生了很大的变化。面对能源争夺、贸易摩擦、债务危机、环境污染、种族歧视和信仰冲突、意识形态对立等不断发生的全球性问题，各种主义和思潮泛起，越来越多的人开始对近代以来的西方价值观进行批判性的反思。然而在后现代主义对现代主义进行解构的同时，更为棘手的是如何找到建构一种新的价值系统的资源。正是出于这样的需要，世界各地关注孔子和儒学的人越来越多。含有中庸之道、和合共生、天人合一等元素的中国传统文化，不仅影响了亚洲"四小龙"的崛起，也为中国重新踏上强国之路、为世界纷繁困扰的解决提供了极具价值和实际意义的启示。在这种背景下，2010年倪培民先生应上海译文出版社之邀著Confucius—Making the Way Great，即英文版《孔子——人能弘道》（以下简称《孔子》）。

坦率地说，当我第一时间拿到英文版《孔子》一书时，我担心自己是否能读完它。因为首先我的英文水平还不足以让我以读英文原著为乐；其次我早已沦为非哲学专业人士，从事着朝九晚六的行政机关工作，对哲学发展的当前趋势特别是国外的哲学现状不是十分了解；再者在深圳这样一座年轻、生活节奏很快的城市，人们确实很难有大块时间静坐下来阅读一本有关古人的书籍。但是，《孔子》一书的标题、目录很快就吸引了我，其引人入胜的内容更是将我相当长的一段业余时间全部掳去。此书不仅弥补了我对孔子和儒学方面知识的欠缺，而且书中这个既圣又凡的全新鲜活孔子及《论语》里的豁达睿智令我愉悦和深思。

作为历史人物的孔子并非生来就带着伟人的光环。他一生坎坷，甚至有被追杀的窘迫，有周游列国时在陈绝粮的尴尬，有晚年丧子和丧失爱徒的撕心裂肺的悲恸。而在他身后被捧上圣坛的时代，却又是他的学说开始变味、开始蜕变为打开权贵之门的"敲门砖"的开始。在经历了最严厉的批判，被广泛认作为"影子""游魂"和成为历史以后的今天，他又奇迹般地开始"复活"，在全世界受到广泛的关注，像是一个未完待续的精彩故事，给人留下无限遐想。

作为开宗立教者的孔子面对混乱黑暗的世道，提出"人能弘道，非道弘人"，在平凡的人生中开拓出神圣性，在最普通日常的人际关系中将有限的人生拓展出永恒，显示出了为天地立心、为生民立命的气魄和担当。他多次被打下神坛，但恰恰是他的"即凡而圣"的途径，为当今世界提供了一种既不依赖于对超验世界的盲目信仰，又超越个人、胸怀天下的宗教精神。

作为哲学家的孔子从未设想建立一套哲学理论体系，但他建立了以人际的关爱（仁），而不是以个人理性选择和抽象思维为基础的主体性。在这种主体性里，立人与立己最终合而为一。他的"无适无莫，义之与比"和"中庸之道"将冷冰冰的道德责任变成了人生的艺术。他的个人观、尊严观、语言观等，处处显示出卓越的智慧和洞见，而且微妙地结合为一个具有强烈实践倾向的整体。

作为政治改革家的孔子虽然没有显赫的政绩，却奠定了后来被孟子称为"王道"的德政理论基础。其理想社会的显著特点是和谐，"君子和而不同，小人同而不和"，差异是和谐的必要前提。此外，通过"君君、臣臣、父父、子子"，孔子表明了君臣、父子之间不仅有权利，更重要的是有责任。要以道德、能力获得或维系权利，反之则不配拥有相应的权利。这些思想蕴含着对世袭制的革命性的否定。

作为教育家的孔子，"有教无类"，就像良医门前多病人一样，吸引了大批来自各阶层的学生。这种"人人有受教育的权利"的理念在今天都是难能可贵的。他所教授的"礼、乐、射、御、书、数"——"六艺"科目，也是今天素质教育的良好典范。他因材施教、循循善诱的教学方法，坦然承认自己的无知、虚心接受批评指正的态度，本身就是对后人心目中迂腐固执的腐儒形象的颠覆。

作为凡人的孔子，他绝不只是一个天天想着社稷江山、功名利禄的人。他认为修养的最高境界就是达到"游于艺"的生活状态。他欣赏弟子曾点的志向：暮春时节，穿上春服，携好友弟子，到沂河里戏戏水，在舞雩台上吹吹风，然后一路唱着歌儿回家。他享受锦衣美食、喜欢音乐和歌唱、有着古怪的衣食习惯。也会犯错误并且遭遇尴尬的局面。当然，孔子受时代的限制，还有观念的局限，甚至也似乎闹过绯闻——"子见南子"。但对他的所谓精英主义、男性至上等的指责，却常夹杂着批评者的偏见。

以上点点滴滴仅仅是一串雪泥鸿爪，要想更多地了解孔子，还得继续沿着这串爪印前去看个究竟。

好在书中对孔子及《论语》的读解严谨而不晦涩，通俗而不肤浅，内容丰富而不长篇大论。这吸引着我不畏艰难、尝试把它译成中文，以提升我中英文的双重理解力。也就是这样一部读书笔记式的"译作"，被作者看到后，认为基本意思都在，文字尚可，遂复加以修改润色，并得到上海人民出版社的青睐，故在2013年中文版《孔子——人能弘道》问世。而后五年中，此书很快脱销。鉴于此书英文版后来在美国又出版过修订本（*Confucius, the Man and the Way of Gongfu*，Rowman & Littlefield，2016），并被北美诸多大学用作教材，声誉颇佳，北美哲学年会上还曾有过关于此书的专题讨论，故以此为依据将中文版也做了相应的修订，付梓再版。

在今天这个多元矛盾、急剧变革的时代，每个人都面临这样那样的困惑，或许我们可以暂时放下躁动的欲念，在某个从容的时分，捧一杯清茶，临窗而坐，慢慢地翻阅此书，静下心来感悟先哲的思想，温故知新，借古人的智慧找到我们前行的方向和力量。愿《孔子》能带来一份精神滋养！

李子华

2020年8月于深圳

在我即将完成此书初稿的时候（2009年10月），正巧美国众议院通过了一个纪念孔子诞辰2560周年的决议，以弘扬他在哲学、社会和政治思想上的杰出贡献。[①]该决议准确地把握了为什么要特别关注这样一位中国古代思想家的两个主要理由。

其一，"作为历史上最伟大的思想家、教育家、社

[①] 需要说明的是，这个决议并不说明美国政府或者美国整体上对中国儒家传统思想有深刻的认识和认同。美国虽说以多种文化的"熔炉"（melting pot）而自豪，实际上占统治地位的一直是西方近代理性价值观。在美国社会中的多元文化因素，更多的是像动物园里关在笼子里的动物，或者是像购物中心的美食广场里各种食摊之间的关系，没有真正的碰撞、交流和交融。发人深省的是，在美国众议院通过该决议案以后，许多美国网民评论说，这些议员是吃饱了撑的，放着美国这么多亟须处理的难题不去解决，却去讨论纪念一个中国的古人。这一方面反映了美国社会许多问题亟待解决，但另一方面也恰恰反映了美国不少民众对他们国家所面临的诸多问题的深刻根源缺乏认识，对其他文化资源毫无兴趣，因此更有必要让他们和整个西方世界了解孔子这位"中国古人"的思想对当今世界的深远意义。

会哲学家之一，孔子的哲学曾经和继续深深地影响着世界各国的社会和政治思想"。确实，如果不掌握儒家的主要精髓，就不能了解中国及其邻国如韩国、日本、越南等国的历史。虽然经历了最近250年的社会和政治的巨变，孔子在这一地区的影响已远不如过去那样明显地占统治地位了，但它仍无处不在，而且深刻地影响着这里人们的生活方式和人们对社会变迁的态度。两千年以来，孔子的影响已渗透到东亚地区的政治制度、社会习惯、生活方式和待人接物的各个方面；离开了儒家传统这一渊源几乎就无从理解东南亚文化的特征。比如，与中国发展外交关系，必须了解其"中"国的心态源自何处，以及它如何演变成复杂的民族认同感；与中国人交友，也必须了解他们处世方式的文化根源，否则就会有种种误解。研究孔子，好比在追溯东方文化的源流，因为孔子思想最早塑造了东方文化，尽管这种文化经过了岁月洗礼已经演化出许多新的表现形式。随着中国乃至整个东亚经济的发展和在世界舞台上地位的提高，以孔子思想为核心的儒家文化也在世界范围内发生越来越大的影响。了解孔子的思想，成了当今世界上任何一种基本文化教育都应该覆盖的范围。

其二，也是更为重要的一个理由是，面对今天这个充满危机和挑战的世界，孔子思想是我们丰富的灵感之源。在震撼全球的两次世界大战期间，一些最"先进"的国家却展示了最无人性的残忍。二战以后，尽管人类在其他领域取得了惊人的成就，世界却继续笼罩在危险和不安之中。曾经在科索沃、卢旺达、美国"9·11"事件及苏联斯大林时代、中国"文化大革命"时发生过的许多悲剧，今天仍在世界各地继续上演，只是规模不同而已。面对恐怖主义威胁、生态环境的破坏和全球性的金融危机等，我们不得不反思从西方启蒙主义运动以来就被看作理所当然的那些最基本的价值观和生活方式。倒不是孔子有先见之明预知了当今这些问题并提供了解决的方案，正如美国众议院的决议所说，孔子的教义把内省、修身、"诚"和礼仪作为达到个人和公众生活的公正和道德的方法，体现了"一种最高的道德境界"，"是规范行为和促进人间和谐的典范"，"是对我们应当以最崇高的敬意来履行的责任的提醒"。作为一种极不同于当今流行的现代西方观念的人生指南，儒家给我们提供了一个珍贵的价值取向和智慧的源泉。

这本书意在为一般读者全面地介绍孔子。为了让孔子尽可能通俗易懂地鲜活有趣起来，书中引用了大量的历史故事和例子。当然，对于任何一个不满足于走马观花地了解一些皮毛、想对孔子有点切实理解的人来说，我们还必须进入孔子思想本身所要求的深度，而这恰恰是大多数介绍孔子的通俗书籍的不足之处。为什么孔子的影响能够如此之大，以至于超越其他所有思想家而成为中国文化的象征，甚至塑造了整个东亚文化？在他那些看上去零零碎碎，类似于"签语饼"式的话语后面，隐藏着什么样的深刻智慧？为什么在两千多年以后的当代，在被其批判者多次宣布死亡以后，他又能够复兴并重新受到广泛的认可？这些问题不能仅仅用重复他的生平故事和简单列举他的主要观念来回答。

对今天初学孔子的读者来说，首先遇到的困扰是孔子的教导没有明显的逻辑顺序和系统的阐释。记载孔子思想的儒家经典，无论是《论语》还是其他著作，大多是将他的谈话和人生趣事随意地汇集在一起，没有前后关联和情境介绍。它们常常是要么令人困惑不解，要么显得与我们今天的生活没有关联，再就是没有任何解释的道德说教。要克服这些困扰，就必须要对孔子的言论做出尽可能完整的阐释。为了系统地介绍孔子，本书分成了以下六章，每章介绍孔子及其思想的某一个方面：作为历史人物的孔子、作为开宗立教者的孔子、作为哲学家的孔子、作为政治改革家的孔子、作为教育家的孔子以及作为凡人的孔子。当然，这种系统的介绍和阐释，并不能取代阅读《论语》等儒家的原著，因为这种分门别类的介绍毕竟有将原本千丝万缕互相联系的整体人为地分离成片段的危险。完整的孔子体系更应该看成是一个水晶体，其任何一面都能反射出其他各面，又完全不必介意从哪一面开始欣赏。有时候，《论语》里关于宗教精神的论述也同样反映了孔子的政治或教育观，而他的教育思想也同时包含着他的哲学，乃至他的为人。想深刻地了解孔子就部分地依赖于对这种全方位的链接的认识。正因为如此，本书不同章节里某些内容的重复不仅在所难免，而且是必须和可取的。《论语》里的同一段话，可能在不同的地方被重复引用，因为它的内容可以与好几个主题相关。为了帮助读者了解这种关联，本书提供了《论语》引文的索引以及人名和主题索引，便于读者跨章节阅读，并将此书作为阅读《论语》本身的参考指南。

在上述困难的背后，是一个更深的、无法用结构排列之类的技术手段来逾越的障碍。现代西方概念体系在全世界的流行一方面有助于从不同的角度去读解孔子，但另一方面也增加了理解和欣赏孔子的难度。今天，无论在西方还是中国，不仅普通读者会有近西方概念易、近儒家观念难的感觉，即使是卓有成就的学者，也会局限于自己所受到的西方文化训练，而对孔子产生曲解。尽管一代又一代的儒学家在努力展示儒家作为严肃哲学的风采，像其所对应的西方哲学一样，但因为儒家与西方主流哲学的巨大差异，那些试图用西方哲学概念来阐述儒家思想的努力，结果具有讽刺性地反而抹杀了儒家哲学的特点，或者是加深了儒家思想与哲学无关的印象！

孔子的基本思想关注的是人的修炼和转化，是对人生的指导，也就是宋明儒家慧眼独具地称之为"功夫/工夫"的学问。将它诠释为像西方主流哲学那样的旨在提供有关实在世界的真相的理论体系，或者是某些普遍道德原则的理论依据，是极大的误导。但也正因为儒家有此特点，它具有特别的理论价值。它可以帮助我们看清那个被忽略了的、指导人生的层面需要引起人们更多的关注。以孔子的"功夫"视野来审视西方哲学至少会和以西方哲学的视野来审视孔子一样对我们有帮助和启发，或许还要更多一些。

今天，"功夫"一词通过武术而深入人心。不仅是西方人士，即便是中国的年轻一代，听到"功夫"这个词，首先会想到的就是武艺精彩的特技演员李小龙、成龙和李连杰的形象。这个概念有着双重的误解：一是把功夫误解为仅仅是武术，二是认为武术只是一种简单的搏击和杀伐之技。事实上，功夫远不只是武术，真正的武术也远非只是搏击之技。"功夫"一词最早以"工夫"的形式出现于公元3—4世纪的魏晋时期，它最初指的是"夫役"，即劳动力。在其以后的发展过程中，"工夫/功夫"衍生成了一个包含多重含义的概念簇的总称。它可以指在某件事情上所花费的时间和努力（工夫）、达到某种预期效果的能力（功力）、方法或者手段（功法）以及这种努力和方法产生的结果（功效），并因此而被广泛运用于各种需要修炼而成的技艺上，不管它是烹饪的技艺、演讲的技艺、舞蹈的技艺、处理人际关系的技艺，还是作为所有的生活艺术的总称。

宋明儒家和道家、佛家都曾毫不隐讳地宣称自己的学说是"功夫"。这种广义理解的"功夫"给了我们一把打开中国传统哲学之门的钥匙。有了这把钥匙，你会发现儒家学说之所以表面上看起来缺乏逻辑联系，乃是因为它的动机本来就不是提供一种理论的论说。但这绝不意味着儒家学说没有自己的逻辑。一个理论通常是从罗列可靠的前提出发，通过论证，逐渐得出结论。而一个功夫体系，则开始于实践者的既有条件，经过一步步地引导和实践，逐渐达到较高的艺术水准。理论论说中的各个部分是依靠逻辑连接在一起的，因而它们的顺序是线性的，而功夫体系的各个部分是通过因果的实际蕴含连接的，这种连接更加动态。它们与其说是通过大脑来综合，通过词汇来展现，不如说是通过一个人具身的（embodied）倾向性和能力来综合，并通过人生的阅历在时空中展现的。

同样，我们会意识到，功夫体系里的表述常常不是用来描述什么事情。正如英国哲学家奥斯丁（J. L. Austin）指出的，我们可以用词语来落实行为，如做出承诺、道歉、答谢、动员、铺垫、调整心态甚至转化人生。中国古人对此有一个特别的词语，叫作"以名制实"，就是用语词来改变现实。从功夫的角度去阅读儒家经典，使我们具备了对语境和语词在特定的"语言游戏"当中所扮演的角色的敏感度。后面我们将会看到，这个视角会怎样帮助我们理解孔子关于自己与天的关系的那些说法以及他是怎样教导学生的。

拥有了这把钥匙，我们还会认识到，作为功夫体系对儒家学说的评价也必须有别于对理论论说的评价。功夫指导的说服力终究不是依靠逻辑证明，而是依靠其获得的功效。因而，在功夫体系里，对立的表述可能在各自的不同语境下都是有效的（比如孔子对不同弟子所问的同一问题会做出不同的回答）。而且，尽管因为考虑到功夫的有效性，一个教导会以普遍律令的形式出现，但最终它仍可以允许"权"（权衡）而具体地灵活使用（见第三章对儒家"金律"的讨论）。再者，由于功夫的"有效性"依赖于不同的价值观，功夫体系不像真理主张那样是排他的。它不必宣称自己是唯一正确的艺术形式。这并不意味着它否定对错和好坏之分，而仅仅意味着它像艺术的任何形式一样，把判断对错、好坏的标准交付于人们经过修炼以后所形成的鉴别能力。

　　拥有功夫视角这把钥匙，人们会进一步看到，作为功夫的一种方式，儒家学说的终极目标不是建立道德规范来束缚人，而是提供一种让人美好、艺术地生活的指南。换言之，儒者与其说是道德家，不如说是美学家。儒家当然也关心道德，但是用今天通常意义上的道德概念去把握孔子的目标就太狭隘了。孔子的目标远远超出了道德义务的范围而进入了艺术人生的领域。道德是作为职责而强加于人的制约规范（无论是通过外力，还是按照康德伦理学所说的通过自律），而功夫指导是使人能够艺术地生活的荐引；道德规范不允许有例外，而功夫指南却像操作程序，允许灵活使用；道德规范是存于大脑里的原则，而功夫能力必须成为身体的倾向性和习惯；道德规范可以通过抽象概念来教育普及，功夫则需切身地模仿大师的举止动作（这就是为什么《论语》里包含了大量有关孔子生活方式的琐细记录）。从道德观点来看，孔子的仁是使人向善，而以功夫的视角看，仁直接就是激发巨大能量的功夫。

　　最后但更重要的是，功夫观提醒我们，像艺术的任何形式一样，孔子的功夫之道只有通过实践才能领悟。一个从未入水的人，不管他学了多少关于游泳的知识，都不能充分领会游泳是怎么回事。同样，不将儒家学说与一定的人生体验和实践结合起来，也无法理解孔子和他的弟子颜回在贫困之中所依然享受到的乐趣，也无法理解颜回何至于痴迷于学习到欲罢不能的地步。传统上，儒家经典是不求甚解地先背诵和遵从的，因为只有在反复践行的实践经验中，才能形成真正理解的能力。正如宋儒程颐所说："读《论语》，未读时是此等人，读了后又只是此等人，便是不曾读。"关于如何读《论语》和《孟子》，朱熹曾说：

> 不可只道理会文义得了便了。须是仔细玩味，以身体之。
>
> 且如"学而时习之"，切己看时，曾时习与否？句句如此求之，则有益矣。（《朱子语类·语孟纲领》）
>
> 语孟二书，若便恁地读过，只一二日可了。若要将来做切己事，玩味体察，一日多看得数段，或一两段耳。（《朱子语类·读书法下》）

程朱二人都指出了两种不同的读书途径，一种是凭借理智前往，另一种是运用功夫靠近。前者只要求字面上的理解，后者要求在实践中反省所学所用；前者仅导向书本知识，后者导致具身的理解和整个人的提升；前者被动地从书本那里接收信息，后者与文本互动，通过切身的参与让文本鲜活起来。鉴于命题性的路径和教化的路径之区别，或许可以不算夸张地说，以纯理论的身份读儒家学说，无异于把菜单当作了美食本身。

本书的一个特点是采用了比较的方法。在将孔子的功夫之道与西方主流的理智主义作比照的同时，本书也将其与近现代西方的主流价值对话，如信仰、尊严、人权、正义、平等、自由、民主、科学等。近代以来，儒家的批评者们把这些价值当作衡量儒家之落后过时的标尺，而儒家的辩护者们也往往把那些价值当作无可置疑的前提，试图论证儒家思想与它们并非不可兼容，它们当中的有些成分甚至早已存在于儒家思想当中。与这些取向不同，本书力图发掘孔子思想对当今社会和人生的启发意义。它重点发掘了儒家思想在上述这些价值论域当中能够对西方观念提出哪些质疑，并着重揭示了在后现代的语境下，儒家思想如何能够成为这些价值升华的建构资源。

不仅是通过西方的观念来解读孔子会造成误解，而且，用西方的语言来阐述孔子，这本身似乎就是一个困境。大多数人都会觉得，除了用古汉语，任何其他语言都会给解读孔子增加一层额外的屏障，容易带入更多的误读。确实，许多儒家思想中的关键概念，在英文里面没有准确的对应词汇。因此有些时候，我们只能用拼音来表示一些概念，然后配以较多的文字解释来澄清这些概念的含义。仔细的读者会发现，有的时候，同一段引文，出现在不同的上下文里，也会有些细微的不同解释。①这是因为原文的丰富含意从不同的角度来读的时候，会显示出其不同方面的内涵。然而，我们所使用的语言与儒家经典所用的古文之间的距离，并不一定是个不利条件。正如中国有句古诗云："不识庐山真面目，只缘身在此山中。"这种语言的差异所造成的空间，反而使人们可以在一定的距离之外，以一个新的视角看得更加清楚。

---

① 这一点同样适用于用现代汉语翻译儒家经典的原文。

　　此书中的引文，绝大多数出自《论语》（杨伯峻：《论语译注》，中华书局1980年第2版），所以凡引用《论语》的时候，我将仅标注其章节。如"2.1"就表示出自《论语》第二篇"为政"第一节。

　　在此我要感谢我的好友和昔日大学同窗赵月瑟提议并推荐我来为"发现中国"丛书写这本书。还有我的同事斯蒂芬（Stephen Rowe）教授、单富良教授以及我的学生詹尼弗·莱奇（Jennifer Lechy）和安东尼·伯格曼（Anthony Bergman），都曾仔细地阅读了书稿并且提出了宝贵的意见，使此书无论在可读性还是表述的精确性上都得到了提高。最后，但绝对不是最次要的，是我要感谢我过去的恩师、后来的挚友和广义上的同事罗思文（Henry Rosemont）教授和库普曼（Joel Kupperman）教授。他们使我更加深刻地领会到了我们中国文化传统的博大精深，并让我见识到了真正的君子之风！

倪培民

2010年1月于美国密西根

2015年5月为英文新版修订于上海

目录

第三章
作为哲学家的孔子

第四章
作为政治改革家的孔子

第五章
作为教育家的孔子

第一章

作为历史人物的孔子

孔子（亦称孔夫子，前551—前479）姓孔，名丘，字仲尼[①]。与其他许多历史人物相比，孔子的一生并没有什么传奇色彩，因此任凭是谁要想拍一部孔子的传记电影，注定了会是乏味的，除非脱离史实，刻意编造出一些离奇情节来。但孔子对中国历史和文化的影响却是无与伦比的。他被看作中国最伟大的教育家、至圣先师。他的理论奠定了一种哲学基础，而这种哲学后来成了中国伦理、法律、政治、教育和日常生活的指导法则，成了在两千多年漫长的中国历史长河里，从帝王到平民，每一个人都必须遵从的规范（虽然事实上违背这些规范的事情时有发生）。当西方近代的一些启蒙学者从曾经到过中国的传教士那里接触到孔子的思想时，他们十分惊讶和兴奋地发现：一种人道主义哲学成为中华文明的脊柱几乎已有两千年之久了！

然而同时，儒家思想也在这漫长的历史中遭到了严重的扭曲和误解。它被扣上脱离实际、迂腐、僵硬保守的帽子。在近代中国的启蒙浪潮中，儒家被指责为轻视体力劳动、男尊女卑、裙带关系、专制独裁的根源，是中国旧时代里政治腐败、压迫妇女、纳妾、溺婴和文盲

---

① 中国古代人的名和字是两回事。字一般是在一个人成人的时候开始使用的。按照《礼记》的说法，在一个人成为成人之后，其同辈人便应当以字来称呼他，而不能直呼其名。

等一切倒退和愚昧现象的罪魁祸首。在鲁迅（1881—1936）的著名短篇小说《狂人日记》里，它甚至被描写成吃人的礼教。

　　的确，古今中外，孔子及其儒家学说被演绎成形形色色，以至于很难发现真正的、历史本来面貌的孔子。有人甚至认为，我们今天所说的孔子的形象及其学说在很大程度上是人造的（Jensen，1997）。然而正因为如此，真正的孔子已超出了历史上那个名叫孔丘的个人。完整地发现孔子只能来自不断地重新研习他丰富的学说。正如一个人只有在爆炸的纷乱中才能看到焰火的真相一样，儒家学说的历史演变，虽然在一定程度上遮蔽了其原始真容，但更多地展现了其内在的丰富。

很久很久以前……

　　孔子出生在周朝晚期的春秋时代（前770—前476）。当时的中国已经有两千多年的文明史了。虽然人们对于远古的知识主要是依靠流传下来的传说和诗歌，那里面所蕴含的文明的信息已经相当丰富。有关远古圣王如尧、舜、禹的故事，在孔子及其同时代其他人的论述中就经常提及，而且他们对其真实性似乎毫不怀疑。据信，那些圣王具有高尚的人品。尧和舜在挑选王位继承人时，根据的是品德和才干，而不是血缘。禹去世以后，他的儿子启继承了王位，从而才开始了王位由直系后裔继承的历史，这标志着夏朝的开始（前21世纪—前17世纪）。如果说夏朝到底是否真正存在过还缺乏直接的考古依据，那么随后的商朝（前17世纪—前11世纪）的存在，却因近100多年来在河南安阳以及其他遗址考古挖掘出的大量青铜器、甲骨文、动物化石等等，而得以证实。这些文物显示了早在商朝，中国在农业、制陶、冶炼和纺织方面，已经有了高超的技艺。

商朝延续了600多年，直到被渭河流域（主要范围在今陕西省境内）的周人所推翻。和最后一个商王纣的极端荒淫残暴截然不同，周朝（建立于公元前1122年）的奠基者文王和他的儿子周公效法古圣王尧、舜和禹，奠定了一个人道的政治体系，并继承和改良了传统的礼仪。他们宣称自己推翻商朝是一种解放压迫的革命行为，是遵从了天命，而人民的意志就是天命的象征。"皇天无亲，惟德是辅"[①]，因而，他们推翻商朝的革命不仅是合法的，而且是神圣的。一个纯粹的叛乱首领和受命于天的新统治者之间的区别就是，后者有人民的支持。周朝取代商朝的胜利本身就象征着周朝的新统治者与天有着一种神秘的联系。这一宗教因素，在周朝后来长达数百年的历史中，对有效地控制散落在幅员辽阔国土上的各诸侯国起到了重要作用。它使周天子所赋予其王室亲属诸侯国的统治权带上了一层神圣的色彩，使中央王权和诸侯的关系成为既是血缘的也是宗教的双重关系。

此外，周朝不仅保留了对自然神和祖先崇拜的传统礼仪，还在社会生活的方方面面发展了新的礼仪。各种礼仪中所运用的音乐和舞蹈，获得了维护社会秩序的特殊意义，以至于礼仪所祭奠的神灵的重

---

① 《书经·周书·蔡仲之命》，见Legge译本，第490页。

要性反而退居第二位了。礼仪本身成了天命秩序的象征。正是从这一传统出发，孔子发展出了他自己的人道主义和礼的思想体系，后来成为绵延了两千多年的传统中国文化之主流。

到春秋时期，周朝的社会秩序已开始出现危机。既然天命唯有德者得之，也就表示天命不会永久地属于某一个朝代。随着后继的周王越来越乏善可陈，他们的号令也就越来越不管用了。各诸侯领主开始不服从周王的号令，且他们相互之间的矛盾加剧，强国吞并弱邻国土，使得各诸侯国的边界线变换不定，周天子最后像木偶一样被强势的诸侯任意摆布。

同样，随着各诸侯国内部一些大臣的家族势力的增强，这些人也轮番地威胁着诸侯的权力。拿孔子的家乡鲁国来说，其实际权力就主要掌控在孟、叔、季三家手里。这三家是鲁桓公（前711—前697年在位）三个儿子的后裔，故也称"三桓"。他们涉嫌谋杀了两个鲁国君主继承人，并扶持了一个他们所喜欢的继承人于公元前609年即位。在公元前562年，他们又瓜分了鲁国，"三分公室而各有其一"，只给鲁公留了一小部分的税收。

在一个强权横行的时代，宗教和伦理自然受到了削弱，民众的生活动荡不安、痛苦不堪。没有法律，只有强权的随意操控。下级要冒死来向上司进言，亲友一夜之间可以反目为仇，暗杀成为一种热门职业，一国的堂堂诸侯转眼就变为他国的阶下之囚。公元前593年，宋国的国都被长时间围困，以至于城内百姓饿极而"易子而食"（《左传·宣公十五年》）。

即使当时也有零星的表现仁爱、忠勇和节气的动人事迹，可是怎么才能维护这些德行并让它们盛行？说得更透彻一点，在这样一个社会里，这些仁爱、忠勇、节气究竟是美德抑或仅仅是愚蠢？显然，那个社会积弊很深。可是用什么方法能够解决这些积弊？或者，从根本上说，问题究竟出在哪里？

关于人生、信念以及社会危机的解决方案等问题，自然地成了那个时代最优秀的思想家共同关注的中心。这些思想家通常来自一个叫作"士"的社会阶层。"士"有点类似于欧洲的骑士和日本的武士，最早是指古代的武夫，后来这个概念逐渐演化为泛指那些出身高贵、受过良好教育而由于世道变迁而坠入社会中下层的人。他们有理想、不满于现实、对如何改善社会和人们的生活往往有一套自己的想法。

正是在这样一个历史背景下，中国进入了一个思想和文化的黄金时代。儒家、道家、法家和许多其他学派的思想家纷纷涌现。这个被称为"百家争鸣"的时代，无论在对中国古代文明的影响力还是在思想的深刻性上，都完全可与古希腊文明的黄金时代媲美。而且这些思想家涌现的年代，也大致与古希腊哲学家如苏格拉底、巴门尼德、赫拉克利特、阿基米德、柏拉图、亚里士多德，还有世界其他地区的著名思想家如乔达摩·悉达多（释迦牟尼佛），古印度《奥义书》的作者，希伯来的以利亚、以赛亚、杰里迈亚等人所生活的年代相当。这些思想家都对后来的哲学和宗教产生了深远的影响。在那个不同地域之间几乎不可能有信息流通的年代，世界各大文明却奇迹般地同时出现了群星灿烂的哲学家、思想家，并行地发展出了世界各大文明的思想基础，这一奇妙的现象触发了德国哲学家雅斯贝尔斯（Karl Jaspers）的极大兴趣。他发明了"轴心时代"（the axial age）这么一个词来形容这一时期（前800—前200）。

一个出身贫寒的人

公元前551年，孔子出生在以存继先周礼乐而著称的鲁国的陬地，靠近今天中国山东的曲阜。据大约成书于公元前4世纪的历史书籍《左传》记载，孔子的祖上本是宋国的一个贵族，因受政治株连，逃到鲁国。据说，他的家族渊源可以一直追溯到商朝王室。对此学术界是有争议的。许多学者怀疑，这种说法与其说是历史事实，不如说是后人认定像孔子这样的伟人必须有一个贵族血统而假设编造出来的。在《孔子家语》和汉代历史学家司马迁（前145—前90）写的《史记》里是这样说的：孔子的父亲是一个下层军官，叫叔梁纥（叔梁是字，纥是名）或孔纥。他的第一个妻子生了8个女儿，没有儿子。为了有个儿子承继香火，他便纳了一个妾，却又生了一个瘸腿的儿子叫孟皮。由于渴望有一个健康的儿子，他在60岁的高龄又娶了颜家三女儿中最小的女儿颜征在，他们在尼山许愿求子后颜终于怀孕，随后生下一个前额凸成小山丘一样的儿子，这就是孔子为什么名丘、字仲尼。"丘"即山丘，"仲"意为老二，而"尼"字意指尼山。孔子3岁丧父，由母亲拉扯长大，大约17岁时母亲又去世了。大概也是基于圣人必须血统高贵的同样原因，其母颜征在也被说成是周王室的后裔，其血缘可上溯到周公！

孔子自己从来没有夸耀过他所谓的贵族身世。他说："我小时候家里穷，所以学会了许多无足称道的技艺。"[①]据孟子说："孔子曾

[①]　吾少也贱，故多能鄙事。（9.6）

经做过管理仓库的小吏。他说：'无非是计算出纳不出差错罢了。'他也曾经做过管理牲畜的小吏。他说：'无非是让牛羊都茁壮生长罢了。'"①当然，这并不等于孔子出生于社会的最底层。虽然他的家境贫寒，但显然他还是受到了一定的教育，而且学了一些家境较好的人才能学的技艺，如射箭和音乐。

孔子自豪的是他在15岁时就有志于学，并一直保持了不断学习的习惯。不同于今天的学龄期儿童，少年孔子没有学校可进，也没有很多书可看。那时候教育大多是家庭的事情，或者是在官府里跟班，边干边学。那时候书籍也非常有限，很难得到。由于纸张和印刷都还没有被发明出来，所谓书籍是用手抄在又重又容易散落的竹简上的。孔子从未有过单独、固定的老师，他的知识来源也不限于书本。他说："三个人同行，其中便一定有可以作为我老师的人。我选取他的优点向他学习，看到他的缺点就作为借鉴而改正。"②他也在旅行中通过参访历史遗址、体验生活、反省他所经历的事情来学习。比如，走进太庙，他会详细询问，因为那是周文化保存最好的地方。"登东山，他看到了鲁国之小，登泰山，又体会到了天下之小"。③这种认识有点类似西方柏拉图的洞穴论：一个人的认识受制于他所处的位置。

大约在孔子30岁的时候，他已吸引了一帮年轻人拜他为师了。有一件事颇能说明他作为一个老师的名气。他34岁的时候，鲁国的贵族、三桓家族成员之一孟僖子在临终前特地叮嘱两个儿子拜孔子为师

---

① 孔子尝为委吏矣，曰："会计当而已矣。"尝为乘田矣，曰："牛羊茁壮长而已矣。"（《孟子·万章下》）

② 三人行，必有我师焉：择其善者而从之，其不善者而改之。（7.22）

③ 孔子登东山而小鲁，登泰山而小天下。（《孟子·尽心上》）

（《左传·昭公七年》）。孔子被认为是中国历史上建立学校和将教育体制化的第一人。当然，这里的"第一"大约指"首要的"，因为据《孟子》所载，孔子以前早就有学校了。而且确实，孔子也历来是被作为中国第一位的教育家来尊敬的。

根据一个也许有点夸张的说法，孔子一生有弟子3000人，其中身通"六艺"者有72人，世称72贤。"六艺"指的是"礼、乐、射、御、书、数"，即礼仪、音乐、射箭、驾驭马车、写作和数术。他教育弟子如何成为君子，即一个堪当表率的人，其中包含但绝不仅仅局限于成为一个有才干的政治家。事实上他的一些弟子在政治舞台上的确担任了重要的角色。在《论语》里提及的22名弟子当中，至少有9名曾担任重要官职，其中3名先后任季氏宰，即在掌有鲁国实权的季氏家族里担任主管。在当时的鲁国，这是不靠世袭而能获得的最高官职了。

孔子之所以能成为孔子，当然不仅仅在于他教了哪些课程，或者带过多少学生，也不在于他的学生有多少人当了多大的官①，而更重要的是在于他所传授的人道主义精神，或者说是他所弘扬的道，以及孔子本人渊博的知识、深邃的智慧、真诚的人品和超凡的魅力。他的弟子把他看作是无与伦比的圣人，心甘情愿地追随他终生。据说，孔子去世后，他的许多弟子为他服丧3年，这种礼仪一般只用于亲生父母的。更有甚者，其中一名叫子贡的弟子，住在孔子墓旁的一个小棚屋里整整服丧了6年！

---

① 他的弟子冉求当了季氏宰，却帮着季氏聚敛财富，他怒而宣布与之脱离师生关系，说："冉求不是我的学生！你们可以大张旗鼓地去攻击他！"〔季氏富于周公，而求也为之聚敛而附益之。子曰："非吾徒也。小子鸣鼓而攻之，可也。"（11.17）〕

像苏格拉底一样，孔子似乎从未亲自著书立说。他的主要学说集中在一本根据他弟子的记忆和笔录整理而成的《论语》之中。《论语》中记载了他的一些感悟格言、人生遭遇、与弟子的对话以及某些弟子的言论。尽管书中某些章节的真实性尚有争论，因为它们似乎与孔子的主要观点有所脱节，但《论语》仍然是反映孔子学说最可靠的原始资料。

孔子认为他自己只是一个文化的传循者，而不是一个首创者。① 他声称他所教的智慧早已存在于古代传统的礼仪、历史、音乐、诗歌和其他有限的文字记载当中。那些典籍虽然历经动乱的冲刷和破坏，在那个时代还依然可以找到。孔子的思想中，也确实处处反映出他汲取了包括《周易》《诗经》《尚书》《周礼》等古代文化的养料。孟子（前390—前305）因此而称孔子为"集大成者"。但事实上，孔子也是那一时代具有创新乃至革命意义的思想家。他的学说创造性地改造和重塑了传统，并且他对传统中有价值的内容具有极为深刻的洞察力。他使周朝早期文明和礼仪传统中的人道主义合理化，同时将两者推向一个新的重要高度，并卓有成效地传承给他的追随者，影响和改变了他们的人生。

据称孔子曾经修订编辑过"五经"，包括《诗经》《尚书》《礼记》《周易》《春秋》。据《史记》的作者司马迁说，孔子从他那个时代流行的3000首诗歌中挑选了305首编辑而成《诗经》。虽然我们对孔子在多大程度上编辑了《诗经》尚不清楚，但是他曾经编辑过《诗经》这一点是毫无疑问的。《论语》告诉人们，孔子说："吾

---

① "述而不作，信而好古，窃比于我老彭。"（7.1）此处"述"字当理解为"循"（许慎：《说文解字》），不仅仅是叙述的意思。

自卫反鲁，然后乐正，雅、颂各得其所。"（9.15）如果把孔子的编辑《诗经》仅仅看成一个技术性的工作，那显然是错误的。从孔子对《诗经》的引用和解释当中可以看出，他对《诗经》的编辑不仅使蕴含在那些诗歌中的人生哲理得以凸显，而且使这部书远远超出了文学作品的范畴，成了寓教于诗的儒家经典。

同样地，虽然《春秋》在表面看来只是单个事件的堆积，诸如战争、政治兼并、死亡，甚至像"某年春无雪""八哥飞来筑巢于树"等平淡无奇的自然事件，但据称孔子通过运用语言的遣字造句和资料的取舍安排，在这本书里很艺术地引入了褒贬，巧妙地传达了道德思想，因此这本书与其说是一部历史书，不如说是一个伦理经典。孟子说："世衰道微，邪说暴行有作，臣弑其君者有之，子弑其父者有之。孔子惧（深为忧虑），作《春秋》。《春秋》，天子之事也，是故孔子曰：'知我者其惟《春秋》乎！罪我者其惟《春秋》乎！'"（《孟子·滕文公下》）著史书以明褒贬，这本应该是天子的职责。因而孔子作《春秋》是做了天子应当做的事，所以说也许孔子会因为作《春秋》而受到怪罪。但也正是通过《春秋》这部书，人们可以了解孔子的苦心。孟子接着说，从前大禹制服了洪水，天下才得以太平；周公兼并了夷狄，赶跑了猛兽，百姓才得到了安宁；"孔子成《春秋》而乱臣贼子惧"（《孟子·滕文公下》）。

的确，关于这本书究竟是孔子的微言大义，借历史之名行道德说教之实，还是它只不过是一部粗陋的历史记录，早已存在着争论。但它看上去像是一部古怪和乏味的历史书，这恰恰显示了它的根本目的不完全是记录历史！

尽管孔子的气质更适合于做一个学者和教师，但他把政治改革作为终生的追求。带着强烈的弘道的使命感和推动世界和谐有序的雄心，孔子花了大量的时间努力推行他的政治理想。有一次（前502年），孔子甚至认真地考虑过接受一个叫作公山弗扰的人的任职邀请。该人盘踞在费邑，起兵对抗季氏。

弟子子路直率地问孔子："没有地方去也罢了，为什么一定要去公山氏那里呢？"

孔子说："那个人叫我去，难道我会白去吗？如果有人用我，说不定我能让周文王和周武王的道在东方复兴呢！"①

据说鲁定公在第二年（前501年）任命孔子为中都令，他只花了一年的时间，就让这一地区和平安康下来，随后即被提拔为鲁国的司寇（司法部部长）。期间，在一次齐国和鲁国的诸侯盟会上，他成功地击败了齐国对鲁定公进行武装袭击的阴谋。当然，学术界怀疑这些说法的可靠性，他们认为，这是后来儒家弟子编造出来的，因为如果是真的，《论语》不可能对这些重大事件只字不提。

不管孔子是否担任过上述那些官职，可以肯定的是，他蔑视季氏篡夺国君之权。《论语·微子》间接地告诉人们，他在季桓子手下的确担任过公职，但后来季桓子接受了齐国赠送的女乐，君臣沉湎于声色，三天不上朝，孔子遂以辞职表示抗议。②对孔子来说，国家政治清明，可以做官领薪俸；国家政治黑暗，也去做官领薪俸，这就是耻辱。③

带着对鲁国政治黑暗的深深失望，孔子在55岁之时决心离开鲁

---

① 夫召我者，而岂徒哉？如有用我者，吾其为东周乎？（17.5）

② 齐人归女乐，季桓子受之，三日不朝，孔子行。（18.4）

③ 邦有道，谷；邦无道，谷，耻也。（14.1）

国，开始周游列国，以谋求能起用他、让他实现其人道主义政治主张
的君主。根据司马迁的《孔子世家》记载，在离开鲁国前，孔子还在
靠近鲁国南部边境一个叫屯的地方住了一夜，希望鲁国国君和季桓子
看到他离去会感到后悔，并会来挽留他，但是他们没有如孔子所愿。

　　于是，他周游了许多国家，包括齐、卫、宋、陈、蔡，拜见了很
多国君与大臣。正如他与子贡的一问一答所叙述的那样：

　　　　子贡说："假设这里有一块美玉，是把它放在柜子里藏起
来，还是找一个识货的人把它卖出去呢？"

　　　　孔子说："卖了它，卖了它！我是在等待识货的人呀。"①

可是没有一个国君愿意出价"买"他。

　　在那个时候，旅行绝不是一件轻松和愉快的事情。他们从卫国到
陈国的途中，经过一个叫匡的地方，当地老百姓误把孔子当作祸害过
他们的阳货，对他进行了围攻，弟子颜回被打散了。当他们千辛万苦
最终聚在一起时，孔子劫后余生般惊呼："我还以为你死了呢！"颜
回答道："您还活着，我颜回怎么敢死呢？"②

　　另一次，孔子经过宋国时，一个叫司马桓魋的人企图杀掉他，孔
子只得改变装束悄悄地走过宋国。③历史记载没有告诉我们司马桓魋
为什么要杀孔子，但美国学者顾立雅（H.G. Creel）做出了一个虽然

---

① 子贡曰："有美玉于斯，韫椟而藏诸？求善贾而沽诸？"子曰："沽之哉！沽之哉！我待贾
者也。"（9.13）
② 子畏于匡，颜渊后。子曰："吾以汝为死矣。"曰："子在，回何敢死？"（11.23）
③ 孔子不悦于鲁卫，遭宋桓司马将要而杀之，微服而过宋。（《孟子·万章上》）

是推测，但颇有说服力的解释：司马桓魋的兄弟司马牛，是孔子的弟子，他瞧不起司马桓魋的胡作非为并拒绝和他住在同一个国家，甚至对外宣称，他没有兄弟。顾立雅写道："在司马桓魋的眼里，显然，孔子是要负责任的，负一种苏格拉底犯过的'腐蚀青少年'的责任。或许这就是他要杀掉孔子的理由。"（Creel，1949）

当孔子一行到达陈国时，曾经断粮7日，孔子和弟子们饿得几乎都站不起来了。那时，孔子曾经想接受晋国一个叫佛肸（音 bì xī）的人给他的一个机会。佛肸曾经是晋国中牟的县宰。当时晋国的赵简子攻打范氏和中行氏，并将其扣为人质，佛肸不顾人质安危据中牟抗赵，实为谋叛。孔子最直率鲁莽的弟子子路又一次最先站出来反对这个念头："从前我听先生说过，亲身投身做坏事的人那里，君子是不去的。如今佛肸据中牟谋反，先生您却要去他那里，怎么说得过去呢？"孔子的回答显示了他长久以来怀才不遇的极度伤感："不是有这样的说法吗？最坚固的东西，磨也磨不薄；最白的东西，染也染不黑。我难道只是匏瓜吗？怎么只能够挂在那里，不想有人采食呢？"①

当然，最终，孔子还是抵住了诱惑，没有去。

孔子逐渐老了。此时，他的一些弟子已在鲁国的政治舞台上崭露头角，想到自己的导师还在他乡奔走谋职，不禁汗颜。如子贡，在季康子继季桓子成为季氏家族的首领以后，曾代替季康子参加一次高层外交会晤，成功地化解了一次危机；还有冉求，凭着杰出的军事才能

① 佛肸召，子欲往。子路曰："昔者由也闻诸夫子曰：亲于其身为不善者，君子不入也。佛肸以中牟畔，子之往也，如之何？"子曰："然。有是言也。不曰坚乎，磨而不磷；不曰白乎，涅而不缁。吾岂匏瓜也哉？焉能系而不食？"（17.7）

击退了齐国的入侵。据说弟子们去说服了季康子，让他派一个信使带着礼物去请孔子回国。他们对季康子说：鲁国的圣人周游列国，去他国谋职，是一件很羞耻的事情。在这样的情景下，孔子最后回到了故里，时年68岁。

孔子晚年，他的儿子孔鲤（又叫伯鱼）和他最亲信的弟子颜回相继去世，另两个弟子司马牛和子路，也悲惨地死去。面对颜回的死亡，夫子仰天长哭："啊，老天要我的命呀！老天要我的命呀！"[①]公元前479年，孔子在73岁时去世。当时的他绝对不会想到，后人会对他崇拜到如此地步，以至于将73岁和他著名的追随者孟子84岁的寿龄，一同作为生命的坎限——民间说"七十三、八十四，阎王不请自己去"。

故事的延续

孔子"栖栖一代中"，他一生都在弘道——聚徒教学是弘道，周游列国是弘道，整理经典也是弘道。

在战国时期，孔子已经是中国最有影响的思想家了。形成于战国时期的《吕氏春秋》，引用孔子语录50余处，超出此书中所引用的任何其他思想家的话语。还有同样是战国时期的道家著作《庄子》，频

---

① 颜渊死。子曰："噫！天丧予！天丧予！"（11.9）

繁地用孔子的名字来传达作者的道家理念：一会儿挖苦孔子，一会儿又把孔子直接作为自己的代言人。另一个思想流派的奠基人墨子（约前470—前391），在他的重要著作《墨子》里，有一章就叫作"非儒"。

孔子去世以后，他的追随者持之以恒地继承和发展了他的学说。同时，孔子的学说也开始被后人朝各种不同的方向予以诠释。按照《史记》的记载，孔子死后，儒家分为八条分支。其中一条是从孔子的弟子曾子那里，通过曾子的学生、孔子的孙子子思，又延续到孟子。孟子后来被认为是儒家传统里仅次于孔子的"亚圣"，即第二号圣人。在思孟学派影响的笼罩下，其他分支逐渐凋谢，其中大多数甚至无据可查。

在孟子时代，墨子学说十分盛行。他最为突出的观点就是"兼爱"，即不受等级地位、家族地域的限制，爱人如同爱己。这种观点很吸引人，但与孔子的"爱有等差观"有极大的区别。孔子的"爱有等差观"主张：爱应该始于直接的家庭，然后逐级扩散到外围。孟子时代的另一个极端是利己主义的杨子哲学，他的著名口号是"拔一毛而利天下，不为也"（哪怕是让他拔一毛而利天下，他也不干）。孟子极力地反对这两个极端，维护儒家的立场，并对儒家学说做出了杰出的阐述和发展。他认为墨子的兼爱比杨子的利己主义哲学好不到哪里去，因为兼爱意味着一个人对待自己的父母无异于对待一个陌生人，从而否认自己父母的特殊地位，因而事实上是将人降低到禽兽的水平。

孟子对儒家的贡献，最著名的是他的理想主义的人性论。他相信凡是人都生来就有"四端"，即四种善良的倾向性：恻隐之心、羞恶之心、辞让之心、是非之心。这四心分别是人的仁、义、礼、智的种子。①一个道德高尚的人，他的浩然之气，可以充塞于天地之间。孟子强调，道德是统治者最重要的品质。他将"王道"与"霸道"做了对比：前者通过道德的力量团结人民，而后者是依靠武力和恐怖来维护自己的统治。他认为，行王道不仅在道德上比行霸道高尚，而且也是君王自身的利益之所在。孟子也是儒家传统里第一个旗帜鲜明地表达了如果统治者无道，民众有权发动革命的观点的人。他明确表示，诛死昏君不算是犯弒君罪，因为，有负于民众的统治者，就不再有统治的合法性，而只是一个普通人了。在那个年代，孟子的观点可以说是惊世骇俗的：人民是最重要的，社稷其次，君王的重要性是最次的。②

另一个早期的大儒是荀子（前325—前238）。与孟子理想主义地强调内在的善相比，荀子更加现实主义地强调外在的礼。荀子认为人性本恶，公然与孟子叫板，虽然他也认为，通过后天学习，人皆可为尧舜。正是因为人性是恶的，所以古代圣人发明了礼，并提供礼仪教育，用来规范人们的行为，让他们自我改造。正如南乐山（Robert Neville）所说，对于荀子来说，"礼仪远比孟子所关注的称赞人性本善或强调责任义务更加重要。荀子说，儒家关注的焦点应当是一个能够有效调解人们彼此之间及其与自然之间的关系，能够协调家庭、社会秩序、政府以及艺术和文学等社会层面的一种社会机制"（Neville，2000）。

然而具有讽刺意义的是，荀子的两个最著名的学生韩非和李斯转

---

① 恻隐之心，仁之端也；羞恶之心，义之端也；辞让之心，礼之端也；是非之心，智之端也。（《孟子·公孙丑下》）

② 民为贵，社稷次之，君为轻。（《孟子·尽心下》）

而变成了法家。他们的思想成了中国历史上最为专制的政权秦王朝的理论基础。秦国位于古代中国遥远的西部，那里环境恶劣、民风彪悍尚武。与邻国连绵不断的战争，使秦国人更加守纪和遵从权威。荀子的性恶理论满足了运用外部权威的需要。而他的法家弟子韩非认为，只有一种毫无争议、至高无上的权威才能将天下带入有序的状态。无论是道德说教还是行使礼仪，都不能掌控百姓；只有严格的法律和规章所带来的对严惩的畏惧，才能使人们远离歧途。

韩非毫不隐瞒自己反儒家的观点。在孔子看来，好的政府在于为人民提供好的服务，基于这个原因，必须提供教育，政府必须把权力授予那些极富才干和道德高尚的人。但是，对韩非而言，儒家的观点对国家不仅是无用的，甚至是有害的，因为这种理论鼓吹统治者应当屈从无知愚民的意愿。（《韩非子》之《五蠹》和《显学》两章）

秦王朝的开国之君，就是后来人们熟知的秦始皇，接受了法家思想。他通过颁布严格的法律、打破强大的宗族势力、奖赏告密、广纳人才而建立了对民众的直接掌控。秦国迅速崛起为一个军事强国，并对其他各国进行血腥掠夺征服，据史书记载，秦军曾经一次屠杀了40万名赵国俘虏。在先后灭掉韩、赵、燕、魏、楚、齐六国之后，于公元前221年，建立了一统天下的秦王朝。秦始皇在一切领域推行法家思想：统一法律规章、统一度量衡、统一文字、统一车轨的尺寸，甚至听从大臣李斯的建议，试图通过武力统一人们的意识形态，摈除人们的杂念和对君王的质疑。他下令烧毁除药典、占星和农艺以外的一切书籍，对违抗命令的人施行烙印、强制劳改甚至处死，还活埋了460个学者，其中大多数为儒生。这就是历史上臭名昭著的"焚书坑儒"。

根据一个流传已广的故事，秦始皇下令焚书的时候，孔子的第九代后裔孔鲋，将许多儒家经典藏在墙里面，这些书包括《论语》《孝经》《礼记》《书经》等。孔鲋后来成为反秦农民起义领袖陈胜的军师。直到60年后，汉皇帝刘启的儿子刘馀作为鲁王来到曲阜，他在拆除孔府旧宅、扩建自己的官殿的时候，才偶然发现了藏在墙里的这些儒家经典。到了金代，人们为了纪念孔鲋藏书，在孔庙里的孔子故宅内修建了殿堂，名为"金丝堂"，取的是传说中拆墙取书之时，天上有金石丝竹之声的意思。

秦始皇通过焚书坑儒等措施建立了自己的绝对权威以后，更加肆无忌惮，穷奢极侈。他驱使成千上万的百姓为自己修建官殿，据说其官殿仅在京城咸阳就达270处之多！他为自己修建的陵墓，从外面看上去，是名副其实的一座山丘。他还沿着北方边境，将原来各国留下来的古城墙连接成一片，这就是著名的万里长城。

短命的秦王朝很快被农民起义所推翻。出于对秦始皇的愤恨，起义军放火焚烧秦宫室，据说火烟遮天蔽日，长达三月不灭！

秦王朝以严法酷刑统治的惨败教训，对于后来汉代统治者的警诫是显而易见的。汉统治者于是转而接受了黄老思想。所谓的黄老思想，是道家理论的一支，以古代传说中的黄帝和《道德经》的作者老子作为其始祖。这种理论所提倡的清静无为的思想，使政府减少了对百姓的干预和赋税，保持了一个能够让百姓在长期动乱后得以休养生息的和平环境。如此仅用了70年，汉代在汉文帝（前180—前157年在位）和汉景帝（前157—前141年在位）的年代就达到了空前的繁荣，史称"文景之治"。

黄老思想之所以适合于早期汉代统治者，事实上还因为它混杂了很多理论，包括一些法家和儒家的思想。它将这些理论作为策略思想，来指导王朝的统治。如汉文帝的身上就同时体现了道家的无为和儒家的仁。他减轻了赋税徭役，躬修节俭，削减宫廷开支，发放赈灾救济和养老金，颁令释放官奴，废除了黥（脸上刺字）、劓（割去鼻子）和斩趾（砍足）之类的酷刑和一人犯罪株连全家的秦律，整肃司法，赦免战俘。他还废除了诽谤妖言之罪，指出，该法律使得民众不敢畅所欲言，官员们不能耳闻自己的错误和失误。他从民间招募贤才委以重用，甚至一度考虑将他的皇位传给贤德之人，而不是留给自己的儿子。他在遗嘱里留言：他去世后，丧礼从简，并特地指出，百姓不必为了哀悼他而取消婚礼或其他庆典，相反，人们应当为他高兴，因为，在他20多年的执政期间，没有战争，天下太平。

相比而言，他的继任者汉武帝（前114—前87年在位），外表更加儒家，内在更加法家。然而，汉武帝被证明是推动儒家成为官方意识形态的一个重要转折点。他按照儒家的五大经典，即《诗经》《书经》《礼记》《易经》《春秋》，设立了"五经博士"的官位，并以官费给每位博士配50名弟子，跟随其研习儒家经典。后来他又建立了太学，并从中选拔朝廷官员。

在汉武帝选拔的"五经博士"中，最著名的一个博士叫董仲舒（前179—前104）。董仲舒是把儒家思想意识形态化、政治化的一个关键人物。他建议汉武帝推行著名的"罢黜百家，独尊儒术"的方针，希望通过将儒家思想变成权威的官方正统，从而达到既为君主的权威提供依据，同时又对这种权威加以限制的目的。在汉代早期，阴阳五行学说盛行。根据阴阳学说，宇宙间有两股基本的力量：负阴和正阳，阴阳交互作用转化生成有规律的运动。五行论认为，宇宙间金、木、水、火、土五种基本元素构成的一种相生相克的关系，是宇宙间一切关系的基础：木生火而克土，火生土而克金，土生金而克水，金生水而克木，水生木而克火。董仲舒将阴阳五行与儒家学说混合，创造了一个宇宙论，认为个体生命和宏观的宇宙在结构上是相同的，并且相互感应。自然灾害被解释为天谴，是老天对统治者的不满，阴阳等自然力量也被赋予道德的意义，并以此为依据来规范人际关系。这样，董仲舒对以前的儒家学说进行了一个重要的修改：在他那里，儒家学说不仅成了某种神秘宇宙论和道德学说的混合体，而且由本来双向交互的伦理关系，变成了单向的。这在董仲舒所创建的"三纲"说里表现得尤其明显："君（阳）为臣（阴）纲，父（阳）为子（阴）纲，夫（阳）为妻（阴）纲。"此外，董仲舒也力促将儒家的礼引入汉朝的律法体系，从而使儒家法家化了。

对汉武帝时期文化建设起了重要作用的另一个杰出人物是《史记》的作者司马迁。司马迁不到40岁便已是个饱学之士，接替他的父亲而成为朝廷的史官。因为公然反对汉武帝的主张，他遭到了羞辱性的宫刑并被监禁多年。然而，这些处罚更加坚定了他完成一部50万字的中国史书的决心。他有一句名言："人固有一死，或重于泰山，或轻于鸿毛。"《史记》采用独特的个人传记体裁，不仅记载了历史人物所做的大事，而且还提供了他们作为普通人的鲜活描述。此书继承了孔子编著《春秋》的遗风，寓道德褒贬于史实描述之中，从而成为儒家权威的另一个坐标。

汉代早期所发生的这一切，是儒学史上具有深远意义的一页。一方面，它是儒家大举获胜的一个标志。这一时期，儒家的治国理念已公认为正统。根据这种理念，政府的目标就是促使社会和谐，让人民幸福安康并得到教育。如果政府不能做到这样，就可以批评甚至予以推翻。儒家规范的权威甚至高于帝王的权威，因为帝王的言行也必须按照这个规范来评价。也正是在那个时候，儒家学说传播到了朝鲜（1世纪早期），后来又传到了越南和日本（5世纪）。

另一方面，汉代早期又是儒家一系列灾难的开端。随着官方的认可以及委任儒家学者担任官职，成为儒家的信徒也就成了一种谋取功名利禄的途径。学习不再是为了提升自己的素养，而是为了引起别人的注意和赢得外在的权益。制度化了的儒家变成了官方的思想体系，开启了将其他思想斥为异端邪说的历史。董仲舒的高官地位使经过他扭曲的儒家学说（最明显的就是他的"三纲"论）成为权威的官方诠释。这是法国哲学家福柯（Foucault）所揭示的"真理"与政治权力之间交易的一个典型实例。

随着儒家地位的提升，孔子也被神化了。孔庙越建越多，关于孔子的神话也越来越多地被编造了出来。比如，在据称为三国时期的王肃（220—280）所著的《孔子家语》一书里，便有大量的将孔子描绘成先知先觉的逸闻。其中一个故事说，有一次一群独腿鸟在齐国宫殿周围飞舞，然后落在宫殿的大厅前面张开了翅膀跳跃，齐侯十分惊奇，便派遣使者到鲁国去问孔子是怎么回事。孔子说，那鸟名叫商羊，它的出现就是洪水的前兆。他还说，过去曾有小孩子一边提起一脚跳跃，一边唱道："天将大雨，商羊鼓舞。"如今齐国有此兆，洪水就要来了，赶紧动员民众挖河筑坝。当暴风雨真的来临时，其他国家都被洪水冲得稀里哗啦，唯有齐国准备充分，避免了巨大损失。作者写道："齐景公叹服地说：圣人之言，真的是灵验啊！"①尽管

---

① 《孔子家语》，上海古籍出版社1990年版。

民歌本身就是平常百姓观察得来的经验总结，因此在民歌基础上的预言，也许不完全是编造的，但这个故事显然是将孔子描绘成了一个神秘的超人。

对孔子的神化在汉代以后还在继续，而且通常是由上至下，通过各级官员，甚至直接来自帝王的敕封。比如，唐太宗（627—650年在位）就曾于公元630年颁诏在全国各地修建孔庙。加诸孔子的头衔逐渐从"先圣"而上升到"至圣文宣王"。孔庙里供奉的孔子塑像，也变成了冕冠御座的帝王形象。他的旁边通常是孟子像和孔子其他几个得意门生的塑像。历史文化名人变成了官方正统宗教的神祇，反过来，对这些神祇的供奉又赋予了官方统治以合法性，敬奉圣人和君子的礼仪从个人行为变为了官方行为。

在各地的孔庙旁边，往往设有学校，传授儒家经典。隋唐时期科举制的诞生，使熟读儒学经典成了谋求官职的必由之途。在那些学校里，孔子的思想不再是自由讨论的对象，而成了需要无批判地接受的真理和必须遵守的行为规范。

宋明儒学的盛行

与儒家并行的另外两个最具影响力的中国传统思想是道家与佛教。道家大致与儒家同期形成，其奠基人老子是一个神秘而又传奇的人物。关于他的最有名的传说是，老子经过函谷关时，关令尹喜看见一团紫气从东方飘来，认为必有圣人来到，赶忙迎接。只见一位老人骑着青牛徐徐走来，这就是老子。尹喜款待老子数日，请他留下著述，老子推辞不掉，于是留下了五千言，即著名的《道德经》。老子写完此书之后，就骑着青牛，继续西行，从此杳无踪影，成了隐士。这就是"紫气东来"的典故，中国人把紫气比喻吉祥的征兆。

大约在公元前4世纪，另一位著名的道家思想家庄子，给我们留下了一部杰出的著作《庄子》。虽然老子和庄子的思想有许多微妙的区别，他们共同塑造的道家文化，与儒家文化并行，深刻地影响了中华民族。如果说儒家是中华文化河流之上看得见的浪潮，那么道家则是这条河流底下绵延不断的暗流。尽管道家始终是中华文化的重要因素，却只是偶尔地涉及公众和政治领域。讲起道家，人们总是会联想到隐居山林，享受简单、自然和随意的生活方式，不愿抛头露面介入世事纷争的高人。这种道家隐士在《论语》里多次提及。一次，一个楚国"狂人"经过孔子的车子时，唱道：

> 凤啊，凤啊！
> 美好的德行为何如此衰微？
> 过去的无法挽回，
> 未来的还可以追。
> 算了吧，算了吧！
> 现在当权者岌岌可危。

孔子下车，准备与他交谈，狂人却加快脚步避开了，没能和他说上话。①

　　中国传统思想中与儒家并行的另一大学说是佛教。和道家不同，佛教不是起源于中国。它是发源于南亚北部地区的一种哲学和宗教，其奠基人是印度北部释迦部落王子乔达摩·悉达多（前563—前483?）。它在公元1世纪被引进中国，当时儒家刚成为正统意识形态不久。初来乍到时，佛教显得很低调。它运用道家的词汇传达佛教的理念，并接受儒家的忠孝观念，保证践行佛教可以给人带来更好的来世，还能使国家更加稳定和繁荣。但是不久，佛教就超出了儒家最初的预期，成为儒家强劲的竞争对手。不仅佛教厌弃尘世这一核心观点和它鼓励青少年出家为僧的做法，有悖于儒家传统，而且佛教的快速传播导致了大量的人口和土地资源被佛教寺庙掌控，其影响还直指政治领域，以至于不但佛教组织变成社会政治力量，有时，甚至皇帝也信了佛。比如，南朝梁武帝（502—549年在位）便数次放弃皇位，出家为僧，而每一次朝廷都要付巨资才得以赎他回宫。

　　来自佛教和道家的挑战，严重地削弱了儒家的统治地位。这种状况到了宋（960—1279）明（1368—1644）时代出现了转变。以程颢（1032—1085）、程颐（1033—1107）兄弟俩与朱熹（1130—1200）为主要代表的理学与以陆象山（1139—1193）和王阳明（1472—1529）为代表的心学通过创造性地诠释传统儒家来应对这些挑战，使儒学达到了另一个高峰，给我们留下了大量的文献和精微的理论。程朱理学以"天理"作为无所不在的万物之本，认为正如同一个月亮映

---

① 楚狂接舆歌而过孔子曰："凤兮凤兮！何德之衰？往者不可谏，来者犹可追。已而，已而！今之从政者殆而！"孔子下，欲与之言。趋而避之，不得与之言。（18.5）

照在所有的江湖海洋里一样，万物都含有理。这种理学本体论反过来又印证了儒家的伦理学和修养身心的功夫：通过人的本性的修养和扩充，可以达到天人合一。朱熹从《礼记》里挑出《大学》与《中庸》两篇（后者是儒家著作里最具形而上学意味之作），并将这两篇与《论语》《孟子》并列，合称为"四书"，作为儒家的核心经典。通过以"理"的学说重新解读这些儒家经典，朱熹架构了一个思辨精致的哲学体系，抗衡佛教和道家，使儒家重新占据了主导地位。与程朱理学不同，陆王心学强调心即是理，并指出程朱理学将"理"作为外在于人心的抽象形而上学实体，会将儒家的修身误导到追求空洞玄虚的原则上去的歧路。而心学同时也受到了对方的指责，认为它只是伪装了的佛教和道家而已。理学和心学之间的辩论延续了数百年。在此过程中出现了许多书院，吸引了大量的学生。他们不时举办公开辩论，亮出自己的观点，针锋相对而又不失学者风范地抨击对方。这场争辩虽然以程朱理学终成官方认可的正宗而使理学在政治上略占了上风，但两家都对宋明时代儒学的发展与传播做出了重大贡献，同时也培养了许多儒家学者和官员。

这种外与佛、道对话，内有学派争鸣的过程，标志着儒家进入一个新的时代，通常叫作宋明儒学，或者统称宋明理学。它是一种由那个年代诸多儒学家各自的理论组成的，结合了道家的宇宙观、佛教的某些思想与儒家的核心价值观的综合体。虽然在宋以后的元朝，皇帝主张信奉藏传佛教（这种宗教今天主要流行于中国西藏、蒙古一带），但在元朝以后直到20世纪初封建王朝被废止以前，历代中国皇帝都以宋明理学作为国家的基本准则。

虽然学者们认真地构建着他们的体系并锱铢必较地在理学和心学

之间进行论辩，普通民众更关注的却是那些最直接影响他们生活的内容。在现实的社会运用领域，某些宋明理学中的说法被截断了上下文的联系，摘取出来以后教条式地强加于人们。其中影响最大的是"存天理，灭人欲"和"饿死事小，失节事大"。这些说法由于其剥夺人的自由和压制人的自然欲望，而成了20世纪早期反儒浪潮集中攻击批判的靶子。

明清后期的儒学家们已经开始了对他们宋明前辈的批判，不过其程度远不如20世纪的批判者们来得激烈。通过对早期儒家经典的重新解读，启蒙思想家们如王夫之（1619—1692）等，将儒家带回到一个更加人性化的形式。他们辩说，先师孔子不是要人们消除欲望，相反，他只是希望人们将这些欲望提高到"人的"欲望的高度，也就是以有礼有节的方式来满足。但在政治上，这些明清后期儒家的观点并没有起到很大的实际作用。宋明理学的观念依然占据着统治地位，甚至到清代晚期，特别是借助于既是儒家学者又是天才军事将领的曾国藩（1811—1872）在军事上所取得的成就，它还有一个短暂的复兴。

17世纪，西方天主教的传教士来到中国传教，与孔子学说不期而遇。他们是第一批将孔子这个"东方智者"相对全面地介绍给西方的人。当时，西方启蒙思想家们包括莱布尼茨、沃尔夫、伏尔泰等都为孔子的人道主义而感到振奋，并以此为武器来抨击欧洲的世袭贵族统治。使莱布尼茨感到特别惊异的是，他所发明的二进制运算，早已存在于中国古老的《易经》里。在《易经》里，阴爻和阳爻可以分别代表"0"和"1"。他兴奋地写道："这说明，古代的中国人和当代人相比，绝对是超前的。这不仅仅体现在孝道（这是

最完美形态的道德的基石），还体现在自然科学方面。"（Cook &
Rosemont，1994）

新挑战和"儒学第三期"

具有讽刺意味的是，当一些西方启蒙思想家赞赏儒家人道主义精
神时，在其诞生地的中国，儒家学说的教条化也发展到了极端。礼仪
形式不仅变得迂腐僵化，还成了所有创造性和新生事物的障碍。中国
乃中央帝国、是世界唯一的文明中心的观念，使得帝国的统治者根本
无法理解欧洲正在发生的革命性变革。他们只是好奇那些精巧的机
器，如西方的钟表，而对已经来临的重要的科学创新和其他变革的深
远意义却浑然麻木不仁。

直到19世纪，中国才真正地感受到西方的冲击，并开始视西方为
儒家传统的强劲对手。不同于大部分早期来到中国的传教士对中国文
化的认同，19世纪欧洲的来访者总体上完全漠视中国人的感情和价
值。从1840年鸦片战争开始，他们不断地发起军事袭击，用武力迫使
中国接受一系列的不平等条约、开放口岸、在中国建立租界地。这些
严酷的现实迫使中国人反思中国传统、特别是儒家思想。看透了保
守立场的不切实际的本性，一群儒家官员，特别是林则徐（1785—
1850）和张之洞（1837—1909），发起了"自强运动"，他们试图以
中国传统为"体"、西方文明为"用"："中学为体"，是强调以

中国的纲常名教作为决定国家社会命运的根本；"西学为用"，是主张采用西方资本主义国家的近代科学技术，效仿西方国家在教育、赋税、武备、律例等方面的一些具体措施，举办洋务新政，以挽回清王朝江河日下的颓势。但是"中学为体、西学为用"的口号后来被证实为一个自欺欺人的"面子工程"而已。因为事实上根本无法毫发无损地将儒家传统作为一个优越的"体"来保存，而仅仅傲慢地、有选择地接受某些西方学说为其所"用"。的确，这种"体""用"之分离似乎从一开始就是一个梦幻。

20世纪之初，新文化运动中的中国知识分子发起了一场自秦始皇以来声势最为浩大的反儒浪潮。儒教被批为中国万恶之根源。高喊着"打倒孔家店！""欢迎德（Democracy民主）先生和赛（Science科学）先生！"这些口号，一群从中国文化遗产中挣脱出来的学者，如陈独秀（1879—1942）、蔡元培（1868—1940）、李大钊（1889—1927）、鲁迅和胡适（1891—1962）等，领导了一场全盘反对儒家传统文化的运动。这些知识分子还将大量西方启蒙思想介绍到中国，包括卢梭的《社会契约论》、穆勒（John S.Mill）的《自由论》、叔本华的《作为意志和表象的世界》、尼采的"超人"观念、柏格森的创造进化论、卡尔·马克思的共产主义理论以及杜威的实用主义。

1949年，共产党领导中国，马克思主义成了占统治地位的意识形态。中国以外的许多人不知道的一件事是，中华人民共和国1959年至1968年间的国家主席刘少奇（1898—1969），写下了一本虽然简短但影响极大的书——《论共产党员的修养》。在这本书里，刘少奇不仅引用了儒家的术语"自我修养"，还多次引用了孔子和孟子的话，用以说明，自我修养是一个要经历持久艰难困苦的转化过程。

作为一名合格的共产党员要树立消除一切剥削和腐败的坚定目标。在"文化大革命"期间，刘少奇惨遭迫害致死。他死后，中共最高领导毛泽东（1893—1976）又发起了另一场叫作"批林批孔"的运动，在这次运动中，林彪，这个毛泽东先前选定的接班人，被说成是一个像孔子一样，打着人民利益的幌子来维护特权阶层利益的领导者。

在毛泽东去世后不久的1976年，"文化大革命"结束了。经历了"文革"的动乱，中国人开始重新评价毛泽东思想和开始了中国现代化的进程。然而，即便是那时，人们也不会想到，将会有一个儒学的复兴时代。在一本题为《儒教中国及其现代命运》（*Confucian China and Its Modern Fatee：A Trilogy*）的书里，美国汉学家列文森（Joseph Levenson）写道："最初，他们（儒家）的观念是一种能量，是一个鲜活的社会的产物和知识的财富。最终，当产生它和需要它的社会渐渐开始瓦解，它变成了一个影子，仅仅存活在许多人的心中，并且只是作为它自身而被欣赏……儒家人物一贯看重历史，而现在他们自己变成了历史。"

列文森还没有意识到，被牟宗三等人称为"儒学第三期"的时代已经来临。西方世界在现代化进程中暴露出来的许多日益深化的危机，与一直保持儒家传统的"亚洲四小龙"——中国香港、新加坡、韩国和中国台湾——的成功形成了对比，触发了对西方知识传统的批判性的反思以及对儒家思想的关注。通过对儒家思想的现代化的阐释，当代儒家学者越来越确信，儒家思想蕴含了开解后现代主义世界难题的丰富的哲学资源。

正当中国开始快速现代化的进程时，毛泽东时代后的"道德真空"和全盘接受西方观念的特洛伊木马的危险双双而来，中国政府也开始重新评价儒家，并对它的积极作用显示出越来越多的重视。20世纪80年代的早期，中国建立了孔子基金会。该会主办了大量的儒学学术会议，出版了定期的儒学研究刊物。近年来，中国政府提倡和谐和以人为本，这两个主张一定程度上具有鲜明的儒家印记。关于儒家的书籍和电视讲坛已成为文化沙龙甚至家庭聚餐谈话的流行话题。于丹一本解读《论语》的实用道德论说书籍，在一年里面居然售出了400万本！尽管很多学者难以接受该书对孔子学说的一些误读，但依然不妨碍该书作者一夜之间成名为"学术超女"。

第二章

作为开宗立教者的孔子

在孔子的家乡曲阜（在今山东省境内），有一座规模庞大的孔庙。此庙最早建于孔子去世后一年（前478年），历经许多王朝重建和扩建才达到了现在这样的规模。孔庙位于曲阜市中心，占地约20万平方米，高墙围立，有点像缩小版的北京故宫。中间一条大道连接着由各殿堂划分开的九个庭院，"9"在汉语里表示最大，因为它是十进制里单位数的最大的数字。屋顶的黄琉璃瓦和殿前的龙柱都是最高权威的象征，因为黄色是皇帝的颜色，而龙更直接的就是皇帝的标志。围墙上有四个角楼，俯瞰环绕在孔庙周围的护城河。前门一石碑上清晰地刻着"官员人等至此下马"，以示对孔子的尊敬。孔庙内2000多块石碑中，许多石碑是中国历代皇帝到孔庙祭祀时所立。其中之一称为"成化碑"，是明宪宗于明成化四年（1468年）所立的御制重修孔庙碑，碑上刻曰：

朕惟孔子之道，天下一日不可无焉。何也？有孔子之道则纲常正而伦理明，万物各得其所矣。不然，则异端横起，邪说纷作，纲常何自而正，伦理何自而明，天下万物又岂能各得其所哉！是以生民之休戚系焉，国家之治乱关焉！有天下者，诚不可一日无孔子之道也。

"木铎"

　　把孔子说成是某种神圣使命的承担者的最早记载，是《论语》里一个有趣的故事。当孔子与弟子游历到仪这个边关小镇时，仪的地方长官求见孔子。他说："所有来到这个地方的君子，我没有不曾得见的。"孔子的随从学生引他去见了孔子。那时候，弟子们随孔子游历已久，却似乎没有一个国家愿意收留他们并聘任孔子为官。但这个边关官员却有不同的看法。他出来后对孔子的学生们说："你们几位何必为没有官位而发愁呢？天下无道已经很久了，上天将以孔夫子为木铎。"①

　　木铎是以木为舌的铜铃，振而鸣之以引起众人注意，专门用来发布政令的。而金属舌的铜铃是用来发布军令的，有"文事备木铎，武事备金铎"之谓。把孔子比作"木铎"，说明这个边关官员看到当时社会的问题不是能用战争解决的，而是缺乏合适的文化。上天需要以孔夫子为圣人来号令天下，担当此任。

　　孔子自己也有很强的使命感。比如，当他被匡地的人们围困时，他说："周文王死了以后，周代的礼乐文化不都体现在我的身上吗？上天如果想要消灭这种文化，那我就不可能掌握这种文化了；上天如果不是要消灭这种文化，那么匡人又能把我怎么样呢？"②

---

① 仪封人请见，曰："君子之至于斯也，吾未尝不得见也。"从者见之。出曰："二三子何患于丧乎？天下无道也久矣，天将以夫子为木铎。"（3.24）

② 子畏于匡，曰："文王既没，文不在兹乎。天之将丧斯文也，后死者不得与于斯文也；天之未丧斯文也，匡人其如予何！"（9.5）

如果说那位边关官员的话听上去像是对孔子门徒的空洞的鼓励，那么孔子的话就更像是愚蠢的自欺欺人，不仅不切实际，还可能因此导致危险。事实上，道家隐士多次警告过孔子，继续他的使命，是多么地危险和无望。但是，孔子的决心是不屈不挠的。他坚信，他的使命是天所赋予他的。（9.5）为了实现这一使命，他必须死而后已（8.7），因为这个目标比生命本身更加重要（15.9）。

或许没有任何一个孔子生平的故事能比他在陈绝粮引发出更多的想象了。当他和他的门徒们被滞留在陈、蔡的时候，因为粮食短缺，他们又病又饿，几乎都站不起来了。《论语》中记载了当时子路和他的老师之间的一个简单的对话。子路不满地说："难道君子也有穷困得毫无办法的时候吗？"孔子回答说："君子虽然穷困，还是坚持着；若是小人，一到这样的时候就乱来了。"①这个故事总共有大约9个不同的扩充版本，仅在《庄子》一书中，就有3个。大多数版本都通过这个基本情节来表述孔子坚定的立场。按照其中一个版本的说法，孔子当时身处如此困境，居然还在弹琴唱歌。子路和子贡不解，去问颜回，老师怎么会到处碰壁，还不感到羞耻。颜回也不知道怎么回答，便去问孔子。孔子说："君子穷于道才叫穷。内省而不穷于道，临难而不失其德，天气寒冷，霜雪降临，正可显示松柏的生命力。这次在陈、蔡遇到难关，难道不是我孔丘的荣幸吗？"说完，他拿起琴来，继续弹唱。子路受到鼓舞，也拿起他的盾牌，随着老师的乐声起舞。子贡也为老师的境界所深深折服，叹道："我这才知道了

---

① 在陈绝粮，从者病，莫能兴。子路愠见曰："君子亦有穷乎？"子曰："君子固穷，小人穷斯滥矣。"（15.2）

天是多么地高，地是多么地低！"按照同一个故事的另外一个版本，孔子对身边的门徒们说："这次困于陈蔡之间，是我孔丘的幸运，也是你们这些人的幸运。我听说'君不困不成王，烈士不困行不彰'。这正是我们开始磨炼意志的机会。"[①]

　　虽然从具体史实的角度来看，上述两个版本的可靠性值得怀疑，但它们却很生动地把握了孔子坚毅不屈的精神。在《论语》中，孔子就被说成是一个"知其不可而为之者"，也就是明知道自己的事业无法成功，却还是坚韧不拔地为此而努力。（14.38）

　　确实，如顾立雅所说，"孔子那种表面上一事无成的周游列国很容易让人联想到那个著名的与风车搏斗的拉曼查骑士（堂·吉诃德）的游历。但是两者却有着根本的不同"。

　　　堂·吉诃德是过去的回声。他模仿的是奄奄一息的游侠骑士的探险。孔子是未来的预知者……不错，适合他的地方是思想的王国和把这些思想教授给他人的课堂，也就是说，他不具备那种为把他的思想付诸实施所必需的政治妥协的才能。但是最重要的是他进行了不懈的尝试。他们的区别就像是一个说"跟我上！"的指挥官和一个说"前进！"的指挥官的区别。如果孔子待在鲁国，陶醉于一个闲职，满足于和他的学生们一起漫步，那么，他将只是一个布道者；而踏上他那无望的求索之旅，他却变成了一位先知。这样一位文弱的、在某些方面还不谙世故的君子，在其五十多岁的年纪，出发去救助世界，说服他那个时代的顽固的统

[①]　《孔子家语》，上海古籍出版社1990年版。

治者不要去压迫他们的臣民，这个画面是有些荒唐。但这是一种伟大的荒唐，只有在伟人身上才找得到的荒唐。（Creel, 1949）

当然，上述这些仅仅是孔子能有如此深远影响的必要条件，还不是其充分条件。比孔子年代稍晚一些的墨子，其宏大的理想和坚忍不拔的精神并不亚于孔子，但是他的学说只有过一个短暂的辉煌，随后就被大多数人所遗忘了。为什么儒家能够成为中华文明的主流达两千年之久，而且在当今的21世纪又面临复兴？答案必须要到孔子思想里所包含的内容中去寻找。

人与天

儒家学说所包含的宗教性，与通常理解的那种狭义的、信仰有神论并有教会教堂等形式的宗教不同。虽然孔子也受到了后人的神化，也有孔庙之类的庙宇供奉，但他本质上仍然是一位先师、圣人，而不是神。儒家也没有神职人员或宗教的组织。孔庙其实更像是纪念堂，而不是宗教崇拜的场所。虽然在英文中"儒家"被翻译成"Confucianism"（孔夫子主义），但中文的"儒"字不是指孔子，而是一种学说和生活方式。然而，孔子所奠定的儒家学说，又不是一般的道德原则。它明显地带有精神性，所以可以在广义的意义上看作是"教"。孔子所"弘"之道，既是对世俗人生的超越，是天道，而这个天道又是通过世俗人生来实现的，所以也是人道。有不少学者因此将儒家的宗教性概括为"内在的超越"，或者说是"天人合一"。

孔子对神和来世的问题，持既怀疑又务实的态度。他的学生子路问如何侍奉鬼神，孔子答道："未能事人，焉能事鬼？"子路又问死是怎么回事，孔子说："未知生，焉知死？"（11.12）这其实并不是无神论，而是对神和来世问题持既谨慎又开放的态度。孔子并不否认鬼神和灵魂不死的可能，而且他很严肃地对待这种可能性。他"在祭祖先的时候，就像祖先真的在受祭；祭神的时候，也好像真有神在受祭"①。但他显然并不相信祭奠神灵实际上会有效果。当乡人举行傩祭迎神驱鬼的时候，他会穿上朝服，恭敬地立于阼阶上（10.14），"敬鬼神"而又"远之"（6.22）。有一次孔子病了，子路要向神灵祈祷。孔子问："真有这么一回事吗？"子路答道："有啊，祭祷文《诔》里面就说，'祷尔于上下神祇'。"孔子说，"那样说来我已经祈祷了很久了"，委婉地拒绝了子路的请求。②他不对他所不知的事情做任何猜测和假设。"子不语：怪、力、乱、神"（7.21）。这和他"知之为知之，不知为不知，是知也"（2.17）的教导完全一致。

另一方面，他又把注意力引导到现世人生上面。当他的学生子贡问，那些死了的人是否还有意识，孔子说："如果我说他们还有意识，恐怕那些孝顺的子孙会把死去的长辈当作活人那样去送终（于是便有在墓葬里放入许多随葬品甚至用活人殉葬之类的恶习）；如果我说他们没有意识，恐怕那些不孝顺的人便会将死者丢弃，而不予掩

---

① 祭如在，祭神如神在。（3.12）

② 子疾病，子路请祷。子曰："有诸？"子路对曰："有之；诔曰：'祷尔于上下神祇'。"子曰："丘之祷久矣。"（7.35）

埋。子贡，你想知道人死后有没有意识吗？当你死了，你最终自然会知道，到那时再知道也不晚。"①

这段对话有意思的地方是，孔子并不直接回答子贡的问题。如果直接回答的话，那无非是"有""没有"或者"我不知道"。这是属于对超验世界的认知的问题。孔子的回答却是把问题引导到对现实人生的道德反思，即如果我们相信死人有知，将会如何，反之如果我们相信死人没有知，又将会如何。而他最后那句话又蕴含着，只要一个人在现世好好做人，那么若有来世，就可以坦然面对任何鬼神，若无来世，亦可无怨无悔，瞑目安息。什么叫好好做人呢？用孔子的话说，就是做个君子。当司马牛问他什么是君子的时候，孔子回答说"君子不忧不惧"。司马牛道："不忧不惧，就可以叫作君子了吗？"孔子说："自己内省而没有愧疚于心的事情，又有什么可以担心害怕的呢？"②这种态度也在孔子和另一个弟子宰我的对话中反映出来。宰我怀疑当时盛行的子女为父母居丧三年的习俗是否必要，孔子的回答是："你吃着稻米，穿着锦罗，自己觉得心安吗？"③而不是说："你难道没有想到，万一你父母的灵魂还在，你不居丧三年会冒犯他们吗？"这种反思不是对有无鬼神的猜测，而是有关自己应当做什么和不做什么的认识，也就是生活之道。确实，在汉语里，"知识"的动词就是"知道"——知其道也。同样地，他对祭拜祖先礼仪的支持，与其说是为了讨好祖宗的神灵，不如说是出于这样的礼仪能

① 孙星衍辑、郭沂校补：《孔子集语校补》，齐鲁书社1998年版，第21页。
② 司马牛问君子。子曰："君子不忧不惧。"曰："不忧不惧，斯谓之君子已乎？"子曰："内省不疚，夫何忧何惧？"（12.4）
③ 食夫稻，衣夫锦，于汝安乎？（17.21）

够使活着的人之间有一种凝聚力。我们并不能肯定祖宗的神灵是否存在，但我们确知，这样的礼仪可以使人们由于共同的祖先而产生相互的认同感。

儒家的精神层面其实更多的是包含在其对"天"的理解中，而不是对鬼神和来世的态度中。在商王朝时期，祖宗神灵崇拜和对"上帝"的崇拜常常伴随着残酷的人殉献祭仪式。其原始的观念很简单：如果那些被祭奠的神灵冥冥之中近在我们周围，能够随时干预我们的生活，他们自然会需要食物，也需要有鬼来伺候。如果说一头羊比一只鸡更能讨好神灵，一头牛又胜于一只羊，那么给他们献上一个人会胜过任何牲口祭品，所以人殉时常发生。由于人不被看作人，而是被当作可以随意用作牺牲的物品，商王朝倾倒之时，瞬时土崩瓦解，周武王的军队只用了一个月的时间，便击溃了殷商70万大军，因为他们所到之处，殷商将士纷纷倒戈加入他们的队伍，掉过头帮助他们讨伐殷商。这样的胜利对新的统治者本身也是一个警告：为什么商王朝几百年的统治会如此迅速地垮台？我们自己怎么避免同样的命运？答案似乎很明显：需要将人看作社会的基础，并当作人来看待。

据《书经》的记载，当周朝的奠基者们起而推翻商王朝的时候，他们就提出了"天看到百姓所看到的，天听到百姓所听到的"[1]。"天的耳聪目明来自百姓的耳聪目明，天通过百姓的威力来体现出什么是应当敬畏的。"[2]这里表面上看似拟人化的天，不仅和民众的意志及其实践活动完全吻合一致，甚至可以看作就是后者本身了。天的

---

[1]　天视之我民视，天听之我民听。（《书经》，James，2000，p.292）

[2]　天聪明，自我民聪明；天明畏，自我民明威。（《书经》，James，2000，p.74）

意志不再是像商朝所崇拜的"上帝"那样是由某种拟人的神祇由上而下地外加于人类的，而是直接通过人民的意愿以及自然和社会现象表现出来的。

虽然人殉的习俗在周朝依然存在，但已开始遭到批评质疑。在公元前640年，宋襄公指使邾文公杀了鄫国的国君来祭祀社神。司马子鱼反对说："用大牲口来进行小祭祀，尚且不可，怎敢用人？祭祀原本是为了人。人是神的主人；神是人的客人。用主人做牺牲品，哪个客人能够享用？"①孔子则更进一步，或许他认为人殉是从以木质的或土质的人俑陪葬发展而来的，所以他说："第一个用人俑来陪葬的人难道自己没有后代吗？"②连用人俑陪葬也不赞成，因为人俑有鼻子有脸，太像人了。③

从商朝的"上帝"到周初的"天"的这个转化，其意义是怎么强调都不会过分的。它不仅为周朝推翻商朝并取而代之提供了依据，稳固了周王朝的统治，而且还为中国后来延续几千年的宗教文明打下了基础。这种宗教文明与西方的主要宗教传统有很大的不同。西方的宗教一般都是从泛神论逐步走向一神论，从对自然的崇拜转向对超验的创世主的崇拜，中国的宗教传统走的是相反的方向。由"上帝"到"天"的转变淡化了终极实在的拟人化性质，将世俗与神圣、现世与灵界、内在与超越结合了起来。它既是将神圣化为了世俗，更是将世

---

① 小事不用大牲，而况敢用人乎？祭祀以为人也。民，神之主也。用人，其谁飨之？（《左传·僖公十九年》）

② 始作俑者，其无后乎！（《孟子·梁惠王上》）

③ 事实可能是真人殉葬早于人俑的使用，如果确实是这样，那么用人俑取代真人，应该说是一大进步，虽然按照孔子的观点，还是不够彻底的。

俗上升到了神圣。这个转变意味着把终极的实在不再看作是个高高在上的统治者，而是应当得到认识和尊重的自然界和人类社会本身的法则或道理。经过这个转折以后，统治者唯有在他们能够秉承天命的时候才有合法性，而天命既是神圣的，又是世俗的，因为它就是通过人民的意志和自然界的秩序表现出来的。

当天主教传教士利玛窦（Matteo Ricci，1552—1610）来到中国的时候，他兴奋地发现中国人自古已有了"上帝"和"天"的概念。对他来说，这是上帝启示的普遍性的证据。利玛窦或许从传教的策略考虑而故意地把这里的诠释简单化了，但他还是谨慎地使用了一个新词"天主"来作为中文对天主教上帝的官方称呼。这个词既像是中国古代"上帝"和"天"的概念的合璧，同时又与那两个概念保持了一定的距离。

中国古代的"上帝"概念和犹太-基督传统里的上帝概念有明显的区别。后者是从虚无中创造出世界的创世主，前者不是。后者是外在超验的神，前者则是祖宗崇拜的扩展，因而有更多的"在世"的意味。"天"的概念和犹太-基督教的上帝的区别就更大了。尽管《书经》等周初文献和《论语》中的"天"都还多少带有一些人格神的意味，这种意味已经淡化。它已经在很大程度上被看作是人世间万物所遵循的道理和规则。虽然"天"也往往是相对于"地"而言，有点类似西方宗教里的"天堂"和"人间"的关系，但是同样常见的是，天被看作自然本身。《论语》记载，孔子曾叹道："天何言哉？四时行焉，百物生焉，天何言哉？"（17.19）道家也经常在这后一种意义上使用"天"的概念，如《庄子》就有"牛马四足，是谓天"（《庄子·秋水》）的说法。

天命与命

　　"命"这个概念在《论语》里出现多次。由于"天命"中也有
"命"这个字，所以命与天命很容易混淆。天命指的是天赋予人的某
种使命或者权力，而命则是指无法摆脱的命运或客观的规律。比如某
些事情非人力所可掌控，便被看作是命。（如《论语》6.10，12.5及
14.36里面讲的就是这个意思）但是，人们往往不重视自己的努力的作
用，动辄就把一切都归结为命。孔子说："加我数年，五十以学易，
可以无大过矣。"（7.17）按照通常的理解，这句话的意思是说，如
果让我多活几年，在50岁的时候学习《易经》，便可以没有大的过错
了。① 《易经》是一部带有浓厚神秘色彩的中国古籍，其最基本的作
用是用来卜吉凶。它由三个部分组成。第一部分是64个卦，每个卦
都由6条象征阴爻的"－－"和象征阳爻的"——"组成。它们之间各
种不同的搭配组合，正好形成64种可能。第二部分是基本的卦辞和
爻辞，即对每一卦以及卦中的每一爻的解释。据司马迁《史记》的记
载，"文王拘而演周易"，这些卦和卦辞可能是周文王所创作，而爻
辞则传说是文王之子周公所作。这两部分的形成都在孔子生活的年代
之前。第三部分称作"十翼"，也称《易传》，由十篇诠释《易经》
的论文组成。在北宋以前人们一直认为十翼为孔子所著，后来许多学

---

① 中国古代文献都没有标点符号，所以不同的断句，往往会导致非常不一样的解读。另外，当
　时的版本都是手抄的，容易出现舛误，有时发音相同的字又可以转借，造成进一步的不确定
　性。这段话中的"易"字在有的本子中写作"亦"字，所以有人把它读为："加我数年，
　五十以学，亦可以无大过矣。"

者提出质疑。近代以来，学界一般都认为它是孔子以后的作品，可能出自孔子的弟子子夏及其门人。在用《易经》卜卦的时候，可以有多种不同的方法，如用掷蓍草或铜钱，或用火烤龟甲使其产生裂纹，以确定卦象，然后参照《易经》的经文来确定吉凶。

据说孔子曾反复阅读《易经》，以致"韦编三绝"——把将竹简串在一起的牛皮绳都磨断了三次。孔子当真对卜卦算吉凶那么感兴趣吗？据20世纪70年代在长沙马王堆出土的一份帛书记载，孔子在晚年的时候，特别喜欢读《易经》，在家的时候书不离席，出门的时候，也把书放在背囊里带着。其弟子子贡问道："夫子曾教导弟子，丧失德行的人，则趋求神灵；缺乏智谋的人，则求助于卜筮。我以为这是很正确的，所以将这些话来作为自己行为的准则。夫子为什么现在岁数大了反而喜欢《易经》了呢？"孔子答道，"我把它的卜筮放在次要的地位。我主要是观察其中的德义……我和那些用它来占卜的人，虽然都从《易经》出发，但我们的归宿是不一样的。君子通过德行来求福，所以很少祭祀求神，依靠仁义来求吉，所以很少使用卜筮。祝巫卜筮不是放在很次要的位置吗？"①

确实，孔子之道的文化源头可以追溯到《易经》。如孔子曾经直接引用《易经》恒卦里的爻辞"不恒其德，或承之羞"（13.22），来说明无恒德的人会遭受羞辱，不用占卜就知道他的命运不佳。他称赞

---

① 夫子老而好《易》，居则在席，行则在囊。子贡曰："夫子它日教此弟子曰，'德行亡者，神灵之趋；智谋远者，卜筮之系'。赐以此为然矣。以此言取之，赐缗行之为也。夫子何以老而好之乎？"……夫子曰："《易》，我后其祝卜矣！我观元（其）德义耳也……吾与史巫同涂而殊归者也。君子德行焉求福，故祭祀而寡也；仁义焉求吉，故卜筮而希也。祝巫卜筮其后乎？"（邓求柏：《帛书周易校释》，湖南出版社1996年版，第480—481页）

颜回的最大的优点就是"回也，其心三月不违仁，其余则日月至焉而已矣"（6.7）。"贤哉，回也！一箪食，一瓢饮，在陋巷，人不堪其忧，回也不改其乐。贤哉，回也！"（6.11）当然恒德并不等于不要策略，《易经》复卦象辞说："复，亨，刚反，动而以顺行，是以出入无疾，朋来无咎。……复其见天地之心乎！"艮卦象辞说："时止则止，时行则行，动静不失其时，其道光明。"孔子把这些原则融化到了他的思想当中："有用我的机会呢，就出来干；被抛弃了呢，就藏起来。"① "国家政治清明有道，言语正直、行为正直；国家政治黑暗无道，行为正直、言语逊谨。"②《易经》晋卦的象辞说："明出地上，晋，君子以自昭明德。"孔子说"人不知而不愠"（1.1），"不要担心别人不了解自己，担心自己不了解别人"③。《易经》乾卦九三爻辞说："君子终日乾乾，夕惕若厉，无咎。"与此契应，孔子说："君子没有一餐饭的时间背离仁德，就是在仓促匆忙的时候也一定与仁德同在，就是在颠沛流离的时候也一定与仁德同在。"④孔子以仁德为本，不断地追求完善自己的思想，几乎处处可以找到《易经》义理的痕迹。从更加根本的宇宙观上看，《易经》里面所蕴含的万事万物相互联系、不断变化的观念，更是儒家和道家思想的共同根源。

当然这并不意味着孔子完全反对卜筮。总体来说，他对卜筮是否包含合理性抱着一种开放的态度。在陷入极度困境的时候，据说他也

---

① 用之则行，舍之则藏，惟我与尔有是夫。（7.11）

② 邦有道，危言危行；邦无道，危行言孙。（14.3）

③ 不患人之不己知，患不知人也。（1.16）

④ 君子去仁，恶乎成名？君子无终食之间违仁，造次必于是，颠沛必于是。（4.5）

曾经试过卜算吉凶。虽然对一个具有现代科学头脑的人来说，卜筮显得完全没有理性根据，甚至荒唐无稽，但其中却包含着深刻的内容。它蕴含着这样观念，即宇宙万事万物都是某种当下状态的表现。荣格（C.G.Jung）指出，这种"同时性原则"（principle of synchronicity）与西方流行的因果关系原则截然不同。"西方近代的因果关系是线性的、历时性的事件链，而中国的观念则通过事物间的同时性的关联来描述宇宙。前者通过事件以同样的时序先后重复发生来解释世界，后者则以事件之间规律性的同时共生来解释世界。"（Jung，1950）按照现代西方的因果观念，一组铜币在桌子上的分布形态，归因于掷铜币的动作，而这个动作又归因于掷铜币者的手臂的运动，等等。通过重复观察掷铜币时的手臂运动和铜币在桌上的分布形态，人们可以对下一次掷铜币以后那些铜币在桌上的分布形态做出预言。按照中国的同时关联性原则，铜币在桌子上的分布形态则与当时周边其他事件有关联，因为它们都是同一个当下状态的表现。通过观察铜币的分布形态，人们可以认识到周边其他同处于这个当下状态之中的事物的倾向性。正是基于这个原则，传统中医学发展出了一整套精致复杂的关于人体脏腑、情绪、季节等之间的互相关联的理论，并且以此为指导来诊断和治疗疾病。当然，对这种同时性关联的夸大，也导致了汉儒董仲舒的祥瑞灾异说及由此发展而来的谶纬说。

　　孔子也许没有认识到近代西方的因果观念与我们提及的同时性原则的区别，但同时性的原则显然下意识地存在于他的脑海里。中国古代或许有不少人相信这种普遍的同时性关联是某种无法解释的神迹，或者干脆就认定是某种神力所为，但这并不等于对这种相关性的信念本身是非理性的，因为这种神力可以就是宇宙自身的神奇，就像一个相信因果关系的现代人把自然界的一致性（即我们过去所发现的规律性的现象在未来也会继续发生）看作是自然界本身的神奇特征，而不一定是上帝计划的结果。它不一定意味着相信某种神在背后控制万物的命运。与宿命论（即相信不管一个人怎样做一切都是早已注定发生或注定不发生的观念）相反，《易经》所包含的哲学是，人的行为能导致不同的后果。《易经》里的卦和对卦象的解释不是简单地告诉人们一定会发生什么，好像一切都早已注定，而是在解释当下的境况的同时，指导人在那种境况下怎样更恰当地行事，从而影响整个关系，带来某种或大或小的改变。

正如《易经》不是宿命论一样，孔子充分地认识到这样一个事实：即使人类的确不能完全掌控一切，但事实上我们能很大程度地影响我们的生活。他从《易经》里寻找的"德义"便是可以据以了解和掌控自己命运的智慧。如孟子所说，"懂得命运的人不会站在有倾塌危险的墙壁之下"①。墙要倒塌是命，但我们有能力不站在墙下或去修复那堵墙。我们可以通过规避潜在的危险、改变情景甚至通过改变对生活的态度，来积极地改变命运。例如，《论语》里孔子的弟子司马牛悲叹："人人都有兄弟，唯独我没有。"另一个弟子子夏便安慰他说："死生有命，富贵在天。君子只要对待所做的事情严肃认真，不出差错，对人恭敬而合乎于礼的规定，那么，天下人就都是自己的兄弟了。君子何愁没有兄弟呢？"②通过自己成为君子和重新定义"兄弟"，子夏为司马牛指出了他如何可以掌控自己的命运，或

---

① 知命者不立乎岩墙之下。（《孟子·尽心上》）

② 司马牛忧曰："人皆有兄弟，我独亡。"子夏曰："商闻之矣：死生有命，富贵在天。君子敬而无失，与人恭而有礼。四海之内，皆兄弟也——君子何患乎无兄弟也？"（12.5）

者如何去"命"自己的命！这里作为指令的"命"以及作为定数的"命"，两种含义浑然连接在一起了。

　　儒家精神这一特征自然伴随一种强烈的忧患和责任意识，这种意识来自清楚地看到自己的行为和它的结果之间的紧密关系，不论这种结果是影响自己还是影响他人的生活。既然我们有能力影响周围世界，那么，能力越大，责任也就越大。正如当代儒家学者徐复观所说，"宗教的虔敬，是人把自己的主体性消解掉，将自己投掷于神的面前而彻底皈依于神的心理状态。周初所强调的敬，是人的精神，由散漫而集中，并消解自己的官能欲望于自己所负的责任之前，凸显出自己主体的积极性与理性作用"①。儒家的精神性就是从周初那里继承过来的，通过精神高度集中而意识到自己身负天命的那种神圣的责任感。《论语》在下文里就表达了这种责任感：尧（让位给舜的时候）说道："啧啧！你这位舜！上天的大命已经落到你的身上了，诚实地保持着那正确罢！假若天下的百姓都陷于困苦贫穷，上天给你的禄位也会永远地终止了。"舜让位给禹的时候，也说了这一番话。商代的奠基人汤对他的臣下说："如果我本人有罪，别牵连天下万方；天下万方如果有罪，罪责应由我来承担。"②这种敢于担当责任的自我意识，其气魄就是真正的替天行道、天人合一。

　　孔子说他"五十而知天命"。他没有特别解释是如何知道天命的，但他显示了强烈的信心，是上天把品德赋予了他。由于"德"字

---

①　徐复观：《中国人性论史·先秦篇》，台湾商务印书馆1984年版，第22页。
②　尧曰："咨！尔舜！天之历数在尔躬，允执其中。四海困穷，天禄永终。"舜亦以命禹。曰："……朕躬有罪，无以万方；万方有罪，罪在朕躬。"……"百姓有过，在予一人。"（20.1）

兼有美德和力量的意思，他的信心或许还源于他相信天赋予了他力量。虽然天有的时候好像也会与他过不去，比如让他最得意的门生颜回英年早逝，但孔子相信是"人能弘道，非道弘人"（15.29）。在他那里，人不再只是被动地接受来自上面和外面的命令。天从人自身内部显示出它的力量！

"人能弘道"的观点也告诉我们，"道"更是一条轨迹、一种行为方式或开辟道路的行为，而不是一个纯粹客观和外在于人类行为的形而上的实体。把儒家的道当作一个实体，是对儒家基本特征的完全误解，因为儒家的总体关怀是引导人类的生活方式，而不是去获得有关终极实在本体的知识。

这种主体性不是主观主义。主观主义是认识论中关于信念的本质的一种观点。它认为真理只存在于相信它的人的心里，没有什么客观真理。而儒家的主体性，可以说是"替天立道，替天行道"。这种主体性在宋儒张载的那段著名的话里得到非常充分的表达：

> 为天地立心，为生民立命。
>
> 为往圣继绝学，为万世开太平。

在这段话里，人不仅与天地并立，与天地共创宇宙，还为天地确立意志、良心和意义。天给了人类人的天性和德，反过来，天又依赖于人将他们所具有的天性和德，还有其他万物的性和德，和天地配合，成为宇宙生生不息的创造力。（《中庸》二十二章）由于这是充分地发展和完善天给予人类的潜能，所以这也可以说就是天命。儒家和道家的最高目标通常都被描绘为"天人合一"。对于道家而言，这种合一即人与自然的和谐、保持自然的习性和个性与周围环境的融合。对于儒家来说，这种合一就是通过人的积极参与来创造万物的和谐。它伴随着一种很强的使命感和责任感。正如杜维明先生所说，这是一种宇宙人类观（anthropocosmic）的视野，而不是人类中心主义的态度。人类中心主义将人置于控制和摆布万物之权力中心，宇宙人类观是将人放在对整个宇宙负责任的中心。

通过圣人的这些教导和楷模，儒家之道展现在人们面前。当儒家学说被确立为权威、成为是非评判的标准以后，事实上它已经成了中国的国教。显然，这种需要人性和德性完美发挥的天人合一的儒家理想，对于普通个人而言是不容易实现的。尽管如我们前面已引过的，"天视之我民视，天听之我民听"，依据同样的逻辑，天的意志通过人的意志得以展现，但人与天的合一并不是天生地就的。完美的天人合一依然需要通过人的努力来获得，而这种努力的实践，恰恰就是每个个人在最日常的生活当中所能做到的。

不朽与人生的意义

对于孔子，不仅"天"是内在于人类所生活的世界之中的，不朽和生命的意义也同样存在于人世间，而非在另外一个超越的世界。

在谈到为什么要为父母服丧三年的时候，孔子指出了人生的这样一个基本事实："子生三年，然后免于父母之怀。"（17.21）不论这个理由对于守丧三年的做法是否充分，承认儿女生下三年后才能脱离父母的怀抱这一事实本身，对儒家有着重要的意义。

和大多数动物不同，人类在幼年阶段，有相当长的一段时间依赖父母的照顾。由此而来的一个结果是，照顾者（父母）和接受照顾者（儿童）之间通常会形成一个极为紧密的感情纽带。这个纽带对人生的影响可以强烈到如此程度，以致父母和孩子会互相在对方身上发现自身存在的意义和自己生命的延伸。为人父母是人找到自己生命意义的一个基本方式。我们经常看到，一个人在严酷的困境下会仅仅为了孩子，而有了继续生活下去的勇气和决心。有人完全依赖你、爱你，会让你感觉到自己活着是有意义的。看着自己的子女长大了，生活得很好，也给人一种对人生的满足，感觉到自己的人生已经在子女身上得到了延续，从而会得到一种死而无憾的平静。这种将子女的生命看作自身存在的扩展的意识，并不是中华文化特有的。在基督教里，亚伯拉罕能否牺牲自己的独生子被视为他对上帝的信仰的一个特殊考验，同样，上帝牺牲他唯一的儿子耶稣，也比其他任何牺牲都更加意味深长。正因为父母的爱是人类最根本的爱，所以奉献自己的孩子才成为显示承诺的一个最极端的方式。

我们也通常看到幼儿对自己的父母（或者他们的主要监护人）会有一种特殊的感情。当孩子们看到父母来托儿所接他们的时候，他们的眼睛就会一亮。儿童从非常早的阶段就已经部分地通过与父母的关系开发了他们的自我意识。我们发现，在不同的文化当中，将他人的父母（尤其是母亲）带入到辱骂之中是侮辱一个人的最常用的恶毒方式。这表明人们普遍把自己的父母作为其自我认同的重要组成部分！①

孔子用了两个不同的词来形容父母对孩子的爱和孩子对父母的爱。对于前者，他用的是"慈"，对后者，他用的是"孝"。通常情况下，父母对孩子的爱是自然而然的，不需要劝说鼓励。而孩子们对父母的爱，相比之下其自然的纽结就没有那样强烈和牢固。当儿女长大了，开始寻求独立，他们对自己和自己的孩子的关心往往甚于对父母的关心。婴幼儿对父母的爱，如果得不到适当的维护和培育，就会渐渐枯亡。从纯生物进化的角度来看，孝顺甚至不是人类物种延续的必要条件。这就是为什么孔子特别强调"孝"，却较少提及"慈"。

在孔子看来，就凭父母将我们带到世上并将我们抚养到能够站立行走，就意味着我们有责任承认父母的养育之恩，并且有义务以某种方式去回报这种恩情。不仅老人在他们的晚年需要年轻一代照顾，甚至在他们去世以后，他们的人生能否通过后代"延续"下去，他们的一生是否活得有意义，也将取决于子孙的品行。如果子孙不以为继，或使祖宗蒙羞，就都会反过来影响到前辈的生命的意义及其延续！这就是孝道的宗教意义，也是中华文化中的祖先崇拜这一长久传统和"光宗耀祖"观念的根源。

基于这种对生命意义和生命延续的理解，传宗接代便成了婚姻的主要理由。通过婚姻的方式，人们生儿育女，从而既实现自身存在的延续，也实现其祖先的"不朽"。这就是为什么孟子说"不孝有三，无后为大"（《孟子·离娄上》）。直到今天，大多数中国人仍然把

---

① 这里所述的内容在张祥龙《孔子的现象学阐释九讲——礼乐人生与哲理》（华东师范大学出版社2008年版）里有更为详细的阐发。

传宗接代当作一个很重要的事情。这种观念在历史上甚至被作为男人纳妾的理由，尤其是在正妻不能生育儿子的情况下更是如此。它也成为中国人口控制的一大障碍，因为许多人非得有了一个可以继承姓氏的男孩，才愿意停止生育。由此也造成了男女性人口比例的不平衡，成为一个社会问题。

实际上，孔子所主张的孝道不仅不局限于传宗接代，而且不一定需要以传宗接代来体现。孔子曾说："三年无改于父之道，可谓孝矣。"（1.11，4.20）此语在《论语》有限的篇幅里出现了两次。这就说明，孝也可以体现在继承先辈的遗愿和遗业这方面。尽管一些评论家用令人信服的论据说明，孔子的这句话并不是主张愚蠢地坚守先父所主张的一切，这里的"道"字只能理解为是好的、善的行为[①]，这句话对中华民族传统文化中的保守倾向仍然起了巨大的作用。通常"这是祖宗定下的规矩"或者"这是祖训"一句话，就被作为某种传统得以继续的一个充分的理由。现代的人觉得很难理解，其实它的背后，就是"祖制"代表了祖宗生命的延续。

无论是以家族延续的形式还是以保留先人之道的形式，孝的观念之所以能够深深扎根于中国传统社会之中，是因为孝根植于人的亲情。它是人的最直接的经验，不需要有对超验的神的信仰，也不需要单凭道德律令来从外部灌输。而且，它不仅是基于自然的亲情，更重要的是，它也是一个人获得自己的生命的意义和拓展自己有限人生的方式。通过它，一个人既可以履行对祖先的义务，也可以将自身的存

---

① 参见杨伯峻：《论语译注》，中华书局1980年第2版，第7页；程树德：《论语集释》，中华书局1990年版，第43页。

在拓展到后代的生命之中。继承祖先的遗愿本身，就是给儿孙树立孝的榜样，让他们继续你的愿望。而有后人继承自己的愿望，可以使一个人坦然面对死亡，含笑九泉，没有泯灭的恐惧。有趣的是，按照这种不朽的理念，照顾自己也成了对祖先的神圣职责。《孝经》卷一中说："身体发肤，受之父母，不敢毁伤，孝之始也。立身行道，扬名于后世，以显父母，孝之终也。"这里，照顾自己事实上同时也是在维护祖先在自己身上拓展了的生命，个人的利益和孝道就这样巧妙地结合为一了。

在儒家看来，百善孝为先，孝道是其他善行的基础。每人都应该"老吾老以及人之老，幼吾幼以及人之幼"（《孟子·梁惠王上》），将关爱从家庭开始，逐步延伸到远亲、延伸到养育他的故乡、延伸到给了他知识文化的师长和帮助、关怀他的朋友，最后达到"泛爱众"（1.6）。相对于其他的人际关系，家庭关系是最基本、最直接的。可以说没有比家庭关系更适合培养道德同情心和精神意义的土壤了。正如有子所说："君子务本，本立而道生。孝弟也者，其为仁之本与！"（1.2）

虽然人生意义的创造和生命之不朽的实现都始于孝道，但却也不止于孝道。《左传》里记载了一个很有深意的故事。在孔子还只有五岁的时候，即鲁襄公24年（前549年），鲁国的一个叫穆叔的官员来到晋国，晋国的范宣子接待了他。范宣子知道鲁国具有深厚的文化底蕴，就问穆叔："古人曾有'死而不朽'的说法，这是什么意思？"还没等穆叔回答，范宣子就接着说："我们范家的祖先，可以一直追溯到虞舜以上的陶唐氏，尔后在夏朝是御龙氏，在商朝是豕韦氏，在周朝是唐杜氏，晋国主持中原盟会的时候是范氏。所谓不朽指的就是这个吧！"穆叔说："据我所闻，这叫作世禄，而不是不朽。鲁国以前有一位叫臧文仲的大夫，死了以后，他的话世代不废，所谓不朽，应该是这个意思！我听说'最高的是树立德行，其次是树立功业，再其次是树立言论'。做到这样，虽然死了也久久不会废弃，这叫作不朽。至于家族姓氏的承继和祖宗的香火不断，这是到处都有的，只是官禄之大者，不能说是不朽。"（《左传·襄公二十四年》）

穆叔所说的"立德、立功、立言"，后来被称为"三不朽"，在中国传统文化当中占有非常重要的位置。根据这一传统，仅仅传宗接代或世袭某种爵位，都不足以被称为真正的不朽。真正的不朽必须发展到超出自己的家族，而进入到更广阔的世界。通过立德以使他人引为楷模来效仿，通过建功立业以使他人从中受惠，通过立言以使他人从中得到教益，一个人的生命就可以超出自我，而得到无穷尽的延续和扩展！

虽然我们没有直接证据可以表明孔子知道穆叔的这些话，但这个故事发生在他的家乡鲁国，表明他很可能继承了相同的观念。《论语》里记载了孔子这么一句话："到死而名声都不为人所称述，是君子引以为恨的。"① 将此语放到他的整个思想体系的背景下看，这里所说的"名"显然指的是上述那"三不朽"，特别是其中占据最高位置的立德。孔子曾将齐景公之死与伯夷、叔齐之死相比，他说："齐景公有马千驷，死之日，民无德而称焉。伯夷叔齐饿于首阳之下，民到于今称之。其斯之谓与？"（16.12）齐景公奢靡一生，无功无德，所以死了后，人们都不觉得他有什么好的行为可以称述。而伯夷、叔齐

---

① 君子疾没世而名不称焉。（15.20）

所以至今还被人们称颂，是因为他们具有良好的品德和高尚的气节。

这种不朽观，在后来的传统典籍中屡屡出现。如汉代的《韩诗外传》说："王子比干杀身以成其忠，尾生杀身以成其信，伯夷叔齐杀身以成其廉。此四子者……名传于世，与日月并而不息，天不能杀，地不能生，当桀纣之世，不之能污也。"北宋理学家张载也说："道德性命是长在不死之物也，己身则死，此则长在。"中国许多历史人物的庙宇也体现了这样的不朽观。比如纪念南宋抗金爱国将领岳飞（1103—1142）的岳庙。岳飞一身集诸多儒家所推崇的品德：他节俭自律，是孝子严父、有勇有谋的将领、关爱部下的上司、才华横溢的诗人，甚至还是颇有功力的书法家。他受奸臣迫害而死的悲剧性结局，最终使他真正成为不朽。人们建造了庙宇来纪念他。有趣的是，其中建于1221年、位于南宋国都杭州的岳庙，同时也为秦桧等谋害岳飞的凶手设置了一个"不朽"的位置。这些人被铸成黑铁跪姿的雕像，永远陈列在岳庙里供人唾弃。在其他一些宗教里，对恶行的惩罚是永久地打入地狱，而在儒家，对恶行的惩罚是来自百姓的世世代代的谴责！这与儒家不朽观是完全相应的。这个例子表明，儒家以历史的和人民的审判取代宗教的审判：惩恶扬善都在于将其载入青史或树碑立庙，公之于众，以供后人评判。

从这里，我们可以很容易地观察到儒家的宗教性所包含的三个相互联系的重要特征：在儒家的学说里，没有世俗和神圣的截然区分，没有利己与利他之间的截然区分，也没有现实生活体验和道德理想的截然区分。

首先，根据儒家的理解，生命的意义和人生的不朽，都可以在尘世当中找到，而不需要假设一个未知的、超现世的领域，也不需要假设一个能够脱离肉身的、不朽的"灵魂"实体。神圣的就在于世俗的人生当中。所以儒家的宗教性是"即凡而圣"的。这里的"神圣性"不只是"留取丹心照汗青"那样的英雄式的名垂千古，它也包含了最为基本的孝顺父母、关爱子女、尊敬师长、帮助朋友、奉献社区，是每个人都可以做到的。它不是道家的消极避世，不是佛家的看破红尘，也不是西方宗教里的依靠神的救赎。它鼓励的是积极入世的精神，是从人世当中最平常的生活中去开发出生命的神圣意义和不朽。

其次，在儒家宗教性当中，个人生命的意义及其人生的不朽，都是通过人际关系，而不是通过个人自身的不死来实现的。无论是传宗接代的延续，还是对先人遗愿的继承，或是我们上面提到的"三不朽"，都是一个人在与他人的关系当中展现出自己的存在和价值。这与西方希腊罗马和犹太－基督教传统所熟悉的个人灵魂不死的不朽观完全不同。根据儒家观念，生命并不局限于个人短暂的肉身寿命，但也无须灵魂不死才能继续存在。人的生命可以通过与其他生命的关联性而在肉身死亡以后得到延续。老子所说的"死而不忘者寿也"（《道德经·辩德第三十三》）也是同样的关系型的不朽观。当然，这种延续可长可短，相应地，个人生命的意义也可大可小，如司马迁所说的，既可"重如泰山"，也可"轻如鸿毛"。而且其轻重程度也因关系而异——"亲戚或余悲，他人亦已歌"，对大多数人来说，能够让周围一些亲朋好友追思缅怀，就不错了。由于这种不朽是关系型的，它一方面取决于一个人自己的行为，即老子所谓的"圣人后其身而身先，外其身而身存。非以其无私邪，故能成其私"（《道德经·韬光第七》），另一方面，它也取决于他人：即便是孔子，也可能被忘记！任何人的不朽都依赖于后人的"不忘"，所以后人既有选择做谁的"孝子贤孙"或继承谁的事业的自由，也有承先启后的责任。

第三，这种对生命的意义和不朽的理解，植根于人类最基本的生活经验——亲情，而不是任何抽象的原则或盲目的信念。在父母和子女关系中的人，不是抽象的"每一个人"或"任何人"，而是非常具体的家庭成员。家庭成员之间的感情，比某种外在权威所规定的抽象律令更加贴近人心和自然。一旦这种亲情成为传统，它就变成了人们自我认同的方式。众所周知，中国人通常希望自己的孩子为他们的家庭和社群带来荣耀，他们一般也都很重视别人对自己的看法。出于同样的原因，中国历史上的帝王和贵族最惧怕的不是神的喜怒，而是历史和公众的评判。中国文化对西方"普遍原则"的隔膜感，也源于此，因为中国文化在源头上就不是从抽象的原则出发来规范具体人生，而是从具体的亲情出发，将心比心（即儒家的"恕"），然后扩而充之的那种普遍性。

虽然儒家思想为创造和实现生命的意义以及不朽，提供了一个"即凡而圣"的模式，但是对于那些极端个人主义的和彻底享乐主义的人来说，它却缺乏束缚力。在这方面，儒家只能依靠"礼"的制约和"乐"的教化。一旦礼崩乐坏，即便孔子也只能"乘桴浮于海"（5.7）了。相比之下，其他一些宗教在这方面要有效得多。例如佛教，就有轮回、因果报应和多层地狱的概念，善有善报、恶有恶报，因此能产生更强大的威慑力。同时，儒家所提供的那种不朽，也有很大的不确定性。由于它本质上是关系型的，即便一个人自己有"后"（后代），也无法保证"子子孙孙，永保其飨"；即便一个人一辈子做了无数好事，也可能被人遗忘，甚至误解。相比之下，西方宗教里的灵魂不死和天堂的观念，能给予临终者一种更加确定的感觉。不过那些宗教更加依赖信仰，相形之下，儒家思想则显得更加理性和现实。

对待其他宗教和学说的态度

虽然在孔子生活的时代还不存在剧烈的宗教冲突，但那是百家争鸣的年代，各家学说对于道有不同的理解。在《论语》里，我们就能看到孔子与道家人物的几次际遇。一次在旅途中，孔子派子路去问路边正在耕田的两个人，去渡口怎么走。其中一个叫长沮的反问子路道："那位驾车的是谁？"

子路说："是孔丘。"

他又问："是鲁国的那位孔丘吗？"

子路道："是的。"

他便道："他么，该早晓得渡口在哪儿了。"

子路见问不出来，就转身去问另一个叫桀溺的。

桀溺也反问子路道："您是谁？"

子路道："我是仲由。"

桀溺道："是鲁国孔丘的门徒吗？"

答道："对的。"

他便道："像洪水一样的坏东西到处都是，你们同谁去改革它呢？你与其跟着（孔丘那种）逃避坏人的人，为什么不跟着（我们这些）逃避整个社会的人呢？"说完，仍旧不停地做田里活。

子路回来报告给孔子。孔子很失望地说道："我们既然不可以同飞禽走兽合群共处，若再不同人群打交道，又同什么去打交道呢？如果天下太平，我就不会同你们一道来从事改革了。"①

孔子在这里没有谴责的意思，他只是陈述他的立场和理由。当然这里面也有一点遗憾，因为，他已经意识到"道不同，不相为谋"（15.40）。

另一次，子路在跟随孔子旅行的途中落在了后面，碰到一个用拐杖挑着除草工具的老头儿。

子路问道："您看见我的老师了吗？"

老头儿道："你这人，四肢不劳动，五谷不认识，谁晓得你的老师是什么人？"说完，便扶着拐杖去锄草。

子路拱着手恭敬地站着。他便留子路到他家住宿，杀鸡、做饭给子路吃，又叫他两个儿子出来相见。

第二天，子路赶上了孔子，报告了这件事。

孔子道："这是位隐士。"叫子路回去再看看他。子路到了那

---

① 长沮、桀溺耦而耕，孔子过之，使子路问津焉。长沮曰："夫执舆者为谁？"子路曰："为孔丘。"曰："是鲁孔丘与？"曰："是也。"曰："是知津矣。"问于桀溺。桀溺曰："子为谁？"曰："为仲由。"曰："是鲁孔丘之徒与？"对曰："然。"曰："滔滔者天下皆是也，而谁以易之。且而与其从辟人之士也，岂若从辟世之士哉？"耰而不辍。子路行以告。夫子怃然曰："鸟兽不可与同群，吾非斯人之徒与而谁与？天下有道，丘不与易也。"（18.6）

里，他却走开了。①

还有一次，有个楚国的狂人唱着歌走过孔子的车旁，孔子从他的歌里面听出他对当时从政者的失望，他就跳下车来，想同他谈谈，而那人却赶快避开了，孔子没能和他交换意见。（18.5）

还有一个关于孔子主动向持不同信念的人交谈甚至请教的故事，很可能是出自道家之口，以证明道家高于儒家。按照这个故事，孔子曾经到过周王朝的国都，去学习周的礼仪文化，并且拜访了时任王室档案馆馆员的老子。

老子对孔子说："你所追求的东西，早已经连人带骨头都烂没了，只是那些话语还在流传罢了。君子在时运顺畅的时候可以适时前行，时运不顺的话就应当赶紧埋首离开。我听说，精明的商人财不露富，好像一无所有，君子大德大才，却看似愚钝。要去除自己的骄纵之气、欲望、姿态和雄心，因为这些对你都没有好处。我能告诉你的一切，仅此而已。"

据说孔子这次会面回来后，告诉弟子说："我知道鸟能飞、鱼能游、野兽能行走。能走的可以用网捕捉，能游的可以用鱼线钩钓，能飞的可以用弓箭击落。至于龙，我不知道它怎样腾云驾风飞上天的。我今天见到老子了，他或许是条龙吧！"②

---

① 子路从而后，遇丈人，以杖荷蓧。子路问曰："子见夫子乎？"丈人曰："四体不勤，五谷不分。孰为夫子？"植其杖而芸。子路拱而立。止子路宿，杀鸡为黍而食之，见其二子焉。明日，子路行以告。子曰："隐者也。"使子路反见之。至，则行矣。（18.7）

② 老子曰："子所言者，其人与骨皆已朽矣，独其言在耳。且君子得其时则驾，不得其时则蓬累而行。吾闻之，良贾深藏若虚，君子盛德容貌若愚。去子之骄气与多欲，态色与淫志，是皆无益于子之身。吾所以告子，若是而已。"孔子去，谓弟子曰："鸟，吾知其能飞；鱼，吾知其能游；兽，吾知其能走。走者可以为罔，游者可以为纶，飞者可以为矰。至于龙，吾不能知，其乘风云而上天。吾今日见老子，其犹龙邪！"（司马迁：《史记·老庄申韩列传》）

孔子的后继者们似乎并没有为这个故事贬低了孔子而气恼。毕竟，孔子是一个爱学习的人，且他的哲学思想虽然迥异于老子，但并不根本对立。孔子也不完全反对"道不行，乘桴浮于海"（5.7）的观念，虽然他自己非到万不得已，是不会这么做的。在他所称赞的古代圣人里，他没有排斥伯夷和叔齐，这两个人因为不想辱没自己的身份，选择隐居深山最终饥饿而死。孔子也不反对虞仲和夷逸，这两人逃世隐居，放肆直言，行为廉洁，弃世而保身也是他们的权宜之计。至于他自己，孔子说："我和他们都不一样。我没有什么绝对可以的事，也没有什么绝对不可以的事。"①

然而，这种灵活性只是体现在方法上的。它并不意味着孔子缺乏坚定的原则性。《论语》里说到，子路在石门住了一宵，第二天清早进城，守城门的人问道："从哪儿来？"子路说："从孔家来。"守门的人说："就是那位知道做不到却偏要去做的人吗？"②

随着儒家学说在汉代成为官方意识形态，特别是董仲舒提出的、根本背离了孔子对其他信仰体系态度的"罢黜百家，独尊儒术"被接受为官方政策以后，在中国漫长的历史上曾经出现过多次大规模的对其他信仰的镇压。其中有几次是针对佛教的，另外有一些针对基督教和伊斯兰教，还有一些针对道教的某些教派，或某些邪教。这些镇压都有着复杂的社会政治原因（比如，宗教或邪教经常被用来组织和发

---

① 子曰："不降其志，不辱其身，伯夷、叔齐与？"谓："柳下惠、少连，降志辱身矣，言中伦，行中虑，其斯而已矣。"谓："虞仲、夷逸，隐居放言，身中清，废中权。我则异于是，无可无不可。"（18.8）
② 子路宿于石门。晨门曰："奚自？"子路曰："自孔氏。"曰："是知其不可而为之者与？"（14.38）

动叛乱），可以说没有哪一次镇压是纯粹由宗教信仰体系的冲突而起。中国历史上儒、道、佛这三大教，总体来说是处于和平共处的关系当中。一个中国知识分子，年轻时可以是雄心勃勃地投入社会政治生涯的儒家；在休闲或前途被阻无望时，他可以成为道家；而当受到灾难袭击或面对死亡时，他又可以成为佛教徒。不是这些人的宗教信仰不虔诚、立场不坚定，而是这三种宗教就像针对不同病症的不同药方，各有自己的用途。

这些学说之所以能和平共存，和它们本身的思想内容有关。孔子对未知领域的开放心态以及他愿意不断地向其他学派学习以提升自己的态度，决定了儒家不排外的天性。一个人可以成为一个"儒家基督徒"而不需要自相矛盾。但同时，孔子通过重新诠释周文化的传统来实现其人文理想的途径，又使他所代表的儒家的精神性具有其独特性。

从历史上来看，儒家不仅没有因为它的开放性而丧失自身的特点，相反，它在与其他宗教的交流中，显示了惊人的与其他宗教和合共生的能力。其中一个明显的例子是初建于唐玄宗年间（685—762）的西安大清真寺。这个清真寺不仅外观设计成典型的中国庙宇样式，而且寺内有许多儒家的痕迹。在一块解释伊斯兰教基本教义和记录建寺缘起的石碑上，可以看到其碑文的语言完全是儒家风格的。比如，碑文里称穆罕默德为"西方圣人"，称伊斯兰的基本教义为"道"，伊斯兰教的实践被解释成儒家的自我修养，真主先是被翻译为"上帝"，然后就被引申为儒家的"天"，而且还直接引用了孔子的话说："若是得罪了天，祈祷也没用！"①这个碑文的基本内容就是，即使伊斯兰教和儒家有许多不同，但两者的"道"和"心"是相同的。

当然，这并不等于说儒家只追求和谐，而不维护自己的观点。一个很好的例子，就是西方来华传教的先驱利玛窦与他的中国儒家批评者之间的际遇。利玛窦初来中国的时候，他称自己为"西僧"，但很快，他就改称自己为"西儒"。这或许部分是因为他意识到要使天主教在中国流传，赢得儒家的支持比赢得佛教的支持更为重要。但更主要的还是因为他看到，儒家的基本思想使它比佛教和道教更容易接纳他的信仰。在他的《天主实义》一书中，他不厌其烦地从儒家经典中寻章摘句，试图将中国古典里的"上帝"和"天"与天主教的上帝画上等号，抹去那些经典里面的祖先崇拜的痕迹，然后加入天主教对上帝存在的种种论证。有趣的是，当时出现过一本名为《破邪集》的书②，在此书中利玛窦的中国儒家批评者们并没有集中反驳那些上帝存在的论证，也没有试图证明天的存在或者天道与上帝有什么不同。他们更为关注的是两种信仰对生活实践的不同导向。③比如，他们提出，基督徒对上帝的态度是媚，即刻意奉承，祈求宽恕，而孔子信徒对天的态度是敬，即敬畏。这种差别会影响人们在现实生活中如何看待人的主体性。基督教的态度会引导人们畏缩，并期待外在的、高深莫测的抽象的神来拯救；而儒家的看法会引导人们敬重天的崇高，同时意识到他们自己作为宇宙共同创造者的神圣责任。那些批评者还对

---

① 获罪于天，无所祷也。（3.13）

② 夏瑰奇编：《圣朝破邪集》，香港建道神学院1996年版。

③ 张晓林：《天主实义与中国学统——文化互动与诠释》，学林出版社2005年版。

儒家和天主教的另外一个区别表示意见：天主教传教士的布道方法是借用工艺和技术，而儒家则着眼于改变人们的心智。这里，两者的微妙差别在于，对基督教而言，最重要的问题是"信何为真"，但对儒家而言，却是"如何立身"。

由于儒家长期以来处于官方意识形态的位置，明末利玛窦时代的儒者还有着很强的文化优越感。这种优越感后来不断弱化，特别是20世纪的五四运动和"文化大革命"时期，儒家成为中国很多激进的知识分子的主要批判对象。

尽管孔子在历史上曾被神化，并被看作是判别是非的最高权威，但从儒家思想的内容而言，并没有任何允许盲目信仰的因素。相反，孔子的教导中包含着大量自觉开展自我批评的资源。正如杜维明所指出的，在儒家传统里面，孔子既不被认为是儒家的创造者，也不是最完美的象征。（Tu Weiming，1998）一个儒家的弟子甚至可以批评孔子本人。孔子说："我有知识吗？没有哩。有一个庄稼汉来问我，我对他问的内容一无所知；我只是从他那个问题的首尾两头去盘问，这样来穷尽问题的全部。"①作为一个学习的楷模，孔子告诉学生："有了过错，就不要怕改正。"当孔子被告知误判了某一件事，他说："我真幸运，假若有错误，人家一定给指出来。""如果你错了而又不自己改正，那就是真错了。"②这些都充分说明了孔子从不把自己当成永远不会犯错误的天的代言人和完美的化身。孔子代表的这种不断自我批评和自我完善的精神，在其他主要宗教的代表人身上是

---

① 吾有知乎哉？无知也。有鄙夫问于我，空空如也。我叩其两端而竭焉。（9.8）

② 过，则勿惮改。（1.8）丘也幸，苟有过，人必知之。（7.31）过而不改，是谓过矣。（15.30）。

罕见的。这种精神在儒家传统中不是被理解为它的自我否定，相反，它恰恰是其自我完善的实践本身。

英国哲学家罗素（Bertrand Russell）在反思他1920年至1921年期间长达一年中国之行的时候，也曾附和当时的流行观点，把中国的落后归因于儒家的道德规范。但与此同时，他还说：

> 就孔子的社会影响而言，必须将他和其他宗教的奠基者放在一起。他对社会结构和人们的思想所产生的影响和释迦牟尼佛、耶稣基督、穆罕默德一样巨大，然而却又与他们有着本质的区别。与释迦牟尼佛和耶稣基督不同，孔子完完全全是个历史的人物。我们知道许多有关他的生平的细节，而且和其他这样的人物相比，围绕着他的传说和神话也不那么多。他和其他的宗教奠基者最大的区别，在于他留下了一套一直被尊崇到今的严格的道德规范，然而却很少将这一套道德规范与宗教的教条挂钩。这就给无数崇敬他并治理着这个中华帝国的一代又一代中国知识分子留下了完整的、神学怀疑论的空间。（Russell，1922）

第三章

作为哲学家的孔子

孔子当年是不可能把自己看作哲学家的，因为那个时候，中国还根本没有哲学这样一个概念。"哲学"一词源于古希腊的"爱"（philos）与"智慧"（sophia）两个词的组合，直到19世纪末，经日本传入中国，中国人才开始使用这个概念。

"sophia"一词本意是指理性的智慧。在希腊语中，它与实践的智慧"phronesis"是不同的概念。西方哲学从很早就开始倾向于关注理性的和命题性的知识，恐怕与哲学一开始就被如此定义有关。①与此相比，孔子的思想却始终集中关注如何生活和怎样成为一个更完善的人，关注如何"弘道"。他的学说主要是关于"怎样"的教导，而不是关于"什么"的描述。对命题性知识的描述或论证的评价，在于其可信或不可信，或者说是真理还是谬误，而对一个教导的评价，则是好或坏、有效或无效。有关实在的命题性观点，一般都是使用推理，而指导性的观点，则往往需要权威，因为其说服力不是依靠劝说来使人接受某个结论，而是依赖于实践经验和这种指导最终导致的结果。借用一个凭借动作片而非常流行的词来说，指导性观点的目的在

---

① 这一倾向在苏格拉底那里已经比较明了了。他说："唯一的善就是知识，唯一的恶就是无知。"但如法国哲学家皮尔·哈道（Pierre Hadot）所指出的，早期希腊哲学总体上来说，还是把哲学当作生活的方式，而不是像后来那样，越来越集中于理论的论证。（Hadot，1995）

于使人获得"功夫",即某种能力,而不是理性知识。其实"功夫"是宋明儒家阐述儒学时经常使用的概念。鉴于上述两种追求(即对理性命题知识的追求和对实践指导的追求)的不同,可以不夸张地说,如果我们用命题性知识的标准去读孔子,就好比把菜单当作美食来吃一样的离谱。

这就意味着儒家传统应当被理解为更广泛意义上的一种哲学:追求智慧,而不仅仅是理性智慧。儒家学说的功夫论倾向,不仅使它引出了许多被西方主流哲学所忽视的重要哲学问题和概念,而且还蕴含了关于形而上学、认识论、伦理学甚至语言哲学等等的不同观点,而这些,即便对于最狭义的哲学来说也是极为重要的课题。

孤立的个人无法成为完整的人

孔子哲学中最为核心的概念是"仁"。这个字在《论语》里出现了105次。全书的499节中,有58节是关于"仁"的论述。《论语》里没有任何其他概念有这样的重要地位。然而,整本《论语》中,却找不到一个关于"仁"的精确定义。在《论语》的英文版本中,也没有任何一种对"仁"的译法,能使学者们都普遍接受,如把它翻译为"善意""有人性的""有威信的人或者行为""利他的""人道的",或者干脆"善"等,似乎总有些未尽其义,或者会带入一些非其本意的内容。仁好像是一种非常高的理想,即使是孔子本人也声称从未完全达到（7.34），然而仁又是如此地贴近每一个人，以至于孔子说："仁难道离我们很远吗？我想要仁，仁就来了。"①

我们可以从"仁"这个概念的一个特别的使用方式来开始探索它的含义。在儒家典籍里，"仁"有时候可以与"人"字交换互用（《中庸》第二十章）。对此可以有一个很显然的解释：无论在汉语还是其他语言里，我们发现"人"都有两层含义，以至于人们在说"人应当像个人的样子"或者"对人应当像人一样来对待"的时候，不是在同义反复。其含义之一，是生物意义上的人；其含义之二，是道德或文化意义上的人。上述那两个例句，说明我们对人都有一个通常的道德期待。儒家把"人"与"仁"交换使用，可以说明，对孔子而言，"仁"就是意味着一种使生物意义上的人成为一个真正合格的人的品质，这种品质是每一个人都必须努力具备的。

另外有一个从中文"仁"字的字源学角度进行的解析，也可以有助于理解它的含义。汉语文字最初是象形和表意的，而不是由标示发音的字母排列构成的，因此它们的字形与其表达的意思有更加直接的关联。"仁"字由两部分组成：左边的偏旁是"人"，右边两横是"二"。这个构成，拿美国哲学家安乐哲（Roger T. Ames）和罗思文的话来说："强调了儒家的这样一个预设，即一个人不能独自成为一个完整的人——我们从一开始就都是社会的存在。"（Ames & Rosemont，1998）确实，《论语》里许多关于"仁"的说明都涉及人际关系。孔子说"仁者爱人"（12.22）。为仁的方式就是"恕"，

---

① 仁远乎哉？我欲仁，斯仁至矣。（7.30）

即将心比心。①对于孔子来说，人际关系如此重要，以至于罗思文认为，在儒家看来一个人不是担当父亲、朋友、老师等角色，而是这些角色本身。（Rosemont，1991）仁从本质上来说是关系性的。仁人在尊重自己与他人的关系并且与他人相互作用下，完善自己。没有人可以孤立地成为一个完整的人，也没有人可以说，不管别人发生了什么都与他无关。②

　　这种把人看作关系网中的纽结的观念，如我们前一章所述，在儒家不朽观中体现得非常明显。它也反映在中国传统的自身认同方式当中。比如说，中国人的名字总是将姓放在前面，将名放在后面，而不是像西方人那样，名在前姓在后。这说明，中国人首先是把自己看作家庭的一员，其次才是自己个人。兄弟姐妹的名字之间，也常常显出某种关联，如孔子的名字"仲尼"就表明了他排行老二，一看就知道他还有个兄长。一个中国人被称为"某某人的父亲"或"某某人的母亲"是太通常不过的了。中国人书写邮寄地址的方式也表明，他们总是通过个人所在的社团来定位个人：先写最大的行政区，再往下写具

---

① 能近取譬，可谓仁之方也已。（6.30）

② 这使我们想起了"老鼠夹效应"的故事。庄园里出现了一个老鼠夹，老鼠看到后很担心，它慌忙地去向庄园里其他动物发出警告："小心老鼠夹，小心老鼠夹！"可母鸡、胖猪和母牛却很不以为然，它们都说："亲爱的老鼠，我知道那对你来说是个问题，但是跟我有什么关系呢？"老鼠只好返回庄园主的房子，胆战心惊地藏在它的洞穴里。第二天天刚亮，老鼠就听到一阵响声，没多久又传来一阵尖叫声。原来，女主人听到响声后下楼查看，她在黑暗中没有注意到老鼠夹夹住了一条蛇的尾巴，当她走近老鼠夹的时候，被蛇咬了。女主人病倒了，庄园主把母鸡杀了给病人补身体。很多邻居都来探望他们，为表示感谢，庄园主把猪杀了。女主人虽康复但花了很多医疗费，庄园主只好把母牛卖了以支付那些医疗费。表面上看起来，老鼠夹和鸡、猪、牛确实没什么关系，谁曾见过老鼠夹夹死过鸡、猪或者牛？但是当老鼠和它们生活在同一屋檐下、处在同一个生存系统中的时候，它们就会具有某种奇妙的联系。——译者注

体的地址，从国家，到省或地区，再其次是城市、街道及其住宅号码，最后才是收信人的姓名。

中国人很在意别人对自己的看法这个现象，也可以追溯到前面提到的关系型的个人概念。众所周知，中国人期望孩子给家族、社团和国家带来荣誉。他们认为让父母蒙羞是最伤害父母的事之一。这些事实清楚地表明，在中国传统里，每一个人的存在和身份，都与他人息息相关。

这种关系型的个人概念是儒家哲学的一个突出特征，也是理解"仁"之本意的钥匙。然而，这并不意味着儒家缺乏主体性。人们往往喜欢将儒家的个人观看作与西方流行的个人观相反。当欧洲人或美国人说到"真正的人"时，他们想到的就是"坚持自己原则的人"，意即这种人不会为了别人的意见隐藏自己的观点或妥协。如法国哲学家萨特就宣称"自由是人的宿命"，即人唯一不能自由选择的事情，就是他无法不做自由抉择。他还说，"人无非就是他自己造就的一切"。在萨特看来，认为我们的身份依赖于我们与他人的关系，是自欺欺人。基于这种观点，道德基本上就是个人的选择。然而，对于孔子来说恰恰相反。人是离不开社会的。只有通过对自己的社会关系的认识，并相应地按照这些关系的要求来生活，一个人才能从单纯的生物意义上的人转化成一个真正的文明社会的成员。但是儒家的关联性的自我并不是说一个人要简单地屈服于公众舆论。其他人的看法或许是一个人的身份的标识，但并不是其身份的构成。对此，孔子说得很清楚："人家不了解我，我却不怨恨，不也是君子吗？"①学习的目

---

① 人不知，而不愠，不亦君子乎？（1.1）

的在修养自己的学问道德，而非给别人看。①流行的西方个人观与儒家个人观之间的真正区别在于：前者强调的是个人的选择，并从与他人对立的角度来看个人的主体性；而儒家观点要求个人以与他人的关联而不是对立或者脱离的形式来表现自己的主体性。那种仅仅作为选择的主体，以坚持自己的原则来显示的主体性，不足以构成人所特有的主体性，或者说不能成为"仁"。是爱和同情才体现了真正的人的主体性。就这一点而言，即使萨特的观点也不完全与孔子对立，因为萨特也承认，在一个人选择自己的行为的时候，他也在为所有的人做出选择，因此他必须对此承担全部的责任。

超越个人利益、延伸到人际关怀，爱是仁的特有表现。这就是为什么孔子所杜绝的四种毛病之一就是"我"，或者说是自我中心主义。②无论在日常生活中还是政治事务中，仁人总是体贴他人，将他人的利益置于心上。在执政时，君主"要严肃认真地对待工作，信实无欺，节约费用，爱护官吏，役使老百姓要在农闲时间"。在这些最低要求之上，如果君主能够"广泛地给人民以好处，又能帮助大家生活得很好"，这个君主就不仅是仁，而是圣德了！③在日常生活中，君子"博爱大众"（1.6）。他不会因为别人喜欢他而去使劲利用人家，也不会因为别人的忠心就对人提出很高的要求。他不以炫耀自己的才能来压人，也不以揭露别人的短处来使人难堪。④《联合国人

---

① 古之学者为己，今之学者为人。（14.24）

② 子绝四——毋意、毋必、毋固、毋我。（9.4）

③ 敬事而信，节用而爱人，使民以时。（1.5）子贡曰："如有博施于民而能济众，何如？可谓仁乎？"子曰："何事于仁！必也圣乎！"（6.30）

④ 君子不尽人之欢，不竭人之忠。（《礼记·曲礼上第一》）君子不以其所能者病人，不以人之所不能者愧人。（《礼记·表记第三十二》）

权宣言》里"所有的人应当像兄弟一样相互对待"的口号就是来自儒家的"四海之内皆兄弟也"（12.5）。它是经杰出的儒家学者张彭春（Carson Chang）的推荐加进这一宣言的。

但是"仁者爱人"却不能当作"仁"的定义来看待。爱本身并不能保证它所提出的要求总是恰当的。孔子认为，爱应当针对不同的关系和不同的情况而有层次地区分。一个人首先要爱自己的父母和其他家庭成员，然后逐步向外扩展。孔子从来没有提倡过无等差地爱所有人的抽象观念。在他看来，无差别的爱，就必会导致曲意讨好。他说："不是自己应该祭祀的鬼神，却去祭祀他，这是献媚。"[1]与爱动物比较，一个人应该优先爱自己的同类。"孔子的马棚失了火。孔子从朝廷回来，道：'伤了人吗？'不问马。"[2]孔子也根据不同的情形来区分爱。孔子的弟子子华被派到齐国去作使者，冉求替子华的母亲向孔子请求小米。孔子道："给她六斗四升。"冉求请求增加。孔子道："再给她二斗四升。"冉求却给了她八十石。孔子说："公西赤（即子华）到齐国去，坐着肥马驾的车辆，穿着又轻又暖的皮袍。我听说过，君子能雪中送炭，但不去锦上添花。"[3]而原思任孔子家的总管，孔子给他小米九百作俸禄，原思觉得太多了，推辞不受。孔子道："别推辞。有多的，你就给你的乡亲们吧！"[4]

继孔子之后不久，墨子提出并主张无等差的兼爱原则。尽管墨子

---

[1] 非其鬼而祭之，谄也。（2.24）。

[2] 厩焚。子退朝，曰："伤人乎？"不问马。（10.17）

[3] 子华使于齐，冉子为其母请粟。子曰："与之釜。"请益。曰："与之庾。"冉子与之粟五秉，子曰："赤之适齐也，乘肥马，衣轻裘。吾闻之也：君子周急不继富。"（6.4）

[4] 原思为之宰，与之粟九百，辞。子曰："毋！以与尔邻里乡党乎？"（6.5）

的理念听起来很吸引人，孟子却以非常严厉的口气抨击墨子，以捍卫儒家的爱有等差观。孟子说，无等差之爱实际上意味着把自己的父亲与陌生人同等对待；而不承认自己的父亲，和禽兽有什么区别？在儒家看来，至少我们的生命来自父母。即使不为我们幼小时得到的关怀和爱护①，人也应当感激父母，并且给予他们应得的爱和照顾。在这一点上，儒家主张"报恩应当优先于不必要的慷慨"的原则，这也是苏格兰哲学家托马斯·锐德（Thomas Reid）所说的"伦理学的自明原理之一"（Reid，1846）。但需要指出的是，儒家观点不只是为道德而道德（也就是说，不只是因为这个原则本身就是对的），它还在于这个原则的实际效果。他们主要关心的是，如果对父母亲的爱不比对一个陌生人的爱更深，家庭这一社会的基础就会崩溃，结果是对社会和谐至关重要的秩序也将不复存在。

孔子绝不会预料到，他的关于爱有差别的学说会成为后来裙带关系的土壤，并因此被责备为中国缺乏公益精神和公平理念的根源。必须强调，孔子不是说人们不应当博爱，而是正如孟子所说的，人们应当"从敬爱自己的父兄长辈开始，推及敬爱他人的父兄长辈；从关爱自己的儿女晚辈开始，推及关爱他人的子女晚辈"②。

---

① 古代圣王舜就对他的父亲极为孝顺，虽然他的父亲甚至要想谋杀他。

② 老吾老，以及人之老；幼吾幼，以及人之幼。（《孟子·梁惠王上》）

成人是个过程

如果仁是从生物意义的人向真正的人转化所必需的条件，那么，仁的培养过程，也就是成为一个完善的人的过程。在孔子看来，一个人不是天生就是完善的人，或者"成人"，成人是自我完善的成就。

孔子说："性相近也，习相远也。"（17.2）但是孔子并没有告诉我们人有哪些相同的本性。从子贡那里，我们获悉，孔子大概慎谈这个问题。子贡说："夫子之文章，可得而闻也，夫子之言性与天道，不可得而闻也。"（5.13）就这一点而言，他著名的后继者孟子和荀子与他不同。他们两人各自构建了一个有关人性的理论。评论家对孔子为何不愿意谈人性和天道做出了许多推测：一些人相信，孔子不谈这些论题，是因为它们是超自然和无法用语言表达的，只能靠静悟或直觉；也有一些人相信，人性与天道只有高人才能理解，而他的大多数弟子还不具备领会这些问题的条件；还有一些人觉得，抽象的形而上学理念倾向于误导人们，从而使他们在求道的时候脱离这个真实可感的世界。（参见Ivanhoe，2002）然而，最合理的解释或许相当简单：人性与天道都具有开放的潜能！人性的相同在于我们都有能力成为一个真正的人，但真正的人并不限于某种特定的模式，而天道也是在其自身的展现中才变为现实。从这点出发，人性和天道不是命题性知识的对象（不是关于是"什么"的知识对象），而是需要发扬光大和在生活中得到发挥的"功夫"的无限潜力。

关于人性的问题，人们都知道，孟子主张人之初性本善，而荀子则针锋相对地提出了性恶论。为此，人们争论了两千年，究竟孟子对还是荀子对，人性到底本善还是本恶。当我们以"功夫"的视角来看孟子的人性论的时候，会发现它其实是建议人们应当如何来看待自己，而不是纯客观的对人性的描述。好像母亲用"你是一个好孩子"来鼓励孩子，孟子性善论观点背后的真实意图不是对人性好坏做出判断，而是鼓励人们看到自己向善的可能。以下这段话清楚地表达了孟子的真正意图。孟子说："口喜欢美味，眼喜欢美色，耳朵喜欢好听的声音，鼻子喜欢芬芳的气味，手足四肢喜欢舒服，这些爱好都是天性，但是得到与否，也有命运的因素，所以君子不说它们是天性（而强求得到满足）。仁对于父子而言，义对于君臣而言，礼对于宾主而言，智慧对于贤者而言，圣人对于天道而言，能够实现与否，是受命运制约的，但也是天性使然，所以君子不说它们是命运的必然（而不去努力求其实现）。"①从这点来看，孟子的性善论与荀子的性恶论其实并不矛盾。荀子通过提出"性恶"这种方式对人予以警告，提醒每个人都必须自我克服弱点，因为开发潜力完善自己的过程必须也是一个转化提升自己的过程。孟子和荀子的目标是一致的：两位思想家都是在设法帮助人们成为真正的人，只是他们的"功法"不同。孟子是通过鼓励，荀子是通过警告。

至于天道，在孔子看来，它并不是什么先决的、可以用命题形式来表述的原则。正如成为圣人没有一种固定的模式一样，每个人应当有自己独特的成为仁人的路，因为每个人都是在自己特有的环境和关系下展开自己的人生的。孔子说"人能弘道，非道弘人"（15.29），

---

① 孟子曰："口之于味也，目之于色也，耳之于声也，鼻之于臭也，四肢之于安佚也，性也，有命焉，君子不谓性也。仁之于父子也，义之于君臣也，礼之于宾主也，知之于贤者也，圣人之于天道也，命也，有性焉，君子不谓命也。"（《孟子·尽心下》）

正说明道不是事先铺设好、只待人去行走的规范。相反，道是人走出来的。一个人在弘道的同时，也是在弘己，在成为"成人"。

通常仁被视为一种"德"。由于仁在儒家思想的中心地位，儒家学说也被很多学者看作是"德性伦理学"的一种，与古希腊哲学家亚里士多德的德性伦理学相似。的确，无论孔子还是亚里士多德都专注于构建道德行为者，而不是行为的定理规则。亚里士多德的"德"和孔子的"德"都是导致美好生活所要求的特质或能力，都需要通过不断地践行，使它变成人的自我的一部分（比如习惯或者品性）。两位哲学家都认为，有德之人在特殊情境下做出恰当反应的能力不能简单地通过行为规范来表达。

当然，在亚里士多德和孔子之间也有着重大的分歧。亚里士多德的"德"是建立在目的论的形而上学基础之上的。在他看来，正如一颗树种的目的是长成一棵树，它生根发芽的内在潜能就是它的"德"，人也有前定的目的，彰显人的"德"是为了实现人的前定的目标（telos），也是人的责任。而孔子的"德"，更多的是人们在开创自己人生时、创造性地发展自己的能力或艺术。我们或许可以把这个关键的不同表述为"道德之德"和"功能之德"的区别。如果我们把"道德之德"看作是遵守先定的道德标准或目的的品性或能力，那么，"功能之德"则是不设定任何形而上学意义的目的的品性和技能；它的价值仅仅是相对于它所具有的功能而言的。

亚里士多德与孔子之间的另一个重大区别是，基于其目的论的形而上学，亚里士多德将理性思辨的德性（思辨能力）置于其伦理学的核心位置，认为人的思辨能力是人的本质特征，从而把思辨看作最能体现人的特征的活动。而孔子的"德"，则把人际的关爱这一情感因素置于核心。孔子把人们良好的修养和恰当的情感、态度及它们的表达方式放在远高于理性思辨的地位——当然，这里的"高于"指的是创造美好的生活，而不是实现某种前定的目的。

　　由于践行是成为一个真正的人的决定因素，孔子关于仁的说明通常是告诉人们怎样去践行，从而成为一个仁人，而不是提供仁人的定义。在学生问他什么是仁的时候，孔子说："己所不欲，勿施于人。"（15.24，12.2）这句话被认为是道德金律的否定表述式。说它是"金律"，是因为它似乎抓住了道德的基准，可以看作是所有其他规则的基础。的确，这条金律的各种版本几乎在全世界的各种宗教教义中都能找到，似乎各宗教都有此共识。说它是"否定表述式"，是因为与西方人所熟知的金律的表述式"己所欲，施于人"相比，它是告诉人们不要去做什么，而不是应当去做什么。

　　但是，孔子关于仁的这个描述与西方流行的道德金律版本之间的主要区别，并不是肯定或否定的表述形式。事实上，孔子也有过"金律"的肯定的表述："己欲立而立人，己欲达而达人。"（6.30）它们之间的真正区别在于，孔子从未将仁当作道德律令，更不用说是至高无上的"金律"。他曾经清楚地表述："君子对于天下的事情，没有一定要怎么去做，也没有一定不要怎么去做。只要怎样做是合理恰当的，便怎么做。"①孔子讨厌僵化和死板。（9.4，15.37）他本人被后人形容为是"圣之时者也"（《孟子·万章下》），即圣人当中能识时务、灵活应变者。孔子把通权达变的艺术看得如此之高，以至于他说："可以一道学习的人，未必可以走同一条路；可以走同一条路

---

① 君子之于天下也，无适也，无莫也，义之与比。（4.10）

的人，未必可以坚持同样的立场；可以坚持同样立场的人，未必可以一道通权达变。"① "权"字最初是指衡量轻重的秤，后引申为做出判断。大约在战国时期（前 476—前221）成书的《春秋公羊传》中说："权者，反于经，然后有善者也。"就是说，权指的是恰恰需要违背已经确立的原则才能得到善的那种艺术。的确，把孔子说的"己所不欲，勿施于人"理解为金律，会导致人们早已知觉到的一些困境。例如，对一个喜欢别人对他行贿的人来说，"己所欲，施于人"就不仅允许他贿赂别人，而且还会把贿赂别人变为他的道德责任。对一个自己不喜欢坐牢的法官来说，"己所不欲，勿施于人"会允许罪犯以此为理由来指责法官不道德。这些问题的根本原因在于，这条金律将是非曲直建立在个人的好恶之上，而个人的好恶可以是道德的或不道德的。

孔子对个人的好恶从来就是持批判态度的。事实上，孔子关于"仁"的一个著名描述，就包含着"克己"。（12.1）在孔子看来，对人心的修养是一个终身的旅程。他说，他自己直到70岁才达到"从心所欲，不逾矩"的境界。（2.4）如果孔子的"己所不欲，勿施于人"不能理解为道德金律，甚至根本就不能理解为一条道德律令，那么我们究竟应当怎样看待它？让我们看一下它在《论语》里的上下文："子贡问曰：'有一言而可以终身行之者乎？'子曰：'其恕乎！己所不欲，勿施于人。'"（15.24）在另一处，紧接着貌似金律的正面表述式的那句话，即"己欲立而立人，己欲达而达人"后面，孔子又加上一句："能近取譬，可谓仁之方也已。"（6.30）这两段

---

① 可与共学，未可与适道；可与适道，未可与立；可与立，未可与权。（9.30）.

话的关键是"恕"字。恕由上下两部分组成，上面是"如"字，意为"好比""如果""好像"，下面是"心"字。这个字的构成分析可以使我们看到，孔子对金律的运用，关键是"能近取譬"，将心比心。它无非是为仁的方法。对于道德律令的评价，在于对或错，而对方法的评价，则是有效或无效。作为方法，它不保证在所有的场合都能适用，但它却可以有助于人们培养对于他人的利益的关心。道德律令是不允许有例外的，而且它通常是从外部加诸当事人的一种限制，是当事人必须服从的责任。而方法却是由当事人所掌握的、帮助当事人执行正确行为的能力。在拥有那种能力以后，是否运用该方法就完全依靠当事人自己的判断了。好比一个人学开车，教练员所教的动作规范实际上就是方法，而不是律令。一旦学会了开车，驾驶员在具体情况下就能自动掌握，不需要在所有的情况下都严格遵从教练员所教的动作规范。这就是"反于经，然后有善者也"的"权"的艺术了。

相比于大脑的理性知识或决策，仁与内心情感和整个身体的倾向关系更加密切。它必须落实到身体，成为一个人的气质和秉性，而不仅仅是停留在大脑里的普遍原理或命令。正因此，获得仁在于修养，而不是靠命题性的知识或者仅仅是知道应当遵循什么样的原则。

在孔子看来，仁也是使人值得尊敬和尊敬别人的基础。这和德国哲学家康德以及基督教关于人的尊严的观点都不一样。康德认为"人是目的"，人能够做出自由的选择。万事万物都因为被理性存在物所选择，才获得了价值。人作为一切价值的来源，本身是无价的，是目的本身。基督教认为，人有尊严，因为人是上帝按照自己的形象设计创造的。而孔子则认为，人的尊严是后天获得的成就，而非天生的自然性质或上帝的赠予。在孔子看来，人必须依靠自己的修炼去获得可

尊敬的品行，以赢得他人的尊敬。他说，一个人自己"庄重就不致
遭受侮辱"①。他还说："君子言不过辞，动不过则，百姓不命而敬
恭。"（《礼记·哀公问第二十七》）一个人该得到的尊敬是和一个
人的修养成正比的。

这绝不是说一个修养良好的人不会遭受侮辱。但是这种侮辱只表
现了对方本身的缺乏人性，而不该看作是被辱者的羞耻。当有人以轻
蔑的口气谈及孔子时，子贡作了如下评论：

> 不要这样做。仲尼是毁谤不了的。别人的贤能，好比山丘，
> 还可以跨越过去；仲尼好比太阳和月亮，是无法超越的。一个人
> 要自绝于太阳月亮，对太阳月亮有什么损害呢？只是表示他太不
> 自量罢了。②

由于孔子认为人的尊严是靠自己修炼而获得的成就，他被批评者
指责为应当为中国缺乏普遍的人的尊严概念负责。按照那种普遍的人
类尊严的观念，每个人都天生就有一样的尊严。而既然普遍的人类尊
严是人权观念的基础，孔子又被认为应当对中国缺乏对人权的尊重承
担责任。但问题远不是这么简单的。因为，人的定义如果是基于某些
属性，如康德所说的理性自决的能力，或者是基督教所说的"按照上
帝的形象"创造的，那么，某些人还是会因为缺乏理性自决能力，或
者长得不那么像上帝，而仍然受到歧视伤害（例如，过去基督教一直

---

① 恭则不侮。（17.6）
② 叔孙武叔毁仲尼。子贡曰："无以为也！仲尼不可毁也。他人之贤者，丘陵也，犹可逾也；
仲尼，日月也，无得而逾焉。人虽欲自绝，其何伤于日月乎？多见其不知量也。"（19.24）

把上帝的形象看作是一个白种男人）。公平地说，孔子的理论旨在提醒每一个人加强自身修养，不要对他人无礼，包括对那些缺乏教养的人。孔子再三提醒自己的弟子要严以律己、宽以待人。（15.15，4.14，14.30，15.19，15.21）从这个角度来看，一个人对别人的尊重首先是获得自己尊严的必要条件，而不是基于对别人是否拥有某些属性的判断之上的道德行为。

礼器的神圣性从何而来？

如果说"仁"是一个真正的人的内在品质，人们还需要"礼"作为外在的行为方式。"礼"字的最初意思为神圣的典礼或献祭仪式。而孔子是在更广泛的意义上，用这个概念来概括被社会认可并已确立为合理和适宜的行为方式，包括规矩、礼节、习俗、仪式等等。礼在儒家传统中的地位是如此突出，以至于有人把儒家学说干脆说成是"礼教"。如果说西方一般把不文明的人称作"异教徒"的话，那么，在儒家传统里，不文明的人就是不知礼的人。

孔子的弟子颜回问怎样才是仁。孔子回答说："约束自己，合乎礼，就是仁。一旦做到了约束自己和合乎礼，天下的人就都会回归到仁了。实践仁全凭自己，还能凭靠别人吗？"颜回说："请问具体的途径。"孔子道："不合礼的事不看，不合礼的话不听，不合礼的话不说，不合礼的事不做。"颜渊道："我虽然迟钝，但愿意按照您这话去做。"①

颜回大概是孔子最勤奋用功的弟子了。他从不对孔子提反对意见和疑问，但并不愚蠢。（2.9）而子贡却没那么顺从。在孔子的弟子中，子贡最具经济头脑，机敏过人。当子贡要把鲁国每月初一告祭祖庙的那只活羊省去不用的时候，孔子道："子贡呀，你爱惜那只羊，我可爱惜那礼。"②

为何孔子如此热衷于礼？确实，撇开动物权利这一问题，用活羊献祭这个仪式看上去也只是一个形式而已，为什么孔子要坚持那繁缛的典礼仪式？在弗洛伊德看来，仪式从最好的角度来看，也只是为人提供了逃避的强烈欲望，分散注意力的幻想。从最坏的角度来看，它是外在权威所设立的对人的约束，使人产生精神病症和负罪感。当代批评儒家的人也指责儒家的传统礼教是束缚人类自由的一根无形的绳索。

正如空气是生命的必要条件却又易被视为理所当然一样，同样地，礼在人类社会中不可或缺，但要发现它的重要作用还必须具有深刻的洞察力。

首先，礼是仁的载体。让我们先来看与子贡相关的另一个故事。子贡问孔子："我是一个怎样的人？"孔子道："你好比是一个器皿。"子贡道："什么器皿？"孔子道："宗庙里盛黍稷的瑚

---

① 颜渊问仁。子曰："克己复礼为仁。一日克己复礼，天下归仁焉。为仁由己，而由人乎哉？"颜渊曰："请问其目。"子曰："非礼勿视，非礼勿听，非礼勿言，非礼勿动。"颜渊曰："回虽不敏，请事斯语矣。"（12.1）

② 子贡欲去告朔之饩羊。子曰："赐也！尔爱其羊，我爱其礼。"（3.17）

璉。"①如芬格莱特指出的，这段话揭示了礼的深刻含义。瑚璉这种器皿的神圣性，不在于它的华丽和贵重，而在于它是典礼中的一个构成要素。离开了特定的典礼场景，无论一个器皿是多么漂亮或昂贵，也还是不会有神圣性的。"同样，孔子的意思也许是，单个人的根本尊严，神圣的尊严，是在于他在仪式、礼仪中的角色。"（Fingarette，1972）任何一个人，哪怕是主教或祭司，在离开了社会关系这个礼仪的场合，独自在家洗澡的时候，有什么神圣性可言？

　　当然，这个比喻并不是说人的高贵仅仅在于典礼的场景，而无须个人的修养和主动参与到典礼中去。但这个比喻也清楚地说明人们在礼仪中位置的重要性。这个关于神圣礼仪的比喻也是一种提醒，即哪怕是日常生活中最普通的行为也可以带有礼仪的性质，而这正是人类行为与动物行为的区别所在。比如，握手是一种仪式，因为它不仅仅是手的接触，且两只手握在一起也未必就是握手。只有在礼仪场景中，手的接触才成为握手。通过握手，人们彼此认同对方，传递相互的尊重。它绝不是一个空洞的形式。凭借这种礼节，我们在一种文明的、人类的水准上相互交往。同样，我们站起来迎接客人，并在他们离去的时候送至门口。如果我们关心的仅仅是效率，这些礼节都可以省略。我们说"劳驾"来引起别人的注意，虽然从实用来说，喊一声"喂！"更加立竿见影。我们甚至注视别人的时候，也遵从着某些不成文的礼仪。如在童年我们就知道，盯着对方看、特别是盯住对方身体的某个部位，是不礼貌的。当弟子问何为孝时，孔子说："现

---

① 子贡问曰："赐也何如？"子曰："汝，器也。"曰："何器也？"曰："瑚璉也。"（5.4）

在的所谓孝，只是讲能够养活爹娘。人对于狗马都能够饲养；若不存敬意，那养活爹娘和饲养狗马有什么区别呢？"①在合适的礼仪场景之中（比如围坐在家庭的餐桌边），怀有敬意和感激之情去赡养，就可以使物质的进食成为一种典礼，使一顿简单的晚餐成为独特的人类行为。

如果仁就是成为一个具有关爱之心的人，那么，学习礼仪就是学习关爱的行为方式。孔子说："恭敬却不知礼，就难免劳倦；谨慎却不知礼，就流于畏葸懦弱；勇敢却不知礼，就会盲动闯祸；直率却不知礼，就会尖刻伤人。"②仁与礼的关系好比电与电线的关系。只有通过电线，电才能发挥作用；反之，没有电，电线也就是空洞和毫无意义的，甚至更糟，成为新的工程的障碍。作为古人对于最为合适恰当的行为举止的智慧结晶，礼仪社交规范是确保行为举止得体的指导。正如任何事物都具有"质"（构成的材质）和"文"（外形、形状）一样，良好的人类行为也在于文质兼备。孔子说："君子义以为质，礼以行之。"（15.18）他又说："质胜文则野（粗野），文胜质则史（虚浮），文质彬彬，然后君子。"（6.18）

提及文与质的关系，子贡有一个很深刻的见解。有人说道："君子只要有好的质便够了，要那些文（形式）干什么！"子贡道："可惜啊，先生这样地谈论君子！（要知道）话一出口，四匹马拉的车子都追不回来了。质就是文，文就是质。假若把虎豹和犬羊两类兽皮拔

---

① 子游问孝。子曰："今之孝者，是谓能养。至于犬马，皆能有养；不敬，何以别乎？"（2.7）

② 恭而无礼则劳，慎而无礼则葸，勇而无礼则乱，直而无礼则绞。（8.2）

去有彩纹的毛，那这两类皮革的区别就很小了。"①看上去子贡的观点与孔子的观点不一致，因为孔子似乎认为文和质还是不同的，文可能胜质，质也可能胜文。但实际上，孔子和子贡的说法只是各自的侧重点不同。子贡的观点指出，形式和内容紧密相连，彼此不仅应当吻合，而且是不可分割的！适当的行为必须有优雅的形式，否则就不适当；而行为如果不适当也就不优雅。孔子的观点是告诫人们：在修行的时候，人们必须同时重视文和质的培养，因为无论是文胜质还是质胜文，结果都是文和质两面都受到伤害。

为了更好地领会内容和形式统一的哲学意义，我们也可以按照芬格莱特的提示，将文和质的关系与一种叫"述行句"（performative utterances）的语言行为联系起来。英国哲学家奥斯丁在20世纪60年代出版的《如何用语言做事》（*How to Do Things with Words*）一书，是探索述行句的主要著作。通常，人们简单地认为语词是用来描述事物的。奥斯丁指出，除了描述以外，语言还有其他功用，其中之一就是用语言表述本身来执行某种行为。比如，当我在适当的环境里说"我承诺"的时候，我不是在描述某件事，而是在实行许诺的行为。

上面这个许诺的例子里的"适当环境"，恰恰就是礼仪场景。如芬格莱特所说，奥斯丁著作中的学说与其说是关乎语言，不如说是关乎礼仪，因为一切述行语都依赖于仪式或典礼的环境。离开这个环境就什么也不是了。"纯粹的身体动作无法构成承诺。没有一个词在脱

---

① 棘子成曰："君子质而已矣，何以文为？"子贡曰："惜乎，夫子之说君子也！驷不及舌。文犹质也，质犹文也。虎豹之鞟犹犬羊之鞟。"（12.8）

离礼仪环境、情形和角色的情况下可以构成一个承诺。""简言之，礼仪姿态和礼仪语言的特殊的道德约束力不能从礼仪场景中抽离出来。它不是我们用于礼仪中的一种特殊的力量；它就是礼仪本身的力量。"（Fingarette，1972）

在许诺这个例子里，说出"我承诺"这个句子（文、形式）和做出承诺的行为（质、内容）是一回事。如果张三这样说了，而没有遵守承诺的意愿，我们不会说张三错误地用承诺的形式做出了一个非承诺的行为，而是说张三做了一个假承诺——假的，但仍然是一个承诺！既然是假的，就是一个恶劣的承诺；但既然还是一个承诺，我们就可以要求张三对此负责。在这个意义上，我们可以说，礼节不仅仅是行为的外在形式，它就是行为本身。鉴于此，孔子劝告人们要保持形式和内容的高度统一，实际上就是劝告人们选择正确的行为。

其次，礼是有效的教育方法。孔子相信，人就像一块石材，需要雕琢打磨才能成器。"诗云：如切如磋，如琢如磨。其斯之谓与？"（1.15）学习礼仪就是这样一个雕琢打磨的过程。道德心理学和人生经验都告诉我们，在人们做出一个选择之前，他们的教养早已决定了其抉择的大致方向。没有一个人能不受任何以往的教育和成长背景的影响，以纯理性来做出选择。这些影响决定了哪些选项对他来说是可以考虑的，哪些选项又是根本不可想象的。比如，对大多数人来说，欺负一个小孩子来取乐就是不可想象的选项。个人品性如此强势地影响我们的生活，以至于有时候我们明知某种看法是不恰当的，但却难以改变，特别是年纪越大越固执己见。对此，孔子有个有趣的说法。他说："一个人到了四十岁还被人厌恶，他这一生也就没希望了。"①

　　在青少年时期就开始礼仪教育，不仅能培养一个人的外在举止，也能使一个人的内在品性得到培养和确立。（8.8）一个人不可能从小学习礼仪而不同时受到礼仪的影响。我们在对孩子进行礼仪教育的时候，也是在塑造他们的品性，使他们不但自身举止得当，并且还学会感激和关心他人。在这个意义上，学礼就是学习做人。

　　在孔子看来，礼的教育意义既是道德的，也是美学的。孔子常常把"礼"和"乐"连在一起。乐就是包含音乐、舞蹈、诗歌等在内的各种美学行为。传统的礼仪很多是由舞蹈、歌唱和音乐组成。这些构成礼仪的音乐、舞蹈和歌唱之美，赋予礼仪一种神圣的光环，从而强化了它的伦理和社会意义。同时，一个有礼仪教养的人会变得有美感。他们优雅的举止可以很深层地提升其身体的自然美。相反，一个人如果举止粗鲁卑俗，即使他长相很好，也会因此而大为失色。不雅的行为总是与礼相冲突的，而合礼的行为总是高雅并给人以审美愉悦的。

　　此外，礼还具有维系社会秩序的作用。孔子说："君君，臣臣，父父，子子。"（12.11）这里面包含了两重意思。一是所有的角色都承载着这些角色自己应当怎样做的规定。君要像个君，臣要像个臣，父亲要像父亲，儿子要像儿子。二是这些角色也包含了别人应当如何对待他们的期待。臣事君以忠，君使臣以礼，子事父以孝，父待子以慈。各种具体的礼仪能给予在不同角色中的人非常具体的行为指导，使他们能满足对这些角色的期待。一个社会不可能只基于法律和行政

---

① 年四十而见恶焉，其终也已。（17.26）

规定来运行。在法律和行政规定不能覆盖的领域，通常是礼在调节人们的关系，更不用说很多法律和行政规定本身就是关于礼仪程序的。

《论语》为我们提供了许多有关孔子在不同场合运用不同礼节的详细描述。"在朝廷中，同下大夫说话，温和而快乐的样子；同上大夫说话，正直而尊敬的样子。国君在的时候，恭敬而心中不安的样子，举止稳重的样子。"①"与老乡饮酒吃饭后，要等老年人都出去了，自己才出去。"②一个叫冕的盲人音乐大师来见孔子，走到阶沿，孔子道："这是阶沿啦。"走到座席旁，孔子道："这是座席啦。"都坐定了，孔子告诉他说："某某人在这里，某某人在这里。"师冕走了以后，子张问道："这是同盲人讲话的方式吗？"孔子道："对的，这本来就是帮助盲人的礼仪。"③

后来的儒家把各种人际关系概括为"五伦"：君臣、父子、夫妻、长幼、朋友关系。除了最后一种关系是平等的，前面四种关系都有上下主从之分。处在上级地位的人享有更多的权利，但也承担更多的责任；处在从属地位的人享有更多的保护，承担较少的责任，但需要报之以相应的德，如臣要忠君、子女应孝顺父母，等等。相应地，与这些关系对应的一套繁复的礼仪，则确保德的恰当体现。孔子拒绝抽象的平等，并承认有差别的交互的责任关系，但他后来的追随者却强化了这些关系的不对称，将"五伦"理论作为"儒家等级社会"的

---

① 朝，与下大夫言，侃侃如也；与上大夫言，訚訚如也。君在，踧踖如也，与与如也。（10.2）

② 乡人饮酒，杖者出，斯出矣。（10.13）

③ 师冕见，及阶，子曰："阶也。"及席，子曰："席也。"皆坐，子告之曰："某在斯，某在斯。"师冕出。子张问曰："与师言之道与？"子曰："然；固相师之道也。"（15.42）

基础，并提出了"君为臣纲，父为子纲，夫为妻纲"这"三纲"，使本来是交互的责任关系变成了单向的绝对服从。这是非常典型的对孔子的曲解。

上面提及的"五伦"或许是最基本的关系，现实生活中的关系绝不止这几种，而且，不仅一个人相对于不同的人来说，可以同时担当不同的角色，有时候一个人对另一个人也可能兼具一种以上的角色。比如，一个人在君主面前是臣下，但同时又可以是这个君主的老师。在朝廷里他必须作为臣下给君主行礼，而当他给君主授课的时候，作为学生的君主又必须行使一个学生对老师的礼。尊师礼因而也是确保君主受到某种制约的重要手段。

以礼调整的社会关系应当是和谐的。在礼的规范下，人们彼此会达到艺术性的一致和互动，好比一支训练有素的乐队，每个人的完美艺术表现依赖于他人的合作以及整体的协调。当礼作为社会的习惯行为方式而成为一种渗透在社会当中的文化遗产时，它能够形成一股依靠行政法规所无法企及的强大的凝聚力。这股凝聚力可以直达社会底层，令社会比在行政管理下达到的秩序更加稳定。这或许就是传统儒家社会历经改朝换代，依然能延续数千年的原因。

然而，在历史上，随着儒家变成了官方的意识形态，传统礼仪越来越多地被当作制约行为的律令，而较少地看作是有效地引导到理想生活和理想社会的行为方式。孔子关于礼的学说也被当作僵硬的教条，成了统治者用来限制普通民众自由的手段。例如，妇女嫁人必须从一而终，即便丈夫死了也不能改嫁的习俗，就被作为儒家的礼，强加在中国妇女的头上，尽管孔子自己从来没有过这种观点。守寡被誉为"节妇""妇道"，反之，改嫁便会遭到蔑视。正因为礼是渗透到社会传统里的，它成了非常顽固的、无形的限制和束缚，几乎没有人能反抗得了。固守礼仪而酿成悲剧、桎梏社会改革和创造力的例子，在中国历史上举不胜举。

正是这类的现象，使鲁迅将儒家的礼的传统怒斥为"吃人的"礼教。但如我们前面指出的，在孔子看来，礼仪实际上是使人成为好父亲、好儿子等的方式，而不是从外部强加于人的限制自由的律令。不但后来许多以孔子的名义强加于人的礼仪，孔子本人一无所知，孔子对礼的看法，也绝没有后人理解的那么僵硬。虽然他尊崇传统礼仪准则，但他从没说过礼仪不能够灵活变通。例如孔子说："礼帽用麻料来织，这是合于传统的礼的；今天大家都用丝料，这样省俭些，我同意大家的做法。臣见君，先在堂下磕头，然后升堂又磕头，这是合于传统的礼的。今天大家都免除了堂下的磕头，只升堂后磕头，这是倨傲的表现。虽然违反大家的意思，我仍然主张要先在堂下磕头。"①

显然，孔子不是盲目地认同无论什么都必须受制于传统。当问及尊礼之本质，孔子答道："你的问题意义重大呀。礼，与其铺张奢华，宁可朴素俭约；丧事，与其仪文周到，不如真正悲哀。"②这里面的原则就是，形式（文）必须服务于内容（质）、服务于人道的精神。（11.1）应当坚持的合适的礼仪必须是能促进社会和谐的礼仪。（1.12）

礼仪应该因情形而变化。孔子在家闲居的时候，他和乐而舒

---

① 麻冕，礼也；今也纯，俭，吾从众。拜下，礼也；今拜乎上，泰也。虽违众，吾从下。（9.3）
② 林放问礼之本。子曰："大哉问！礼，与其奢也，宁俭；丧，与其易也，宁戚。"（3.4）

展。①当他和亲密的朋友在一起时，就会直截了当。正如孔子所警告人们的，在强调礼时，文重于质是危险的。在一种很亲密的关系和一个非正式的场合里，过分客气就是传达一种拒人于千里之外的冷漠。一次，孔子的一个从小一起长大的老朋友原壤两腿八字张开坐在地上，等待孔子。孔子看到了，骂道："小时候不谦逊，长大了无作为，老了还不死，真是个害人精。"说完，还用拐杖叩了一下他的小腿，纠正他的姿势。②由于孔子与原壤非常熟悉，又因为原壤自己的失态，所以孔子对他也不客气，而且用了只有老朋友之间才能用的那种口气来斥责他。可以说，孔子这样直言不讳地对待原壤，是最合适的。如果孔子彬彬有礼地对原壤说话，那才是虚伪和不当的。在这件事里，孔子对待原壤的方式看上去很没有礼貌，但考虑到他所对待的对象，恐怕这样做才是最"文质彬彬"（文与质结合匀称）的。

名者明也

对孔子来说，我们的语言表述即使不是全部，也至少大多数是用词语所做出的行动，而不是对事实的描述。我们通过语用行为，来达到某种结果或造成影响。由于语用行为里的词句表达的意义超出了对

---

① 子之燕居，申申如也，天天如也。（7.4）
② 原壤夷俟。子曰："幼而不孙弟，长而无述焉，老而不死，是为贼。"以杖叩其胫。
（14.43）

事物的指称，评价这些表述的标准就不是真理或谬误，而是恰当或不恰当、可接受或不可接受。

由于礼的运用是建筑在明确身份角色的基础之上的，孔子将"正名"看得特别重要。（13.3）几乎所有的表达方式都可以有礼的成分。礼仪所用的词语虽然经常比较含糊，没法有清晰的定义，但它们又承载着丰富而具体的实用意义。当孔子说"君君，臣臣，父父，子子"的时候，他绝不是在作简单的同义反复，这些表述是在提醒人们每一个"名"所包含的相关期待，从而使每一个人都明确在特定关系网里的他（她）应当如何为人处世。不只是"君主就得像个君主，臣子就得像个臣子"，而且"对待君主就得像是对待君主，对待臣子就得像是对待臣子"。按照罗思文和安乐哲的观点，整个儒家伦理观可以称为"角色伦理"。它基于对由"名"所规定的角色及相关的期待的清楚意识。以下两个有趣的故事可以帮助我们理解这一点。

据载，有一次曾参在菜地里种瓜，不小心锄断了瓜秧的根。他的父亲曾皙大怒，拿起一根大棒就打在了曾参的背上，曾参被打得晕了过去，失去了知觉，好一会儿才苏醒过来。曾参醒来后欣然而起，对他父亲说："刚才我得罪父亲大人了，父亲大人用力管教我，您伤着自己没有？"他退回自己房间以后，又拿出琴来弹唱，为的是让曾皙能够听到，知道他没有被打伤。孔子听到这个事情，非常生气，告诉下面的门人："曾参要是来了，不要让他进来！"曾参不解，觉得自己并没有什么过错，所以请人去问孔子为什么要这样。孔子说：

> 你难道没有听说过，过去瞽瞍的儿子叫舜，舜在侍奉他父亲的时候，凡他父亲要使唤他，他总是在边上，而当他父亲想杀害

他的时候，却总找不到他。如果他父亲用小棍子责罚他，他就忍着，一旦他父亲拿起大棒，他就逃走了。正因为这样，他的父亲才没有犯下恶父的罪孽，而舜自己又不失其为孝子。如今曾参侍奉他的父亲，朝死里打他都不躲避，要是万一真给打死了，岂不陷自己的父亲于不义？还有比这更大的不孝吗？你自己难道不是天子的子民吗？杀天子子民，是个什么罪名？

曾参听到这些话，说：“哎呀，参罪大矣（我犯下大罪过了）！”赶忙去到孔子那里谢过。[①]

另有一则故事，说子路在卫国出任蒲宰（蒲邑的行政长官），为防暴雨造成水灾，子路亲自与蒲地民众一起挖沟开渠，兴修水利；看到民众劳苦而又少食，他又分送给他们每人一竹筒饭和一壶浆汤。孔子听说后，急忙派子贡去制止子路这么做。子路想不通，就去找夫子理论，他说：“我是因为暴雨将至，恐怕造成水灾，所以与民众一起修治沟渠作为防备。看到很多人因贫困而挨饿，因此就分送给他们饭和浆汤。您派子贡来制止，这是夫子您制止我行仁。夫子用仁教弟子却又禁止行仁，这是我不能接受的！”孔子回答道：“你了解了民众挨饿的情况，为什么不报告君主，从而开仓赈济饥饿的贫民，而私自拿你的食物来送人？你这是在表明君主没有恩惠，而你自己道德高尚。你赶快停止这么做还来得及，否则的话你必定要招罪惹祸哩！”[②]

---

① 《孔子家语》，上海古籍出版社1990年版。

② 同上。

以上两个故事显示了，在孔子看来，知道一个人的角色，意味着充分意识到相互的职责。一个不能尽自己最大努力让父亲成为好父亲的儿子，就不是一个好儿子；一个不能竭尽全力成就君主成为明君的臣子，就不是一个好臣子。这种交互性，是儒家"仁"的一个核心内容。

确实，汉语从一开始就把"名"当作"照明"，也就是使人看清楚，从而将人和其他事物在实际生活中予以定位。汉代许慎的《说文解字》是这样解释"名"的："所谓名，就是介绍自己。名这个字包含'口'和'夕'。夕是黄昏。天暗了，对面不能相识，所以用口来介绍自己。"①另一位汉代学者刘熙也在他的著作《释名》里写道："名者明也"。

由于这个传统，中国人有一套精致复杂的名的体系。有趣的是，在这个体系里，对人际关系的界定清晰到如此地步，以至于哥哥、弟弟、姐姐、妹妹，父方的叔、伯、婶婶、姑姑、姑父、爷爷、奶奶，母方的舅父、舅妈、姨妈、姨夫、外公、外婆等都有不同的称呼。在英文里，这类的称呼就贫乏得多。比如哥哥弟弟不分，都叫"brother"，姐姐妹妹不分，统称"sister"。所有的叔、伯、舅舅都叫"uncle"，爷爷和外公都是"grandpa"。名的体系的复杂，在这里体现了礼的精致。学习如何恰当地运用这些称呼，也就是学习与之相应的礼仪和责任。哥哥有照顾弟弟的责任，弟弟就相应地有尊重哥哥的责任。如果没有哥哥和弟弟的区分，这种责任上的不同就不容易"明"。对于家庭以外的其他称谓来说，也是如此。当你以官衔来称

---

① 名，自命也。从口夕。夕者，冥也，冥不相见，故以口自名。（许慎：《说文解字》卷二）

呼一个政府官员，如"部长"或"首长"的时候，下属就同时既在肯定这个官员的职权，也是在提醒他的职责。

陈汉生（Chad Hansen）就中国儒家对语言的基本看法和西方主流的对语言的看法做了一个总体的比较。他说：

> 西方哲学对语言的论述采用的是实在论的、柏拉图式的方式，集中关注形而上学和认识论。我们把哲学的活动看作是研究怎样使我们的思想能反映实在。相反，中国哲学对语言的论述采用的是实用的、儒家的方式，集中关注社会的和心理的技巧，以便将决定人的行为的倾向性和情感塑造得与道德相吻合。（Hansen，1985）

在陈汉生看来，中国人不是用语言去描述符合论意义上的真理①，不是用它去论证，去获得知识，或者去得到确信。他们试图确认名的可接受性。在西方，"用句子表达的信念代表了人和他所相信的句子的关系，而（中国式的）用词组表达的信念，则表达一个人有对某个对象使用该词组的倾向性。在中文里，词组信念代表的是一种做出反应的方式，而不是一个命题的内容"（Hansen，1985）。

《论语》里有一个故事展示了正名的力量。司马牛忧愁地说道："别人都有兄弟，单单我没有。"子夏道："我听说过：死生听之命运，富贵由天安排。君子只是处事严肃认真，不出差错，对人辞色恭谨，合乎礼节。天下之大，到处都是兄弟——君子又何必着急没有兄

---

① 符合论的真理观认为所谓真理就是符合客观现实的描述。

弟呢？"①

有意思的是，其实司马牛有两个兄弟，在他说那个话的时候，都还健在。（《左传·哀公十四年》）其中之一就是那个在宋国图谋杀害孔子的司马桓魋。（7.23）如果把"兄弟"当作是指称有共同父母的男性的称谓，司马牛的悲叹自然是错误的。然而，从正名的角度来看，他哥哥的行为显然令司马牛无比失望，因为司马桓魋的所作所为已配不上"司马牛之兄"这个称号。司马牛在为兄长这一称号正名，认为他的哥哥不是真正意义上的兄长，因为就像"人"的概念应当包含"仁"一样，兄长这个称号里面还需要包含道德的内容。有意思的是，子夏的言辞也是在为"兄长"这一名称正名。他将"兄长"这一概念作了延伸，使之超出了狭隘的"有共同父母的男性"的界限，并由此而重新塑造了司马牛的情感，从而引导他将包容和爱推向更广阔的人群。

沿用这种儒家传统，中国人经常延伸概念。以一种延伸家庭概念的方式，我的朋友会叫我"兄弟"，而我的女儿会叫他"叔叔"或"伯伯"。作为一种表达尊敬和友好的方式，一个陌生人会被称为"阿姨"或"大叔"。那些有专业技能的人常常被称为"老师"或"师傅"。通过这些称呼的延伸，中国人主动地拉近了彼此的关系。

此外，儒家的这种对名和角色理解，有助于我们理解中国人实际上更在乎词的实用价值，而不是表面字义的真值（也就是对或错）。世界上其他地方的人常常对中国人的礼节以及委婉迂回的交流方式

---

① 司马牛忧曰："人皆有兄弟，我独亡。"子夏曰："商闻之矣：死生有命，富贵在天。君子敬而无失，与人恭而有礼。四海之内，皆兄弟也——君子何患乎无兄弟也。"（12.5）

感到困惑。比如，当你问一个中国人"你要喝些什么饮料？"即使他真的很渴，他也可能会说"不用了，谢谢！"其实这句话的真正含义不是"我不想喝"，而是"不要给你添麻烦了"。当中国人招待宾客时，明明是精心准备了一桌盛宴，他们还会说："不好意思，没什么菜，吃顿便饭吧。"这里真正的信息不是"这就是我日常所吃的饭"，而是说"你是一个非常尊贵的客人，你应该得到更好的款待"。当一个外国人请求某件事情而中国人不能同意时，典型的回答会是"让我们再考虑一下"，或者是"以后再说好吗？"期待对方会明白这实际上是婉转地拒绝，而不是像字面上说的那样真的会再加以考虑。

虽然西方人可能对这种迂回的交流方式感到恼火，但是优雅地运用"文"的形式，把语言当作处事的方式而不是描述某事，在西方文化里也不是没有的。为此我们只需看一个西方常见的例子：当一位女士问一位男士"我看上去怎样？"时，除非这男士和她十分亲密，否则没有人会说"你看上去很糟"，哪怕她实际上的确是糟透了。

中庸之道

听起来似乎很矛盾：孔子是一个不注重构建哲学理论的哲学家。这并非因为他不清楚他的教导具有哲学内涵，而是因为他的哲学目标不是构建一门哲学的理论体系！

孔子说:"中庸之为德也,其至矣乎!民鲜久矣。"(6.29)
"中"是居中,不偏向,不过头也不太少。"庸"有三种意思:一为
"平常""日常",二为"用",三为"常""经常"。①当"中"
和"庸"连起来作为词组用的时候,它的丰富含义可以概括为:持之
以恒地在日常生活中练习,以获得总是能够击中目标的能力,就像一
个优秀射箭手那样。

儒家的中庸和古希腊哲学家亚里士多德的"Golden Mean"之间
有许多相同之处,以至于后者的中文翻译就是"中庸"。两者都意味
着避免过头和不足两个极端的那种美德。"中"要求人们保持在过度
与不足之间,如避免鲁莽和胆小、僵硬顽固与随波逐流、人云亦云
与好斗逞强、沉湎与冷漠等两极。当子贡问孔子:"子张和子夏两
个人,谁强一些?"孔子道:"子张有些过分,子夏有些不足。"
子贡道:"那么,子张强一些吗?"孔子道:"过分和不足同样不
好。"②孔子的教育方法是与这个目标一致的。子路和冉有都问了同
一个问题:"听到了就去做吗?"孔子给子路的回答是否定的:"有
你父亲和兄长活着,怎么可以听到就去做?"他给冉有的回答却是肯
定的:"听到就去做。"另一个弟子公西华对此深感不解,问孔子为
什么。孔子道:"冉有平日做事退缩,所以我鼓励他前进;子路的胆

---

① "庸,平常也。"(朱熹:《中庸章句》)东汉郑玄云:"庸,用也。"(《经典释文》及
《礼记正义》引)。郑玄注《礼记·中庸》云:"庸,常也。用中为常道也。"

② 子贡问:"师与商也孰贤?"子曰:"师也过,商也不及。"曰:"然则师愈与?"子曰:
"过犹不及。"(11.16)

量却有两个人的大，所以我要压压他。"①很显然，这些教导的目的不是描述真理，而是帮助那些弟子达到"中"。

然而"中庸之道"不能被理解为不偏不倚，好比在辩论中没有任何立场，或者对任何事情和稀泥，或者甘居平庸。以这种方式诠释孔子的中庸和亚里士多德的学说那就大错特错了。中庸要求的是避免过和不及这两种恶，而不是居于善恶之间，或者既不善也不恶。《大学》里开篇第一句就写道："大学之道……在止于至善。"意为以达到最高的善为目标。中庸之道的善本身就是最高的善，在千变万化的局面和条件下都能够"发而皆中节"。"中"字因而是更加广义的"义"，"义者宜也"，也就是合适妥当。"义"是道德层面的"适当"之意，而"中"则适用于一切范围。然而，"中"对于"适当"提出了极高的目标：永远不要只满足于"还凑合"，永远不要感觉做得足够好了，而是要在瞬息变化的形势中总是能够做到最好。

中庸的难度在于，它不像凭运气偶尔一次击中即可。要在所有的时间条件下都达到掌握合适的尺度，就必须经过大量的实践和修炼。这就是"中"必须和"庸"联系起来的原因，在庸常的生活中不断地践行"中"。

首先，中庸之道是一种需要有身体参与的才能或处事能力，而不是简单地遵循抽象的概念原理行事。一个仅仅知道应当把足球踢进门里去的人，远不是一个实际能够进球的人。每天生活的情景是动态

---

① 子路问："闻斯行诸？"子曰："有父兄在，如之何其闻斯行之？"冉有问："闻斯行诸？"子曰："闻斯行之。"公西华曰："由也问闻斯行诸，子曰，'有父兄在'；求也问闻斯行诸，子曰，'闻斯行之'。赤也惑，敢问。"子曰："求也退，故进之；由也兼人，故退之。"（11.22）

的，因而没有一成不变的规则可循。那些真正懂得应变的人绝不仅仅是有理论知识的人，而是训练有素，已经将技能和识别力内化成自己第二本性的人。也就是说，一个修炼到家的人能够自然而然地对外界变化做出恰当的反应。事实上，需要自我控制本身就是不够完美的表现。真正的功夫是不再需要自我控制的，其恰当的反应就像是自我的自然流露和发挥。

其次，中庸的实践不限于某种需要做出对或错的决定性选择的重大时刻，它也适用于日常的，甚至看上去是很琐碎的事情当中，比如侍奉父母、照料孩子、尊敬师长、帮助朋友、与同事合作。一般的人都可以做到偶尔地与家庭成员以及他人和睦共处，或者偶尔地表现出无私的行为。真正功夫修炼到家的人是能够持续地践行"中"，并总是能够做到合适恰当的人。所谓圣人，就是那种能够看到我们普罗大众的日常生活的重要意义，并能在庸常的生活中体现出至善的人。事实上，在突发的紧急情况下能够自我控制（或者更高级的、不需要自我控制），比在日常生活中更容易做到。一个人在紧急情况下舍身救人其实并不十分罕见，而在极为平常琐碎的生活中，一举一动都能始终与人为善、助人为乐的，才是真正的难能可贵，才更加伟大，虽然这种伟大看上去显得平常，并不那么英勇壮烈。正如《中庸》所说："世上没有什么比隐暗处更加显而易见，也没有什么比微妙的事物更加一目了然。"①可是，也恰恰是因为人道的精神就体现在我们普通平淡的生活里，人们往往视而不见。人们总以为，深刻必然晦涩、伟大一定是难以达到、神圣就是超越世俗。因而他们宁可到寺庙里祈求

---

① 莫见乎隐，莫显乎微。（《中庸》第一章）

无形的神灵，也不愿意从自身和身边寻找他们的真正所需。因此，"中庸"不仅仅是一种描述，它也是一种教导，它告诉我们到哪里可以找到这种功夫。

作为一个讲求实际的人，孔子深知要求人人都做到完美无缺是不可能的。他说："如果找不到言行合乎中庸的人相交往，那就找那狂士或者谨慎的人吧。狂士激进向前，谨慎者则不肯做坏事。"①

中庸之道与其说是每个人都必须遵守的道德命令，不如说是对如何生活的忠告。但这不等于说孔子的目标不如康德和穆勒等主流西方伦理学家的目标高。康德和穆勒的理论都只关乎合理的决定或选择，特别是涉及重大道德问题的抉择，而孔子的伦理学旨在转化人，它的范围覆盖整个人生，而不仅仅是道德决定的某个关键时刻。通过修炼，人们会越来越发现不道德的行为变得不可思议，选择变成多余，一个人的生活方式变得既合乎道德又具有审美的愉悦。

如孔子理论的其他部分一样，中庸也有令人感到不满意的地方。从这个理论出发，一个普通人难以得到一个明晰的定义对错的方法。但是值得深思的是，这究竟是这个理论的缺陷，还是我们要面对的问题本身的性质使然？换句话说，在现实生活中，也许根本就没有放之四海而皆准的简单抽象的道德原理。伦理学的问题也许在其本质上就像射箭艺术：如果没有射中目标，没有一个射手会埋怨为什么没有一条简单的规则可以使他百发百中。

---

① 不得中行而与之，必也狂狷乎！狂者进取，狷者有所不为也。（13.21）

第四章

作为政治改革家的孔子

无论从哪方面说，孔子在他有生之年里都算不上是一个成功的政治改革家。虽然他非常愿意从政，而且也很清楚怎么做才能得到当政者的青睐，但是他在原则上过于固执，而且在表达观点的时候也往往过于尖锐。当季氏在家祭的时候"八佾舞于庭"，以鲁国之卿的身份却用了天子之礼，即用舞者八列，每列八人，共六十四人。对这一僭越行为，孔子愤然说道："是可忍，孰不可忍？"（3.1）当季氏行只有天子才可以行的祭拜泰山之礼的时候，孔子愤然指责在季氏家里当家臣的学生冉求未能制止季氏那么做。（3.6）当鲁国的三桓家族以《诗经》里的《雍》来作为其家族祭祀结尾时的歌咏的时候，孔子说："《雍》里面的'相维辟公，天子穆穆'，与三家的宗庙之堂有什么相干？"（3.2）他对权贵的这种态度对他的仕途显然没有好处。虽然有些典籍记载了孔子曾经担任过一些官职，如中都令、鲁司寇等，还说他在任时曾有过杰出的业绩，《论语》里面记载的却只是他抱着对鲁国当政者的极端失望而开始了他周游列国的艰难旅行，而丝毫没有提及那些业绩。如果孔子真的有过这些业绩，很难想象《论语》会一字不提。

但从政治改革的思想方面来说，孔子当之无愧地是人类迄今为止最伟大的人物之一。直到两千年后的今天，他的社会政治思想依然在显示着魅力。

理想社会——"和"的思想与整体主义

孔子心目中的理想社会在《礼记·礼运》的那段著名文字中有精彩的表述：

> 　　大道之行也，天下为公。选贤与能，讲信修睦，故人不独亲其亲，不独子其子。使老有所终，壮有所用，幼有所长。矜寡孤独废疾者，皆有所养。男有分，女有归。货恶其弃于地也，不必藏于己；力恶其不出于身也，不必为己。是故谋闭而不兴，盗窃乱贼而不作，故外户而不闭。是谓大同。

这里体现的人文的或"仁"的精神，是孝道的扩展。读者当可注意到，这段文字对于政府组织结构未着一字。在那个理想社会中，取代政府公共管理功能的是孝悌在社区中的扩展。贤能者不仅是各自家庭中的权威，而且也被认可为处理社区事务的权威。以贤能确立的乡绅权威，就像一个家庭中的父母权威。同时，尊长爱幼又通过传统的礼而贯彻到社区生活的各个方面，使得诉讼在一般情况下成为多余。

这并不意味着按照儒家的观念，可以无须设立官府。在孔子看来，政府官员也应该是爱民如子的父母官。与儒家相比，法家是将统治者的利益与民众的利益对立起来，提倡"富国弱民"的政策，使民众容易得到控制，而孔子则认为政府和民众的利益是互补的，政府的主要职责是使民众安居乐业。在大多数统治者还将自己统治下的民众看作私有财产的年代，孔子认为一个称职的政府官员应当像民之父母一样，不但关爱自己的子民，还将这种关爱推及天下所有的民众。据说一次楚王出游，丢失了他心爱的弓。他的左右侍从说要派人去找。楚王说："不用了。楚王丢的弓最后还是被楚国的人捡了去，找它干吗？"孔子听说后叹道："可惜楚王的心胸还不够大呀！为什么不说，人丢的弓最后还会让人捡了去？为什么非得要是楚国的人？"①

当孔子来到卫国，他的学生冉求在边上侍候。孔子说："人口不少呀。"冉求问道："人够多了，下一步该怎么办？"孔子说："让他们富裕起来。"冉求又问："富裕起来以后呢？"孔子说："教育他们。"②

有一次子贡问道："如果能广泛地给人民以好处，普遍地救济群众，怎么样？可以说是仁吗？"孔子说："这何止是仁，应该说是圣了！连尧、舜恐怕都做不到呢！所谓仁，自己想要站得住，就帮助别人也站得住；自己想开拓发展，就帮助别人也开拓发展。能设身处地，推己及人，可以说就是实践仁道的方法了。"③

孔子说，领导一个国家的方式，是"要严肃认真地对待工作，信实无欺，节约费用，爱护官吏，役使老百姓要在农闲时间"④。在周代初期，一般税率为老百姓收入的十分之一。后来，许多地方提高了税率。最狠的要数齐侯，他将百姓收入的三分之二征为税收，只留三

① 《孔子家语》，上海古籍出版社1990年版。

② 子适卫，冉有仆。子曰："庶矣哉！"冉有曰："既庶矣，又何加焉？"曰："富之。"曰："既富矣，又何加焉？"曰："教之。"（13.9）

③ 子贡曰："如有博施于民而能济众，何如？可谓仁乎？"子曰："何事于仁！必也圣乎！尧舜其犹病诸！夫仁者，己欲立而立人，己欲达而达人。能近取譬，可谓仁之方也已。"（6.30）

④ 敬事而信，节用而爱人，使民以时。（1.5）

分之一供百姓自己衣食。① 相比而言，鲁哀公已比较温和了，他按百姓收入的十分之二征税。有一年歉收，哀公问孔子的一个得意门生有若："年成不好，国家用度不够，应该怎么办？"有若答道："为什么不实行十分抽一的税率呢？"哀公道："十分抽二，我还不够，怎么能十分抽一呢？"有若答道："如果百姓的用度够，您怎么会不够？如果百姓的用度不够，您又怎么会够？"②

孔子教育他的弟子，一个君子要做到"自己态度庄恭，敬重地对待上级，恩惠地养护人民，役使民众恰当合理"③。季氏比周公还富有，可是孔子发现弟子冉求又替季氏搜括，增加更多的财富，他说道："冉求不是我们的人，你们学生可以大张旗鼓地去攻击他。"④

爱护百姓就要教育他们，使他们明白是非，并且自己的行为要有信用。孔子说："用未经受过训练的人民去作战，这等于糟蹋生命。"⑤ "不加教育便加杀戮叫作虐；不加申诫便要成绩叫作暴；起先懈怠，突然限期叫作贼；同是给人以财物，出手悭吝，叫作小家子气。"⑥

孔子认为，让人民富足这是政府的头等大事。因为只有民富才能

---

① 民参其力，二入于公，而衣食其一。（《左传·昭公三年》）

② 哀公问于有若曰："年饥，用不足，如之何？"有若对曰："盍彻乎？"曰："二，吾犹不足，如之何其彻也？"对曰："百姓足，君孰与不足？百姓不足，君孰与足？"（12.9）

③ 子谓子产："有君子之道四焉：其行己也恭，其事上也敬，其养民也惠，其使民也义。"（5.16）

④ 季氏富于周公，而求也为之聚敛而附益之。子曰："非吾徒也。小子鸣鼓而攻之，可也。"（11.17）

⑤ 以不教民战，是谓弃之。（13.30）

⑥ 不教而杀谓之虐；不戒视成谓之暴；慢令致期谓之贼；犹之与人也，出纳之吝谓之有司。（20.2）

国强。然而，许多人却误以为孔子宁可要一个大家同样贫穷的国家，也不要一个有财富但分配不均的国家。这种误解来自《论语》里下面这段话："无论是诸侯或者大夫，不着急财富不多，而着急财富不均；不着急人口太少，而着急境内不安。财富均，便无所谓贫穷；境内和，便不会觉得人少；平安，便不会倾危。"①这段话里的"均"字，应当作"公平"来理解，而不是指绝对地平均分配财富。前面引用过的《礼记》里的那段话部分体现了孔子的思想：理想的财富分配方式含有一种福利体系，在这个体系里，"矜寡孤独废疾者，皆有所养"。一个人对社会的贡献不仅仅是为了自己的利益。孔子关心的是财富的分配应当合理，而且财富要取之有道。"财富如果可以求得的话，就是做市场的守门卒我也干。如果不可求，我还是干我的。"②孔子思想里压根儿没有对财富本身的厌恶。实际上，孔子认为，作为一个有正常能力的人，在政治清明的时候，自己贫贱，是耻辱；在政治黑暗的时候，自己富贵，也是耻辱。③因为时局很好你却贫穷，那一定是自己懒惰所致，而时局不好你却富裕，那一定是依靠不正当的手段获得的。

儒家理想社会的最显著的特点，是和谐。孔子将"和"与"同"作了区分。他说："君子和而不同，小人同而不和。"（13.23）《左传》里面的一个故事也许是对"和"与"同"的区分的最经典的解释。

---

① 丘也闻有国有家者，不患寡而患不均，不患贫而患不安，盖均无贫，和无寡，安无倾。（16.1）

② 富而可求也，虽执鞭之士，吾亦为之。如不可求，从吾所好。（7.12）

③ 邦有道，贫且贱焉，耻也；邦无道，富且贵焉，耻也。（8.13）

有一次齐景公从打猎的地方回来，晏子在遄台随侍。这时子犹骑着马飞驰而来。景公高兴地说："唯有子犹与我最为和谐了。"

晏子说道："这只能说是同，怎么谈得上是和呢？"

齐侯问道："和与同有区别吗？"

晏子答道："当然。和就好比是一道美味的羹，需要用水、火、醋、酱、盐、梅等，来烹煮鱼肉。要用柴禾来烧火，厨师来调味，使味道恰到好处，味道不够，就增加调料，味道过浓，就让它淡一些。君子食用这样的羹，以平和心性。"

然后晏子话锋一转，联系到君臣的关系，说：

君臣的关系也是这样。君主认可的事情中，如果有不可以的，臣下应当把自己的反对意见贡献给君主，使君主能够做出正确的决定；君主认为不对的事情中，如果有对的，臣下应当向君主进谏其对的理由，以便君主能够改正自己的错误。这样才能政事平和，不激起民众的怨愤，使民众不会产生争斗之心。所以《诗·商颂·烈祖》中说："亦有和羹，调和完毕。神享无言，朝野无争。"这就是先王通过调和五味，协调五声，以平和心性成就政事的原因。音乐的道理也像味道一样，需要一气、二体、三类、四物、五声、六律、七音、八风、九歌①各方面相配合而成，由清浊、大小、短长、疾徐、哀乐、刚柔、迟速、高下、出入、周疏这些方面相调节补充而成。君子听了这样的音乐，可以

---

① 按照杜预的注解，"气"是指气息，"体"是指配合音乐的舞蹈，"类"是指诗之类别，如风、雅、颂，"物"是制作乐器的各种材料，"声"是音调，"律"是声音之清浊、高下，"音"是音阶，"风"是各地的音乐风格，"歌"是歌唱。

平和心性。心性平和，德行就协调。所以《诗·豳风·狼跋》说："德音不瑕。"而现在子犹不是这样。君主认为可以的，他也说可以；君主认为不可以的，他也说不可以。如果用水来调和水，谁能吃得下去？如果用琴瑟老是弹一个音调，谁能听得下去？不可求同的道理就在这里。（《左传·昭公二十年》）

晏子的话清楚地表明了，和谐是不同参与者的共存与相互作用。没有区别，就不可能有和谐。换言之，差异是和谐的必要前提。这种和谐整体的不同部分相互作用、彼此融合、相互提升而不失各自的特性。而当各部分被强迫一致，那就是以牺牲各自的特性为代价的一致。一个和谐整体当中的个别成分是参与了整体的动态建设，反之，强迫一致的整体当中的个别成分，则仅仅是整体的一个部分而已。

上面的对话是发生在孔子30岁那年（前521年）。虽然我们无从证明孔子是否知道那个对话，但实际上，孔子的和谐观与晏子完全一致。孔子说："在政务上，假若君主说的话正确而没有人违抗，确实没有问题。但假若君主说的话不正确，而没有人违抗，不就几乎是一句话便会导致亡国么？"[①]哀公问孔子道："子从父命，是否就是孝顺？臣从君命，是否就是忠贞？"问了三遍，孔子都没有回答。事后，孔子对子贡说："过去一个万乘之国，有争臣（能和君主直接争辩的臣子）四人，则封疆不削；千乘之国，有争臣三人，则社稷不危；百乘之家，有争臣二人，则宗庙不毁。父有争子，不行无礼；士

---

① 如其善而莫之违也，不亦善乎？如不善而莫之违也，不几乎一言而丧邦乎？（13.15）

有争友，不为不义。故儿子任何事情都听从父亲，怎见得就是子孝？臣子任何事情都服从君主，怎见得就是臣子忠贞？只有能够审察为什么应该听从的，才是孝，才是忠。"[1]侍奉君主的正当方式是："不要（阳奉阴违地）欺骗他，却可以（当面）触犯他。"[2]孔子对哀公沉默以待，就是希望他能够自己意识到这点。

由于一锅和谐的羹不仅仅需要多样的材料，还需要具备各种材料在同一煲里不互相冲突，所以孔子也确实谋求一致性。他说："道不同，不相为谋。"（15.40）但是孔子从没有用一种抽象的普遍化的命题来表述这个道。这个道的"同"是总方向一致情况下的配合，是一种为了人类繁荣的共同目的而持有的开放心态，而不是某种命题式的信念上的一致。如果我们把追求抽象原则基础上的普遍一致称为"普遍论"，反之，把那种坚持保留差异和特性的观点称为"特殊论"，那么，孔子的立场是第三种，可以称为"整体论"。普遍论的主要问题在于专制以及排斥多元，好比要求每个人都穿同一种制服；特殊论的问题是导致相对论和整体的分崩离析。而整体论是一种保持多元的整合，就像一个生态系统，不同的异类在此相互竞争又相互依赖。

有子说："礼之用，和为贵。"（1.12）与追求以命题的方式来清晰表达的普遍原则的一致性相比，礼的实践保留了一定的含糊性，从而为独特性和创造性留下了广阔的空间。握手本身并不代表同意什么，然而通过握手，可以建立起某种信任和相互的认可。握手的含义

---

[1]　《荀子·子道第二十九》，载《诸子集成》，上海书店1986年影印版，第347—348页。

[2]　勿欺也，而犯之。（14.22）

比任何原则上的一致意见要丰富得多。它不会为了达成一致而失去交互性，也不会为了合乎理性而丢弃情感的因素。的确，礼节不只是任何健康对话的必要条件，无论在国际交流中，还是在政党之间、在有矛盾的家庭内部，它也都是导致最好的对话结果——和谐（而不同）——的方式。

安乐哲和郝大维（David Hall）将孔子的理想社会与理性原则治理下的社会相比较，指出儒家圣人治下的社会秩序是美学性的。与逻辑理性指导下、用外部或超自然的规则和原理来强制的社会秩序相比，美学性的秩序则是通过自我修养和协作，使规则从内部呈现出来。逻辑理性秩序中只有一致性和连续性；反之，在美学秩序中，个体和团体能够创造性地诠释和再诠释规则和原理。在逻辑理性秩序中，每一个人都是平等的，因为每一个人都被设想成一个抽象的主体，因而他们可以被其他任何一个主体所替代；反之，在美学秩序中，每个人都是具体的，是不能替代的，其不平等是对优秀程度的认可和尊重。（Hall&Ames，1987）。

内圣外王

季康子向孔子问政治，孔子用"政"字的字根"正"来回答他。"正"作为名词意为"正当""正直""有秩序"，而作动词则有"修正""端正"之意。孔子说道："'政'字的意思就是端正。您自己带头端正，谁敢不端正呢？"①季康子进一步问："假若杀掉坏人来亲近好人，怎么样？"孔子答道："您治理政务，为什么要用杀戮？您想把国家搞好，百姓就会好起来。领导人的作风好比风，老百姓的作风好比草，风向哪边吹，草向哪边倒。"②孔子还说："假若端正了自己，治理国政有什么困难呢？连本身都不能端正，怎么端正别人呢？"③

　　孔子认为，所谓"正"，既意味着树立一个良好的道德楷模，也意味着摆正自己的礼仪姿态。礼仪力量的不寻常和神奇，如芬格莱特所说，可以看作"魔力"（Fingarette，1972）。它可以使人直接而轻松地实现自己的意愿，而不需要使用强制或任何物质的压力。"在社会上层的人若遇事依礼而行，百姓就容易听从指挥。"④"统治者本身行为正当，不发命令，事情也行得通。统治者本身行为不正，哪怕你发布命令，下面的人也不会服从。"⑤孔子说："什么也不做，而能使天下太平的人，大概只有舜罢？他干了什么呢？庄严端正地坐在那朝南的位置上罢了。"⑥

　　这里出现了孔子的"无为"概念——通常人们讲到无为总是首先想到道家。所谓无为，不是什么都不做。它主要指是在做事的时候

---

① 季康子问政于孔子。孔子对曰："政者，正也。子帅以正，孰敢不正。"（12.17）

② 季康子问政于孔子曰："如杀无道，以就有道，何如？"孔子对曰："子为政，焉用杀？子欲善而民善矣。君子之德风，小人之德草。草上之风，必偃。"（12.19）

③ 苟正其身矣，于从政乎何有？不能正其身，如正人何？（13.13）

④ 上好礼，则民易使也。（14.41）

⑤ 其身正，不令而行，其身不正，虽令不从。（13.6）

⑥ 子曰："无为而治者其舜也与？夫何为哉？恭己正南面而已矣。"（15.5）舜是孔子极为称道的一位古代圣王。朝南的座位在中国古代礼仪中是有权威者的位置。

能够无须勉强和费力。道家的无为，是指顺其自然，达到物我无分的境界（如一个舞蹈者与她的舞蹈浑然为一的艺术）。而孔子的无为，则主要是指以德带动礼仪来实现预期的目的。比如当一个人走向另一个人，面带笑容伸出手来，另一个人便会自然地回报以微笑，并相应地握住对方的手。一位教师指定一个学生引导班级讨论，这个学生凭借讲台的位置，魔法般地在全班同学面前获得一种庄严和权威。没有强制、命令或机巧，礼仪的生命力就可以带来他人的合作。（Fingarette，1972）

孔子确切地表明，凭借行政法律不如依靠礼和美德。一个明显的理由是，礼是早已存在于社会基层的习惯或者传统，而在当时历史背景下的行政法律只能是依靠权力和命令，由上至下人为地加诸社会之上。更为重要的是，正如孔子所说："用政令去引导，用刑罚去规范，百姓虽然可以免于犯罪，却没有廉耻之心。如果用道德来引导，用礼仪来规范，百姓不但有廉耻之心，而且会自己规范自己的行为。"①强制与惩罚最多只能保持外在的一致，人们避免肇事不是因为羞于做错事，而是害怕惩罚。并且，在法律管不到的地方或别人看不到的时候，也许仍然有人作恶。由德和礼来维系的社会秩序，则会形成一种内在于人心的约束机制，它能够更加有效地渗透到人们的日常生活方式中去。孔子说："审理诉讼，我同别人差不多。要使诉讼不发生，那才是最好的。"②

这也决定了孔子的外交和军事观点。下面这个故事，虽然不一定

---

① 导之以政，齐之以刑，民免而无耻；导之以德，齐之以礼，有耻且格。（2.3）

② 听讼，吾犹人也。必也使无讼乎！（12.13）

可靠，但说明了孔子的这种立场。

鲁定公十年（前499年）的夏天，鲁定公与齐景公要在夹谷会盟。按例要由鲁国的卿季桓子随行作襄礼之官，但他不知礼，不敢去，于是请孔子代劳。会面之前，齐国的大夫犁弥对齐景公说："孔丘懂得礼仪，但是没有勇气，如果派莱人用武力劫持鲁侯，一定能够如愿。"齐景公听从了犁弥的话。

到了会面的地方，两个君主以诸侯相遇的礼节见了面，互相揖让着登上坛，敬完了酒，齐方在战争中俘虏的莱人便手执兵器，跳起战争的舞蹈，鼓噪喧嚣着冲向坛来，要劫持定公。孔子立即让鲁定公往后退，并大义凛然地说："士兵们快拿起武器冲上去！两国国君友好会见，而华夏之地以外的夷人俘虏却用武力来捣乱，这不是齐国国君命诸侯会合的本意。华夏以外的人不得图谋中原，战俘不能干预盟会，武力不能逼迫友好。这样做对神灵是不祥，对德行是伤害，对人是失礼，齐国的国君一定不会这样做。"

齐景公听了这番话后，急忙叫莱人退下。

即将举行盟誓时，齐国人在盟书上加上了这样的话："一旦齐国军队出境作战，鲁国如果不派三百辆兵车跟随我们，就按此盟誓惩罚。"孔子让鲁大夫兹无还作揖回答说："如果你们不归还我们汶水北岸的土地，却要让我们供给齐国的所需，也要按盟约惩罚。"

齐侯回到国内，颇为当日的事感到羞愧，便责怪他的群臣说："鲁人拿君子之道去辅佐他的君主，你们却使用夷狄的办法来教唆我，使我得罪对方。"于是，齐侯便归还了过去侵占的鲁国四邑以及汶阳的田地。

通过用礼来约束齐侯，孔子不仅挫败了齐国吞并鲁国的企图，使

齐国方面为自己的失礼而难堪，而且最终还迫使齐国把他们占领的鲁国土地归还了鲁国。（《左传·定公十年》及《孔子家语》）

孔子不是一个单纯的理想主义者和乐观主义者。法律和武力常常是必要的，但是它们容易引起忌恶和仇恨。即使在最公平的法庭和最正义的战争中，这种副作用也难以避免。值得注意的是，1948年，联合国的中国代表、著名的儒家学者张彭春建议在《联合国人权宣言》里加进儒家思想的条款：人人"应以兄弟关系的精神相对待"。他期望的不仅仅是通过立法来担保一切"兄弟"有言论和吃饭等基本权利。兄弟精神是一种关爱、尊重，超出兄弟间法律保护意义上的权利。如果一个人对待兄弟仅仅是不触犯法律，而在其他方面却不友好，法律是无能为力的。因而，孔子学说仍然值得记取："现在的所谓孝，是说能够养活爹娘便行了。人对于狗马都能够饲养；若不敬父母，那养活爹娘和饲养狗马怎样去分别呢？"①亲情不能靠法律强制，而必须以道德的力量来培养，这种道德权威要求发自内心地尊重，而不是被动地顺从。

孔子没有提出民主政治的理念。他的治国方式是贤能政治，即政府官员的任职条件是基于他们的才能和贤德，而不是靠人民的选举。在那除了贵族世袭别无仕途的时代，孔子说他的弟子雍这个没有任何显赫家庭背景的人"能够坐北朝南"统领一方②，简直是一个革命性的变革。它实际上包含了唯贤是举，否定官职必须按家族血统继承的观念。

---

① 今之孝者，是谓能养。至于犬马，皆能有养；不敬，何以别乎？（2.7）

② 雍也可使南面。（6.1）

　　贤能政治依靠的是官员的品德与才干，而不是既定的程序。政府的效能很大程度上是基于普通百姓对政府的信任。当子贡问孔子怎样去治理一个地方时，孔子答道："充足粮食，充足军备，让百姓对政府有信心。"子贡道："如果迫不得已，在粮食、军备和人民的信心三者之中一定要去掉一项，先去掉哪一项？"孔子道："去掉军备。"子贡道："如果迫不得已，在粮食和人民的信心两者之中一定要去掉一项，先去掉哪一项？"孔子道："去掉粮食。（没有粮食，不过死亡，但）自古以来谁都免不了死亡。如果人民对政府缺乏信心，国家是站不起来的。"①

　　贤能政治的理念直到隋末唐初（约7世纪）通过科举制这种由朝廷组织、以考试形式录用人才的取士制度的建立才得以落实。在唐代鼎盛时期，以"国子监"著称的皇家学院，将伦理学作为最重要的研习内容，全部在册人数（包括来自高丽和日本的备修生）曾高达8000人。虽然当时的科举制有致命的缺陷，如注重纯粹的读写和熟记经典的能力以及给考生留下很少的创意和发挥空间，但它仍然优于以前所有的靠世袭、裙带关系以及贿赂等录用官员的制度。

　　科举制背后的选拔优秀人才主持政府机关的儒家理念，甚至是近代民主的灵感之源。在欧洲这块近代民主的诞生地，许多启蒙哲学家包括莱布尼茨、沃尔夫、伏尔泰等，都曾以孔子为名来传播他们自己的观点。他们宣称，在儒家的影响下，中国很久以前就抛弃了世袭贵族制。在美国，托马斯·杰弗逊也曾提议以一种非常类似于中国科举制的

---

① 　子贡问政。子曰："足食，足兵，民信之矣。"子贡曰："必不得已而去，于斯三者何先？"曰："去兵。"子贡曰："必不得已而去，于斯二者何先？"曰："去食。自古皆有死，民无信不立。"（12.7）

教育体系，来作为美国政府结构的一块奠基石。（Creel，1949）中国近代伟大的民主革命家孙中山也说："孔子和孟子是民主的倡导者。"[①]

当然，一个为人民的政府未必就是一个人民的政府或者被人民掌控的政府，儒家未能提出民主制度的主张。在民主制度里，人民不必仅仅依靠一个道德高尚的统治者给他们带来一种美好的生活，而是能亲自参与政治，为维系一个良好的政权行使自己的责权。批评儒家的人常常摘出《论语》中那段费解的话"民可使由之，不可使知之"（8.9），来说明儒家在本质上是精英主义和独裁主义，他们将人民仅仅当作被动的受惠者，而不是把他们当作有权知道政府在做什么和让政府服从他们利益的主体。虽然这种解读也言之有理，因为在既定的历史背景下，那个时代很多精英阶层的人确实是那样认为的，但是，这种解读是与孔子的教育哲学思想相矛盾的。孔子提出"有教无类"，认为人人都有权接受教育，绝无故意要愚民的道理。从这个角度出发，对这段话应当给以更加符合孔子总体思想的理解。如康有为把它读成"民可，使由之；不可，使知之"（百姓认可，就让他们照着去做；百姓不认可，就给他们说明道理）。这一读法，就古文语法上有些勉强。[②]20世纪90年代在湖北荆门郭店一号墓出土的楚简《尊德义》篇中，有"民可使道之，而不可使智（知）之。民可道也，而不可强也"之句。"道"与"导"相通，如此，"由"字就当作"引导"解。而后面的"不可强也"进一步告诉我们，这句话应解读为："对于百姓，可以去引导他们，而不应当用强制的方法，简单地告

---

① 孙中山：《中山丛书》卷一，大中书局1928年版。
② 钱逊："照此解释，古汉语应作'民可，则使民由之；不可，则使之知之'才通。"（钱逊：《论语浅解》，北京古籍出版社1988年版，第137页）

知他们去做什么。"另外还有一种解读，虽然略显牵强，但也言之成理：圣人的政治应当是能让百姓无形地受到引导的政治。在一个管理有方的社会里，百姓在春耕秋收、掘井取水的时候不应当感受到政府的存在。令民众知道管理者的存在意味着管理者的方式还是碍眼的，因而还不够完善。[①]

有不少学者认为，儒家思想在本质上没有任何与民主相悖之处，恰恰相反，其人道主义精神与民主和人权完全一致。儒家所推崇的权威不是某个特定统治阶级的特权，而是人道主义精神的权威。孟子的话很好地体现了这一点："民为贵，社稷次之，君为轻。"（《孟子·尽心下》）而且，儒家所持的"人"的观念是具体的、关系性的，因此也是担负具体责任的人。这个观念可以使社会的每个成员有一种互相依赖的意识，并由此而发展出关顾他人利益的道德意识。就这点而言，儒家不仅与现代民主人权精神没有矛盾，而且可以为民主人权提供非常有价值的思想资源。正如罗思文所说，现代西方以自主性和权利的拥有者来定义个人，从根本上是有毛病的。在99%的情况下，我可以简单地用不予理睬你的方式来尊重你的公民和政治权利，即所谓"第一代人权"（言论、宗教、公正审判等权利）。你当然有言论自由的权利，但你没有权利要求我听你讲。（Rosemont，1998）如果没有一种儒家的、作为社会一员的自我观（即自我作为社会关系的纽带的观念）作为补充，人权的实践就会滑向"极端个人主义、好竞争和恶意诉讼"，那将"不仅危及他人的幸福，也有害于我们自己的身心健康"。（Tu Weiming，1998）运用儒家关系性的人的概

---

① 戴溪：《石鼓＜论语＞答问》卷二，文渊阁四库全书本。

念，我们可以将民主和人权重新定义为：共同体里的每一个成员有参加公众事务、分享公共福利的责任和权利。

孔子认为，治理一个国家无异于管理一个家庭。家庭是一个个小社会，它们是社会的基石。另一方面，社会是一个大家庭。孔子不是第一个提出这种观点的人。在《诗经》里，早已有诗将地方官称为民之父母。孔子的贡献在于将这个观点理性化，使其成为个人与社会转化的强有力的基础。在一个家庭里，父母照料孩子，孩子以尊重父母的权威和敬重他们的奉献来回报。一个管理良好的社会同样如此。一个人如果在家里是一个好的家庭成员，他在大的社团里也可以是一个好的社会成员；一个人能很好地齐家，他也能很好地治国。当有人问孔子："你为什么不参与政治？"孔子道："《尚书》上说：'孝呀，就是孝顺父母，友爱兄弟，以这种风气影响政治。'这也就是参与政治了呀，为什么定要做官才算参与政治呢？"[①]

显然，对孔子来说，一个运行良好的社会里的民主和人权应当与一个和睦之家里的民主和人权一样。在一个和谐的家庭里，每个人的权利都得到尊重，但不会经常听到有人说："这是我的权利！"在这样的家庭里，决策的形成会考虑到每个人的意见，但并不是每个人的意见都会有同样的分量。对美德、长者（他们由于有更多的生活阅历和经验，对家庭的贡献更大而拥有更多的权利）以及道理的尊重，都在最终决定的形成中担当了重要角色。在不同的阶段，一个和谐的家庭也会有不同的管理方式。当孩子还小的时候，好的父母会提供更多

---

① 或谓孔子曰："子奚不为政？"子曰："书云：'孝乎惟孝，友于兄弟，施于有政。'是亦为政，奚其为为政？"（2.21）

的引导，而不是让孩子来决定重大事务。当孩子逐渐长大时，父母会逐渐让他们做更多的决定并更多地听取他们的意见和建议。最终，一个理想的家庭就是每个成员能够生活得有一种充分的参与感与和谐感，而没有支配和被支配感或者需要运用自己权利的感觉。

作为政治手段的名和礼

一次，子路问孔子："如果卫君让您来治理国政，您打算从哪里做起？"

孔子说："首先必须正名吧。"

子路说："您真的是迂阔到如此地步吗？名有什么好正的？"

孔子道："仲由，你真是个粗野的人！君子对于他所不懂的事情，总是采取存疑的态度。如果名不正，言语就不能顺理成章；言语不顺理成章，事情就办不成；事情办不成，礼乐就不能兴盛；礼乐不兴盛，刑罚就不会得当；刑罚不得当，百姓就会手足无措，不知怎么做才好。所以君子定下一个名，一定要能说得出来；说出来一定要可以实行。君子对于自己的措辞言论，要没有一点马虎的地方才行。"①

---

① 子路曰："卫君待子而为政，子将奚先？"子曰："必也正名乎！"子路曰："有是哉，子之迂也！奚其正？"子曰："野哉，由也。君子于其所不知，盖阙如也。名不正，则言不顺；言不顺，则事不成；事不成，则礼乐不兴；礼乐不兴，则刑罚不中；刑罚不中，则民无所措手足。故君子名之必可言也，言之必可行也。君子于其言，无所苟而已矣。"（13.3）

我们在上一节里阐述过，孔子所继承和发展的中国传统把"名"作为"明"（两个字在这里都应当看作动词）。"名"不是简单地代表所指称的对象，它实际上还承载着期望，并且是与"礼"不可分割的。因为使用一个名词的行为就是表达一种期望，所以"名"携带了一种影响现实的力量（名可制实）。因而，适当用"名"就有着极大的社会和政治含义。比如，臣应该服从君，而学生又应该服从老师或德高望重的人。当一个人同时既是臣，又是老师和有德行的人的时候，君主就不能简单地把他当作臣下来对待。孟子被齐宣王召见的时候，他就拒绝前行。他说：

> 天下公认为尊贵的东西有三样：爵位是一个，年龄是一个，道德是一个。在朝中，先论爵位；在乡里，先论年龄；至于辅助君主治理百姓，自然以道德为至上。怎么能凭爵位来轻视年龄和道德呢？凡是有大作为的君主，一定有他所不能召唤的臣子；如果有什么事情要商量，就亲自到臣那里去。[①]

在这段陈述里，孟子试图通过强调老师和有德之人的"名"来限制君主的权力。同样，荀子将"师"与天、地、君、亲（父母）并列为必须予以尊重的"礼之本"。《礼记》也写道："在两种情况下，君主不把臣下当作臣下：一是面对臣下尸体的时候，另外一个就是当臣下是老师的时候。""按照《大学》的礼仪，虽是天子召见，（老

---

① 天下有达尊三：爵一，齿一，德一。朝廷莫如爵，乡党莫如齿，辅世长民莫如德。恶得有其一以慢其二哉？故将大有为之君，必有所不召之臣；欲有谋焉，则就之。（《孟子·公孙丑下》）

师）也不面北而立（面北是低下的位子），这是对老师的尊重。"①
另一方面，法家人物（如韩非）则致力于确立君主的绝对权威，因而
削弱老师和贤达人士的价值。在中国历史上，不少政治斗争是围绕着
尊师和尊贤展开的。元世祖忽必烈和他的吐蕃（藏族）国师八思巴的
关系就是一例。当忽必烈请八思巴担任国师的时候，八思巴提出，要
他担任国师，忽必烈就必须答应在宗教方面将八思巴当作比自己更加
尊贵的人。忽必烈起初拒绝了这个条件，但是最终答应了，在听八思
巴讲课的时候，他自己的龙椅比八思巴的位子低一点，但是在其他所
有场合，八思巴的位子必须比他的龙椅要低。八思巴的国师地位以及
相应的特殊礼仪，使吐蕃人在那个时期得到了比汉人高得多的政治
地位。

　　据说当孔子编撰《春秋》的时候，他对于遣词用字特别注意。
比如，同样是杀，却用不同的字以区别善恶。在中性的意义上，用
"杀"；臣杀君或子杀父母之类的罪恶的杀，用"弑"；正义的杀，
用"诛"。同是征战，"侵"或"犯"是非正义的，"伐"是正义
的，而"战"则是中性的。通过使用这些不同的"名"，孔子将道德
评价植入了对看似纯粹历史事件的描述中。孔子还升华了"君子"和
"小人"这些词汇。君子，原本为君主；小人，原本为普通百姓。但
是孔子把这两个表示社会地位的词转化成了道德用语，以君子表示道
德高尚的人，小人则反之。通过这样改变，孔子实际上发动了一场革
命：一个百姓如果是道德楷模，那他就像君主一样高贵；如果心胸狭
隘，唯私利是图，即便贵为君主也只是一个小人而已！

---

① 　大学之礼虽诏于天子无北面，所以尊师也。（《礼记·学记第十八》）

孟子相当好地理解和运用了这种手法。齐宣王问孟子："商汤放逐夏桀，武王讨伐殷纣，真有这样的事吗？"

孟子答道："史籍上有这样的记载。"

宣王说："作臣子的杀掉他的君王，这是可以的吗？"

孟子说："破坏仁爱的人叫作'贼'，破坏道义的人叫作'残'。残贼之人，叫作'独夫'。我只听说武王诛杀了独夫殷纣，没听说他以臣弑君。"①

通过用"独夫"替代"君王"，孟子赋予了诛杀暴君的革命行为以合法性。

荀子在《正名》篇里清楚地表示："现在圣明的帝王去世了，名称的管理松懈了，怪僻的词句产生了，名称和实际事物的对应关系混乱了，是非的轮廓不清楚。这样即使是掌管法度的官吏、讲述礼制的儒生，也都糊涂乱套了。如果再有王者出现，一定会对旧的名称有所沿用，并创制一些新的名称。这样的话，对于为什么要有名称、使事物的名称有同有异的根据，以及制定名称的关键等问题，就不能不搞清楚了。"②

保护名称的意义在今天也是非常重要的。试想一下，如果任何大学都以哈佛的名义开办课程，或者任何公司都用别人已经注册的商标包装自己的产品，将会怎样？一旦侵犯某一种商标，与之相关的产品

---

① 齐宣王问曰："汤放桀，武王伐纣，有诸？"孟子对曰："于传有之。"曰："臣弑其君，可乎？"曰："贼仁者谓之'贼'，贼义者谓之'残'。残贼之人谓之'一夫'。闻诛一夫纣矣，未闻弑君也。"（《孟子·梁惠王下》）

② 今圣王没，名守慢，奇辞起，名实乱，是非之形不明，则虽守法之吏，诵数之儒，亦皆乱也。若有王者起，必将有循于旧名，有作于新名。然则所为有名，与所缘以同异，与制名之枢要，不可不察也。（《荀子·正名第二十二》）

的名誉和可信度将受到损害。在政治领域，职务的名称往往是权力和职责的象征，混淆了头衔就会造成权力与责任的错乱。一个近年来最值得关注的所谓政治"正名"是民进党的例子。他们旨在全方位地用"台湾"替代"中华"。如"中华航空"换成"台湾航空"，"中华邮政"换成"台湾邮政"。这场运动背后的政治企图显而易见地就是推进"台独"。

　　"名"的运用与礼仪规则紧密相连，因为礼仪依赖于角色的定位。《左传》记载，卫国孙桓子率领军队攻打齐国，结果大败。新筑人仲叔于奚救了孙桓子一命，孙桓子想报答救命恩人，决定赏赐于奚几座食邑（就是封地，也叫采邑）。士大夫在食邑内享有统治权力和收取赋税的权力，连土地带人民都属于食邑主。没想到于奚婉言谢绝了。他提出来要在自己的马车上装饰"繁缨"——一种贵族身份的标志物。孙桓子一听不用花钱就能办事，马上就答应了。孔子听说这件事以后说："可惜，还不如多给他些城池作为奖赏呢。唯有名器是不可以随便借给别人的。这是君主的职权所在。名位可以产生威信，威信可以守护器物，器物可以体现礼乐等级，礼乐等级可以行使道义，道义可以产生利益，利益可以平定百姓，政治出自礼乐啊！给人名器就是给人政治权力。政治权力没了，国家也就跟着没了，没法阻止得了。"[1]

　　虽然今天的世界秩序已经远不如过去那样多地依赖于礼器，有些礼器仍然有着极大的社会政治价值。比如，一面国旗就绝不是普通的

---

[1]　惜也，不如多与之邑。惟器与名，不可以假人。君之所司也。名以出信，信以守器，器以藏礼，礼以行义，义以生利，利以平民，政之大节也。若以假人，与人政也。政亡，则国家从之。弗可止也。（《左传·成公二年》）

一块布。它是主权的象征，代表着一个国家的尊严和信誉。没有一个
国家会让别的国家或者个人全权使用它的国旗。一块珠宝，一旦成为
恋爱婚约的信物，也就成了礼器，对于拥有者而言，其价值已不再是
商场出售的价格所能代表的。如果我们广义地去理解礼器，那么许多
事物都有着礼制的意义。当孔子最喜爱的弟子颜回去世时，颜回的父
亲颜路请求孔子卖掉马车来替颜回置办外椁。孔子不同意，他说道：
"不管有才能或者没有才能，总归都是自己的儿子。我的儿子孔鲤死
的时候，也只有内棺，没有外椁。我没有卖了车子自己步行来替他买
椁。因为我跟随在大夫行列之后，是不可以步行的。"①这段话里，
车子显然是礼器。孔子不宜步行，否则是对他所代表的文化和他的身
份的不敬。同样，接待宾客时，选择旅馆和席位，也有礼的含义。将
一个尊贵的客人安排在一个不像样的旅馆，或者把他安排在比主人矮
一截的座位上，都是失礼的。在法庭上，法官的座位通常高于其他所
有人，"高高在上"，恰恰是因为这座位的高度代表着法官的权威。

批评家经常引用孔子关于名器的哀叹："觚不像个觚了，这还是
觚吗！这还是觚吗！"以此来说明孔子是多么僵硬地试图坚持旧等级
制度的保守派，连一个觚的形状都容不得半点改动。②的确，在儒家
传统里，发生争论时，通常会发生这样的情况：双方都会引用古代圣
人的做法或说法，来证明自己有理，并指责对方背离了古代延续下来

① 颜渊死，颜路请子之车以为之椁。子曰："才不才，亦各言其子也。鲤也死，有棺而无椁。
吾不徒行以为之椁。以吾从大夫之后，不可徒行也。"（11.8）
② 子曰："觚不觚，觚哉！觚哉！"（6.25）其实觚的上圆下方（其下部的四条棱）代表了天
圆地方的观念，改动了这个特征就象征着否认天与地的区别，由此而引申出去，则所有的区
别都将动摇。

的一贯做法，或者规矩。家庭里也是如此。当出现是非问题时，祖宗
之法常常是权威和判断的依据。传统或者旧习实际上成了价值的标
准。与儒家的不朽观联系起来看，保持传统与其说是因为传统本身的
正确性，还不如说更多的是一种孝。终止传统意味着终止了祖先的
"生命"。由于孝是"为仁之本"（1.2），因此违背传统其本身就被
认为是不道德的。

　　这种情况大致一直持续到19世纪。西方势力入侵中国，摆脱过去
的束缚才以挑战儒家传统、拥抱西方启蒙的形式出现。然而，教条地
泥古守旧其实更多地应当归因于后人对儒家的诠释，而非孔子本人。
孔子并没有简单地赞叹过去的一切和维护所有的旧秩序。他之所以选
择周代的人道主义文化及其礼仪传统，是因为周代文化传统在他看来
确实优秀。他本人革命性地升华了"君子"和"小人"这一对名词，
这一点堪比20世纪60年代美国的马丁·路德·金的反种族歧视行动。
他的"君君、臣臣、父父、子子"（12.11）观，要求名实（人）相
符，而不是无论谁当了君主都可以永远享受君主的"名"。用荀子的
话来说："即使是帝王公侯士大夫的子孙，如果不能顺从礼义，就应
当归入平民。即使是平民的子孙，如果积累了古代文献经典方面的知
识，端正了身心行为，能顺从礼义，就应当归入卿相士大夫。"[1]

　　显然，按照孔子的观点，光宗耀祖的最好方式是自己成为君子，
而不是死守住祖先做过的一切。

---

[1]　虽王公士大夫之子孙也，不能属于礼义，则归之庶人。虽庶人之子孙也，积文学，正身行，
　　能属于礼义，则归之卿相士大夫。（《荀子·王制第九》）

无须选择的自由

由于在中国历史的长河中，君主专制控制中国社会和政治的行为大量地是在儒家的名义下进行的，孔子因而被误认为是专制主义和家长作风的象征，他的观点被看成是反人身自由的。其中"礼"被批为"无形的绳索"，它不仅仅限制人的行为，还限制人的思想和情感！

其实，孔子不仅不反对自由，他的自由观还有助于我们更深入地理解什么是自由！

在他那段著名的自传性陈述里，孔子说他"到了七十岁，能随心所欲也不会越出规矩"[①]。这短短的一句话，好似一个压缩的计算机文件，里面包含着许多子文件，只有不断地点击打开它，我们才能充分地欣赏到里面的一切。

通常，我们把自由看成是一种无拘无束的状态，或有做出选择的能力，即20世纪自由主义代表人物艾塞亚·伯林（Isaiah Berlin）所谓的"消极自由"（"免于限制"意义上的自由）与"积极自由"（即"意志自由"或"自主"）。但是以上孔子那句话中所蕴含的自由却既不是没有约束的消极自由，也不是那种在各种可能的范围里做出抉择的积极自由。孔子的自由是一种经过修养而达到的"自如"境界。所谓"自如"是说经过修养，一个人知道行为的底线，而且这种底线已经内化成为他自身，所以不会有逾越它的冲动，甚至根本不会去想到要逾越它，所以他已经无须做出抉择。从这个角度来看，行为底线

---

① 七十而从心所欲，不逾矩。（2.4）

也就不再是一种约束，就像"请勿吸烟"的标识对一个不吸烟者的意义，或银行的监控摄像头对那些毫无打劫银行动机的人的意义一样。任何有起码良知的人都不用考虑和选择要不要踢孩子取乐。对大多数人来说，"不能踢孩子取乐"根本就不成为一种限制，因为他们压根儿就没有这种想法。以此推论，一个有良好修养的人，就是一个在绝大部分情况下都不用做出选择的人，因为他的品格已经决定了那些不良的选择根本就不会进入他的选择范围。（Kupperman，1999）

这种自由也不是"无偏向的自由"（对任何选项都没有倾向性）。所谓"无偏向的自由"在现实中是不可能的，因为我们不可能完全地摆脱所有的倾向。而且，即便有可能，它也不是值得追求的。一个对各种选项都没有倾向的人，无所适从，就像是一个下棋的新手，面对各种选项，不知如何去走，或者是像布里丹（Jean Buridan）的那头毛驴，饿死在两堆同样优质、同样距离的干草之间，因为它无法找到选取这一堆而不选另一堆干草的理由。①

当然，修养自如的自由不是生而有之、坐享天成的自由；它是需要通过长期修炼而获取的能力。它甚至也不仅是对各种选项都具备充分的知识，可以通过对这些知识的分析而得出最佳选择的能力，因为它是那种已经无须选择的状态或境界。它更像是功夫，需要人们通过修炼而将"发而皆中节"的本事内化成包括身体在内的整个的自身，而不仅仅是在大脑当中的思想和知识。儒家自由的基本功夫就是仁和礼。孔子说"知者不惑"，但这还不够，他还说"仁者不忧，勇者不

---

① 14世纪法国哲学家布里丹提出的一个设想：假如有一头完全理性的毛驴，身处于两堆一模一样的干草之间，这头驴会因为找不到先吃哪一堆干草的理由，而活活地饿死。

惧"。（9.29）这种不忧不惧也是自由的表现。

虽然孔子不认为人们应当屈服于外来的压力，他也不认为一个人可以理所当然地把自己当作自主的选择者来要求外部条件都服从自己的意愿。他说："督责自己严而督责别人宽，怨恨自然不会来了。"①孔子甚至将"仁"这一君子的主要品质部分地归结为"克己"，"为仁由己"。（12.1）不具备一定程度的修养，选项太多反而会危及自身。一个人当然可以自主地选择闭着眼睛走路，或者不遵守交通规则地驾车，但是，这样做真的能够使他自由行走或驾驶吗？难道这样做不会恰恰相反，使他受伤或毙命，以致让他再也无法行走或驾驶吗？通常，在一个人知道和理解什么对他才是真正有益以前，给他提供坏的选项，除了获得惨痛教训之外毫无益处。在达到修养自如以前，人们需要有规矩束缚。这些规矩是引导人们达到自如的必要条件。

在孔子看来，自由还是一种社会政治关系，而不仅仅是一个关乎个人功夫的问题。然而在这一点上，儒家也还是不同于现代西方启蒙主义的自由观。在孔子看来，有益于人类自由的良好社会政治环境，不是简单地让人自个儿为所欲为，相反，应是给他们提供社团支撑的环境。正如水是游泳的必需条件，只有通过调整身体在水里的运动，而不是藐视水的存在，才能增加在水里的自由度，调适好自己与他人的关系，也是在社会环境里获得个人自由度的唯一途径。比如，有朋友的人比没有朋友的人会得到更多的帮助，因而在这个意义下，他们活得更加自由。

---

① 躬自厚而薄责于人，则远怨矣。（15.15，亦参见 1.16、4.17、15.21 和20.1）

　　个人与他人如此休戚相关，以至于一个人的选择范围也取决于他与周围其他人的关系，并且会伴随着这种关系的变化而发生变化。我们可以通过两个故事的对比来说明这个道理。法国哲学家萨特讲到过他的一个学生来请求他解惑的故事。该学生渴望参军抗击纳粹，但他又必须照料遭受了丈夫变节和痛失长子双重打击的母亲，所以请求萨特指点自己该怎么办。萨特告诉他，除了他自己，没有任何人或者别的什么可以帮助他做出选择。道德理论帮不了他，因为他自己必须首先选择遵循何种理论并且在他的特定处境下怎样去诠释这种理论；直觉和情感也帮助不了他，因为正是他的决定和最终行为使他的直觉和情感获得价值，而不是相反；别人也帮不了他，因为在别人提出建议前，他已经先选择了去征求谁的意见，而在那种情形下，他已经或多或少地知道，他将得到什么样的建议。据此，萨特告诉学生："你是自由的。选择！也就是说，去创造！"通过这个例子，萨特试图揭示，一个自由的个体无法避免"孤独"，而孤独与痛苦和绝望影形不离。只有通过自我的抉择和创造，才是出路。

　　有趣的是，在中国也有一个家喻户晓的故事，与萨特的故事很相像，但其导致的结果却恰恰相反。我们前面已提到过的中国宋代抗金名将岳飞，也有过类似于萨特的学生那样的困境：他必须在率军抗击侵略者和在家照料年迈母亲之间进行选择。然而，最终的决定不是出自他自己的"创造"，而是来自他的母亲。她坚定地敦促儿子保卫国家，甚至在岳飞的背上刺下"精忠报国"四个大字。她的行为给岳飞解了围，因为鉴于母亲这一举动，如果岳飞还选择留在家里，他既不能卫国，也违背了母亲的意愿，也就不再是孝顺母亲的一种方式了。

　　这两个故事的不同，不在于岳飞比萨特的学生幸运一些，也不在于中国社会和法国社会有根本的区别。无论岳飞还是萨特的学生都不是孤立的个体。孔子会说,萨特对学生的答复实际上不是在简单地描述其学生的孤独和无助,而是它本身就是将学生推至孤独和无助境地的行为。在以上两个故事里,萨特的学生和岳飞的选择范围实际上都受到了他人的影响:岳飞的困境消散在母亲的支持下,萨特学生的困境则由于萨特实质上的拒绝帮助而变得更加艰难。

从这个角度,也可以看到为什么儒家非常重视择邻和择友,因为选择一个生活环境和选择朋友,都会对人的自由及其修养产生影响。孔子说:"住的地方,要有仁德才好。"①同样,孔子还告诫人们:"不要结交不如自己的朋友。"②从一个人交往的圈子,我们就可以了解这个人的许多特征。如果你长时间和某个人在一起,这个人就会影响你的行为方式,这种影响甚至可以细微到举手投足的特征,甚至是口音!"孟母三迁"的故事,就是讲孟子的母亲为选择良好的环境教育孩子,多次迁居。孔子的"结友"之道,也是选择环境,即通过选择优于自己的人为友,以增加升华自己的机会。不过这个观点不能引申为人们不应当接受一个不如自己的人为友。如果这样的话,会导向一个矛盾的结论,那就是没有人会与那些不如自己的人为友,结果是只有完全同样好的人才能成为朋友。这个观点应当是指,人们不应当刻意去找不如自己的人为友。

---

① 里仁为美。(4.1)
② 无友不如己者。(1.8,亦见 9.25)

正直和公正

《圣经》旧约主张"以眼还眼，以牙还牙"，耶稣基督主张有人打你的左脸，把右脸也伸过去让他打。孔子和这两者都不同，他主张以"直"对恶。直，作为名词，即正直、直率；作为动词，就是矫正、改正、扶植的意思。有人问孔子道："拿恩惠来回答怨恨，怎么样？"孔子说："那你拿什么来酬答恩惠呢？拿正直来回答怨恨，拿恩惠来酬答恩惠。"①鲁哀公问，"怎样才能使百姓服从？"孔子答道："把正直的人提拔起来，放在邪曲的人之上，百姓就服从了；若是把邪曲的人提拔起来，放在正直的人之上，百姓就会不服从。"②这种积极地帮助失误者纠正错误的态度，给我们提供了发人深思的另一条纠错之路，它既跳出了报复这一极端，又跳出了"爱你的敌人"从而助纣为虐的另一个极端。

虽然儒家的"直"与"正义"的概念接近，但不能直接将两者等同起来。事实上，孔子对"直"的解释引发了对他缺乏公正观念的批评。在一次会话中，叶公告诉孔子道："我们乡党有个正直的人，他父亲偷了羊，他告发了父亲。"孔子说："我们乡党的正直的人不是这样。父亲替儿子隐瞒，儿子替父亲隐瞒，正直就在这中间了。"③

---

① 或曰："以德报怨，何如？"子曰："何以报德？以直报怨，以德报德。"（14.34）

② 哀公问曰："何为则民服？"孔子对曰："举直错诸枉，则民服；举枉错诸直，则民不服。"（2.19）

③ 叶公语孔子曰："吾党有直躬者，其父攘羊，而子证之。"孔子曰："吾党之直者异于是：父为子隐，子为父隐——直在其中矣。"（13.18）

围绕着孔子的这个观点，近年来有一场热烈的争辩。①在这个对话里，毫无疑问，孔子是赞成父子相互隐瞒过失的。但这真的意味着孔子没有正义观念吗？真的如他的批评者所说，孔子将血缘亲情当作最高原则，超越包括社会公正在内的其他一切？

也许有人会说，西方国家也普遍地认为，面对指控，人们有权保持沉默，或拒绝提供不利于自己家族成员利益的证据。这有点像是承认"互隐"的合理性。然而西方的这种惯例是建立在尊重个人权利以及公众与私人的严格区分之上的，而儒家主张的父子相隐，其动机是为了维持孝道，因为孝乃"为仁之本"（1.2）。当问及墨子无等差的兼爱为什么不能看作是仁时，明代儒家王阳明也以树与根的关系来加以说明：

> 譬之木，其始抽芽便是木之生意发端处。抽芽然后发干，发干然后生枝生叶，然后是生生不息。若无芽何以有干有枝叶？能抽芽必是下面有个根在。有根方生，无根便死。无根何从抽芽？父子兄弟之爱，便是人心生意发端处，如木之抽芽。自此而仁民而爱物，便是发干生枝生叶。墨氏兼爱无差等，将自家父子兄弟与途人一般看，便自没了发端处。不抽芽便知得他无根，便不是生生不息。②

这里王阳明没有说墨子兼爱的目标本身是错误的。他只是说，这

---

① 参见郭齐勇主编：《儒家伦理争鸣集——以"亲亲互隐"为中心》，湖北教育出版社2004年版。

② 《王阳明全集》，红旗出版社1996年版，第27页。

种学说会使爱失去成长的根基。儒家的孝就是仁或者整个扩展了的爱的根芽。既然社会是一个大家庭，孝就是社会正义之源，而不是社会正义之敌。如果一个人在家孝顺父母，敬爱兄长，很难想象这样的人会在社会上欺善作恶，搅乱社会秩序。[1]

的确，探究"直"的同音词，我们会发现有"植""埴""殖""植""置"等等。这一组词都与立基、生根乃至潜能的意思有密切关系。这种观察提供了一种启示：孔子提出的父子互隐观点，也是将孝作为扎根、奠基，使潜能可以得到成长的一种方法。[2]

换句话说，孝在儒家思想体系中的重要地位，是在于它对于培育人的实践和构建公共环境的实践，具有奠基的意义，而不是作为普遍的道德原理和行为规范，凌驾于所有其他的原理和规范之上，或者说是用家庭亲情去取代普遍的正义和诚实原则。它展现的是儒家以牺牲某些"枝节"为代价去保护人性之"根"的实践智慧。在这里"非此即彼"的逻辑是不适用的，因为儒家不是在扶持一方拒斥另一方。在父亲偷羊儿子应当怎么办的问题上，其两难困境的双方不是相冲突的普遍原理，而是什么具体行为才能导致理想结果的实际问题。为了长久地巩固一个目标而暂时地牺牲眼前的同一目标，和简单的舍此取彼有很大的不同。如果把问题看作是两种道德原则的选择，那么孔子认可父子相隐，是有违公正的；但如果把它看作尽可能地扩展仁爱的方法，那就是为了护根而牺牲枝节而已。

隐瞒直系亲属过失的做法，自汉代以来，被中国的统治者所接受

---

[1]   其为人也孝弟，而好犯上者，鲜矣。（1.2）

[2]   这个观点是我在夏威夷大学任教时班上的一个研究生 Eric Colwell 提出来的。

并成为中国封建社会的法律基础。但是，孔子的追随者也清楚运用此法的局限性。如唐代的《永徽律》规定，举报自己的父母或祖父母的罪行者，处以绞刑。但如果举报的是叛国罪和阴谋推翻朝廷罪，则当作例外。[①]显然，以危及整棵大树为代价去保护树根的每一个根须的做法是不明智的。

这个方法的另一例外是，当家庭成员同时又是政府官员时，角色的两重性或许要求在不同的角色里采取不同的行为。《左传》的一个故事很好地说明了这点。在春秋时候，晋国的邢侯与雍子争夺都（读 chù）邑地方的一处田地，争讼久久没有解决。主管司法审判的景伯出使楚国去了，由叔鱼代理。国卿韩宣子就命令叔鱼来审理这件旧案。本来查明罪在雍子一方，但是雍子把女儿送给叔鱼行贿；于是叔鱼判决邢侯败诉。邢侯一怒之下，在公堂上把叔鱼与雍子杀死。韩宣子问叔鱼的哥哥、同时也是大夫的叔向，这事该怎么处理。叔向回答说："三个人都有罪。可以对活者判处死刑，对死者陈尸示众。理由是：雍子自知其罪，而以女色行贿买通得到胜诉；叔鱼徇私受贿；邢侯擅自杀人，他们一样都各有其罪。"叔向进一步提出这个理由的根据，说："自己厌恶别人夺取，而夺取别人的好东西为己有，叫昏；贪污受贿、败坏官纪，叫墨；随意杀人、毫无忌惮，叫贼。《夏书》里说'昏、墨、贼，杀'，这是皋陶定下的法律，请依此法办理。"于是对邢侯执行死刑，而把雍子与叔鱼陈尸示众。

孔子对叔向这个判决有一段评论，他说："叔向具有古代遗留下来的公平正直的品德。依法治国，不隐忍自己亲人的罪恶……他虽然

---

① 曹漫之编：《唐律疏议译注》，吉林人民出版社1989年版，第793页。

通过杀亲而抬高了自己的地位，但这难道不是符合义的吗？"①

　　这个故事与先前的子为父隐的例子相比，看上去孔子的立场截然相反，但是需要注意的是：前一个例子里，偷羊只是轻微的行为不端，且儿子仅仅就是一个儿子的角色，他没有社会责任去举报父亲；而在后一个例子里，叔向虽然是叔鱼的哥哥，但他是作为一个政府官员，在对公共司法问题表态。所以这个例子应当看作是对孔子就"互隐"问题的态度的补充。虽然很难在同一个人身上分清他不同的角色，但这些例子至少很清楚地表明：责任是与社会角色紧密相连的，而不仅仅是抽象的原则。

　　关于责任和个人权利这两者，孔子显然是侧重前者，认为一个人的权利是建立在他的责任之上的。据《荀子》记载，孔子做鲁国司寇的时候，有父子之间打官司，孔子拘留了儿子，三个月了也不加判决。当父亲请求停止诉讼时，孔子就把他的儿子释放了。季桓子听说了这件事，很不高兴，说："这位老先生欺骗我嘛。他曾告诉我说治理国家一定要用孝道。现在只要杀掉一个人就可以使不孝之子感到羞辱，他却又把他放了。"冉求把这些话告诉了孔子。孔子感慨地叹息说："哎呀！如果君主有失误，而你把臣下杀了，那行吗？不先教育民众，出了问题就判决他们，这是在滥杀无辜啊……不进行教育却要求成功，这是暴虐啊。"②君主或父母的权力也首先要建立在他们的

---

① 叔向，古之遗直也。治国制刑，不隐于亲……杀亲益荣，犹义也乎。（《左传·昭公十四年》）

② 孔子为鲁司寇，有父子讼者，孔子拘之，三月不别。其父请止，孔子舍之。季孙闻之不说，曰："是老也欺予，语予曰：'为国必以孝。'今杀一人以戮不孝，又舍之。"冉子以告。孔子慨然叹曰："呜呼！上失之，下杀之，其可乎？不教其民而听其狱，杀不辜也……不教而责成功，虐也。"（《荀子·宥坐第二十八》）

责任之上。没有尽教育人民或者子女的责任，也就没有责罚人民或子女的权力。

正直是通过一个人的行为举止所体现的一种品性，它是需要培养和掌握的艺术，而不是靠理性公式获得、死记死用的原理。有时候单纯的正直会导致失礼并带来严重的后果。在这种情形下，正直就需要伴有对特殊情况的灵敏性和创造性。下面这个故事就体现了这种灵活性。

卫灵公的夫人南子品行不端，与诸多男人有染，包括卫灵公的兄弟。太子蒯聩仇视南子，欲加害于她而未遂，逃到晋国。卫灵公死后，国人推立蒯聩的儿子蒯辄为国君，即卫出公。蒯聩知道儿子被立为国君，于是借晋国兵力，在卫国的边境屯兵准备攻打卫国，以期夺回国君之位，卫出公率兵拒之。面对父子相残这一情景，孔子的学生很好奇孔子究竟支持哪一方。但由于他们在卫国做客，不便直接讨论卫国的国政，深谙谈话技巧的子贡便迂回地问孔子："伯夷、叔齐是什么样的人？"

孔子道："是古代的贤人。"

子贡道："他们两人互相推让，都不肯做孤竹国的国君，结果都跑到国外，是不是后来又怨悔呢？"

孔子道："他们求仁德，便得到了仁德，又怨悔什么呢？"

子贡走出来，对冉有说："老师不赞成卫君蒯辄（儿子）。"[①]

在这段对话里，没有一字提到卫国，但是对话双方都知道他们是

①　冉有曰："夫子为卫君乎？"子贡曰："诺，吾将问之。"入，曰："伯夷、叔齐何人也？"曰："古之贤人也。"曰："怨乎？"曰："求仁而得仁，又何怨？"出，曰："夫子不为也。"（7.15）

在评论什么——伯夷和叔齐是孤竹国国君的儿子，当他们的父亲去世以后，没有一个人愿意剥夺对方继承王位的权利。通过引用这个例子，孔子暗中谴责儿子为争夺王位而与生父相残的行为。

　　在这个故事里，子贡和孔子都是诚实正直的，也就是说，他们没有试图回避这个问题，不表示自己的态度。但他们也都意识到问题的敏感性，因而设法采取了能避免不利后果的委婉方式，同时又保持了自己的正直。对西方人而言，这种间接的方式看上去与正直恰恰相反，因为在他们通常的理解里，正直就是敢吐真言，秉笔直书，有话直说。美国传教士亚瑟·史密斯（Arthur Smith，中文名字明恩溥，1845—1932）的《中国人的特性》（*Chinese Characteristics*）一书里，用一整章的篇幅嘲笑中国人喜欢"拐弯抹角"，是"不坦率的天才"。而在孔子看来，没有随机应变的灵活性和创造性的正直是缺乏文明和无能的体现。正如法国汉学家于连（François Jullien）所指出的，明恩溥不能欣赏中国人含蓄才能的根源，在于他不了解这样一个事实：中国人运用语言时，他们更关注的是这个话要解决的实际问题，而不仅仅是描述真理。他们是在用语言调动能量、调整关系，有所谓"春秋笔法"。总之，是用语言在做事。（Jullien，1995）比如，在批评一个人的时候，间接地引用历史典故和诗歌能够让批评更容易被接受，因而更加有效。这就是为什么孔子认为，一个优秀的政治家必须熟谙历史和诗歌，因为历史和诗歌不直接地表达现实，也唯其如此，它们通常又能最理想地表达影响现实的重要信息。

第五章

作为教育家的孔子

在中国，孔子被冠以"至圣先师"的头衔，他的生日（9月28日），在民国时期曾被定为教师节。可以说是从孔子开始，并通过他的追随者的努力，教育才在中国得到高度重视。具有讽刺意义的是，尽管孔子被尊为中国的"至圣先师"，但他的一些基本教育理念却被忽视，他的学说被断章取义，变成了掌控年轻人头脑的工具。在20世纪初期，"儒学"变成了脱离实际的迂腐学问的代名词，而"孔夫子"一词也成了"书呆子"的同义词。这种形象在很大程度上应当归咎于后来追随者偏执于字面上的死记硬背，尤其是科举制度偏重于考查考生的儒学经典知识。其实孔子本身的教育方法与后来形成的儒家教育的概念相去甚远。近年来，中国在世界各地建起了数百所孔子学院，这标志着一个重新评价这位教育先师的时代的来临。

作为一名教师，孔子对他的学生的影响肯定是非常深远的。那种来自学生的赞美和崇拜，只有世界上很少的几位伟大的精神领袖，如耶稣基督和释迦牟尼才能与之相比。这一点在他的学生子贡谈及老师的言论中得到了充分的体现。一次一个叫叔孙武叔的人在朝廷上对大臣说，子贡比孔子还优秀。子贡一听立即回答道："拿房屋的围墙做比喻吧：我家的围墙只有肩膀那么高，谁都可以看到房屋的美好；我老师家的围墙却有几丈高，找不到大门走进去，就看不到他那宗庙的雄伟、房舍的多种多样。能够找着大门的人或许不多吧。那么，武叔他老人家的这话，不也是自然的吗？"①

另一次，孔子的另一个弟子对子贡道："您是客气罢了，难道孔子真比您还强吗？"子贡说道：

> 君子一句话可以表现出他的有知，也可以表现出他的无知，所以说话不可不慎重。老师的高不可及，犹如青天是无法靠阶梯爬上去一样。老师如果成为诸侯或者卿大夫来管理国家，那就会像人们所说的那样：教百姓立于社会，百姓就能立于社会；引导百姓，百姓就会跟着走；安抚百姓，百姓就会来归顺；动员百姓，百姓就会同心协力。他活着大家都尊敬他，他死了大家都会哀痛。我们怎么可能赶得上呢？②

孔子死后，弟子们结庐守墓为他服丧三年。三年结束，弟子们抱头痛哭，洒泪而别。子贡一个人留在墓前，又服丧了三年。这简直令人难以置信。这些男儿在年华正茂、事业待兴的时期，会花三年乃至更多的时间，不干别的，为了一个不是自己的双亲、不是神，甚至不是一个很有社会地位的人，就像一个活的陪葬品那样守墓！但是正如

---

① 叔孙武叔语大夫于朝曰："子贡贤于仲尼。"子服景伯以告子贡。子贡曰："譬之宫墙，赐之墙也及肩，窥见室家之好。夫子之墙数仞，不得其门而入，不见宗庙之美，百官之富。得其门者或寡矣。夫子之云，不亦宜乎？"（19.23）

② 陈子禽谓子贡曰："子为恭也，仲尼岂贤于子乎？"子贡曰："君子一言以为知，一言以为不知，言不可不慎也。夫子之不可及也，犹天之不可阶而升也。夫子之得邦家者，所谓立之斯立，道之斯行，绥之斯来，动之斯和。其生也荣，其死也哀，如之何其可及也？"（19.25）

顾立雅所注意到的那样，孔子死后，大部分弟子突然在《左传》的历史记载中消失了多年。这一事实，也说明这个奇迹确实发生过！（Creel，1949）

是什么样的教育，使孔子的弟子对他有如此高的敬仰？

孔子的人文教育

在孔子以前，中国的教育主要通过个人辅导。学生通常是期望通过学习而走上仕途的贵族子弟。既然这种教育主要是为社会和政治权利服务而设，教师通常也就是那些官吏。在此之外，只有很少的如射箭学校或者培训各种手艺的学校。

孔子所提供的教育完全不同于以往。作为一个独立自主的教师，他的学生来自社会各个阶层，而不只是贵族家庭。他的教育目的依然是提供实践的指导，但却是和单纯教授某种技艺完全不同意义上的指导。孔子教育的宗旨是育人，即帮助一个人转化成一个有文化教养的人，从而可以有美好的人生，并能成为改善社会的有用之才。

孔子教育原则里最重要的一点，就是"有教无类"（15.39）。这种教育理念的革命性在他那个时代尤为非凡。直到今天，世界上仍然存在种族歧视。20世纪对犹太人的灭绝性屠杀就是由欧洲某个发达国家发起的，时间也就是在仅仅几十年前。马丁·路德·金因为反种族歧视而获诺贝尔和平奖，而最终因同样的原因在美国遇刺身亡。

　　孔子非常出色地贯彻了他的有教无类的原则。他所教的学生形色各异。在他的弟子中，有出身贵族的，如鲁国三桓家族的成员孟懿子和来自宋国的贵族司马牛，也有来自社会最底层的"贱民"，如冉雍和子张；有成功的商人如子贡，也有一生贫困的颜回和颜路父子；有来自北方的，如魏国的子夏和陈国的子张，也有来自南方的，如吴国的子游。他的弟子的年龄差距也很大：有比孔子小50多岁的叔仲会和公孙龙①，也有年龄与孔子仅差4岁的秦商和仅比孔子小9岁的子路。有的弟子平时一直在孔子身边，其中有些人跟随了他一辈子，如颜回和冉伯牛；也有的弟子时来时去，边学习边工作谋生，或工作学习交替进行，如子夏、子游、子贡和冉求。还有的人不能算是孔子的弟子，但是当他们碰到问题的时候，会来请教。这些人当中，有诸侯、各级官员，也有"鄙夫"。据说有一次南郭惠子问子贡道："夫子之门，何其杂也？"子贡答道："君子正自身以待来者。要来的人他不拒绝，要走的人他也不阻止。而且，犹如好的医生门前多病人、整形器的旁边多弯木一样，这就是孔子门徒形形色色的原因。"②

　　孔子因人施教，是根据他们各自需要指点帮助的情况而定，而不是因为他们的社会地位不同。他对司马牛很客气，因为司马牛有着不幸的人生，但他从不因为他是贵族出身而给他特别的待遇。孔子欣赏子贡的聪明才智，并推荐他到季氏府上任职，但夫子从不因为子贡在生意场上的成就而停止打磨他的傲气。（14.29）因为冉求帮季氏募集苛税，孔子甚至公开与他断绝师徒关系，尽管当时冉求的社会地位很

---

① 这个公孙龙与那个以"白马非马"命题著称的公孙龙不是同一个人。

② 君子正身以俟，欲来者不距，欲去者不止。且夫良医之门多病人，隐栝之侧多枉木，是以杂也。（《荀子·法行第三十》）

高。孔子最钟爱的弟子是颜回，他却是所有学生中最穷、最没有社会地位的。

孔子的教育目的不是培养某种谋生技能。当樊迟向他请教如何种庄稼时，夫子说"农夫会教得更好"；樊迟又请教如何种蔬菜，他说"菜农会教得更好"。①这段话常被用来批评孔子，说他轻视生产实践知识。其实，孔子提供的是人文教育，而不是单一的职业培训。这种人文教育的目的是教化人，试图让受教育者全面发展，成为君子，懂得如何去生活，并为社会、为弘道做出贡献。致力于生产技能当然有其自身的价值，但成为一个全面完善的人是更为基本的教育。

对孔子而言，"士"不仅是一种社会身份，而且更重要的是"士"代表了一种基本的文明素质。一个士应当追求道而不是追求物质享受（4.9，8.7，14.2），为人有羞耻之心，出使外国能完成君主的使命，宗族中的人称赞他孝顺父母，乡里的人称赞他尊敬长者。（13.20）他们互相之间切磋勉励，又能和睦相处。（13.28）孔子对"士"的解释，基本上都是关于文明道德素质的。在这个意义上，也可以说是孔子对"士"的概念进行了一个类似于他对"君子""小人"概念所作的"正名"，将其从主要是表述社会地位的概念变成了一个主要表述道德素质的概念。

如果说能够成为一个合格的士是教育的初级目标的话，那么教育的更高一级的目标是成为君子。君子不像器皿一般，只有一定的用途。②农夫、商人、工匠、政客、逻辑学家等，在他们各自的专业领

---

① 樊迟请学稼，子曰："吾不如老农。"请学为圃。曰："吾不如老圃。"（13.4）
② 君子不器。（2.12）

域里都有一技之长，但一个人首先应该成为君子。与小人相对，君子为义所喻，小人为利所动。①孔子说："君子谋求的是道，不谋求衣食。耕田，也常要饿肚子；学习，可以得到俸禄。君子只担心得不到道，不担心贫穷。"②这不是说谋生不重要，也不是说孔子不想消除贫穷，而是说，成为君子并且能够弘道是一个人的首要任务，而且成为君子，也是一条最终消除贫穷之道。

君子最重要的品质无疑是"仁"。孔子说："君子如果抛弃了仁德，又怎能叫作君子呢？君子没有一餐饭的时间可背离仁德，就是在仓促匆忙的时候也一定与仁德同在，就是在颠沛流离的时候也一定与仁德同在。"③同时，君子还要用礼来打磨自己。仁是内在的质，礼是外在的文。文和质配合适当，才是个君子。④具有了这些基本品质，君子便能心胸坦荡，安详舒泰而不骄傲，不像小人那样经常局促忧愁，骄傲而不安详舒泰。⑤君子内省，问心无愧，所以无忧无惧。⑥他们希望把自己修养到这样一个优雅的程度：内心的感动能体现在容貌上，这样就可以避免别人的粗暴和懈怠；端正自己的脸色，就近于诚信；说话的时候运用恰当的言辞和语气，就可以避免粗野和悖理。⑦君子追求不同意见的协调而不是完全的同一，小人追求意见

---

① 君子喻于义，小人喻于利。（4.16）

② 君子谋道不谋食。耕者，馁在其中矣；学也，禄在其中矣。君子忧道不忧贫。（15.32）

③ 君子去仁，恶乎成名？君子无终食之间违仁，造次必于是，颠沛必于是。（4.5）

④ 文质彬彬，然后君子。（6.18）

⑤ 君子坦荡荡，小人长戚戚。（7.37）君子泰而不骄，小人骄而不泰。（13.26）

⑥ 内省不疚，夫何忧何惧？（12.4）

⑦ 君子所贵乎道者三：动容貌，斯远暴慢矣；正颜色，斯近信矣；出辞气，斯远鄙倍矣。（8.4）

的完全同一而不是协调。①君子庄矜而不争执，合群而不闹宗派。②君子宽以待人，严于律己，对别人不求全责备。③君子不因为人家一句话说得好便提拔他，也不因为他是坏人而鄙弃他的正确的言论。④君子犯了错误，不惧怕承认并自我改正，好像日月食一样——君子有过失，大家都看得见；他改过了，也是大家都看得见。⑤君子好学，爱惜名声，重实际行动而轻空洞的言论。⑥君子即便不被人家所了解，也不怨恨。⑦

君子也有厌恶痛恨的事情：厌恶传播别人坏处的人，厌恶身居下位而毁谤在上者的人，厌恶勇敢却不懂礼节的人，厌恶果敢而不通事理的人。⑧君子所厌恶的这些都是小人的品质。一次颜回问什么是小人，孔子答道，小人"诋毁别人的优点而以为自己能言善辩，狡诈欺骗而以为自己足智多谋，别人犯了错误就幸灾乐祸，自己不屑于用功学习却喜欢取笑别人不行"⑨。"君子因自己的不足而看到别人值得

---

① 君子和而不同，小人同而不和。（13.23）

② 君子矜而不争，群而不党。（15.22）

③ 躬自厚而薄责于人，则远怨矣。（15.15）君子求诸己，小人求诸人。（15.21）无求备于一人。（18.10）

④ 君子不以言举人，不以人废言。（15.23）

⑤ 过，则勿惮改。（1.8）子贡曰："君子之过也，如日月之食焉：过也，人皆见之；更也，人皆仰之。"（19.21）

⑥ 子贡问君子。子曰："先行其言而后从之。"（2.13）君子食无求饱，居无求安，敏于事而慎于言，就有道而正焉，可谓好学也已。（1.14）君子疾没世而名不称焉。（15.20）

⑦ 不患无位，患所以立。不患莫己知，求为可知也。（4.14）不患人之不己知，患不知人也。（1.16）

⑧ 君子"恶称人之恶者，恶居下流而讪上者，恶勇而无礼者，恶果敢而窒者"。（17.24）

⑨ 毁人之善以为辨，狡吁怀诈以为智，幸人之过，耻学而羞不能。（《孔子家语》，上海古籍出版社1990年版）

敬畏；小人因自己的不足而对别人不信任。所以君子使别人的长处得到发挥，而小人却靠压制别人的长处来取胜。"①

君子与小人的不同会导致他们对自身的经历体验有非常不同的判断。据说孔子的侄儿孔篾和他的弟子宓子贱在同一个地方当官。一次孔子路经该地见到孔篾，问他："自从你在这里任职以来，有些什么收获？失去了些什么？"

孔篾答道："没有任何收获，但却失去了三样东西：公务接连不断，没时间复习所学的东西，所以所学的东西没法弄明白了；俸禄太低，没法周济亲戚，所以骨肉都疏远了；公事大多很急迫，没法抽空去吊唁死者和问候病者，因此朋友也离散了。"

孔子听了后很不高兴。又路过宓子贱那里，问了宓子贱同样的问题。

宓子贱答道："自从我在这里任职以来，没有什么损失，但有三样收获。以前在书本上读到的，现在能够用上了，所以学到的道理更加明了了；我得到的俸禄，可以使我亲戚都能受益，所以骨肉更加亲密了；虽然身有公事，但在办公事的时候可以顺便吊唁死者、问候病者，所以朋友交情也更深了。"

孔子叹息道："这才是君子呀！鲁国如果没有君子，子贱怎么能

---

① 君子以其所不能畏人，小人以其所不能不信人，故君子长人之才，小人抑人而取胜焉。
（《孔子家语》，上海古籍出版社1990年版）

学到这些！" ①

人人都应当努力成为君子，但学习的最高境界是成为圣人。孔子
自谦地说自己不敢自认为是圣人②，并遗憾他没有亲自见到过一个圣
人③。看来，孔子把圣人看成是极少数的人格高度完美的人，如过去
的尧、舜、禹、文王和周公。这些人是孔子所继承的文化的奠基者。
孟子及后来的儒家弟子把孔子尊为圣人，认为他集古代圣人所有的美
德于一身，是"圣集大成"者。

每一个圣人都有自己独特的人格魅力。那么总的来说什么是圣人
超乎君子的基本品质呢？第一，如孟子所刻画的，圣人是"大而化
之"（《孟子·尽心下》）。能够光大仁德，能够感化世人世风，能
够弘道，这是君子应当努力去达到的。第二，如子夏所说："有始有
终的，大概只有圣人罢！"④圣人的坚韧不拔看上去和小人的无所不
用其极有点相像，但圣人的坚韧是坚持自我修养和持之以恒地施行仁
义，而不是为了一己之利的无所不用其极。而且圣人的坚韧恰恰是通
过灵活性和对他人的关怀体现的。最后，圣人能够做到"从心所欲，

---

① 孔子兄子有孔篾者，与宓子贱偕仕。孔子往过孔篾，而问之曰："自汝之仕，何得何亡？"
对曰："未有所得，而所亡者三，王事若龙，学焉得习，是学不得明也；俸禄少饘粥，不及
亲戚，是以骨肉益疏也；公事多急，不得吊死问疾，是朋友之道阙也。其所亡者三，即谓
此也。"孔子不悦，往过子贱，问如孔篾。对曰："自来仕者无所亡，其有所得者三，始
诵之，今得而行之，是学益明也；俸禄所供，被及亲戚，是骨肉益亲也；虽有公事，而兼以
吊死问疾，是朋友笃也。"孔子嘻然，谓子贱曰："君子哉若人。鲁无君子者，则子贱焉取
此。"（《孔子家语》，上海古籍出版社1990年版）

② 子曰："若圣与仁，则吾岂敢？抑为之不厌，诲人不倦，则可谓云尔已矣。"公西华曰：
"正唯弟子不能学也。"（7.34）

③ 圣人，吾不得而见之矣；得见君子者，斯可矣。（7.26）

④ 有始有卒者，其惟圣人乎！（19.12）

不逾矩"（2.4）。圣人能知道平凡生活的意义，无论是日常生活还是重大事件，都能始终从容而恰当地应对（我们前面说过，其实在日常生活的琐事中能始终恰当应对，比偶尔在重大事件上做出正确的抉择更加不易）。

　　从立志成为士到君子乃至圣人，孔子教育的目的就是转化人，并最终达到弘道的目的。夫子说："古代人学习是为了充实提高自己，现在的人学习是为了给别人看。"①这段话很清楚地表明，儒家学问不仅仅是教育人们无私，也是从根本上让学习者自己受益。其"为己"与"弘道"是一致的。据说，一次鲁哀公问孔子："我听说有人健忘到如此程度，他搬家的时候居然忘记把妻子带过去了，真有这样的人吗？"孔子说："这还不算最健忘的，还有连自身都忘了的呢！"鲁哀公惊讶地说："能说来听听吗？"孔子说："譬如夏桀，贵为天子，富有四海，却忘了他的圣祖之道，破坏了其典法，废除了一年一度的祭祀，荒于淫乐，沉湎于酒。那些谗臣酷吏，拍马奉承，怂恿他做更多的坏事；忠诚正直的人，为躲避灾祸而缄口不言，甚至不得不逃亡。结果，天下人造反，诛杀了桀，把他的国家也夺走了。这才是最健忘的呢！"②

　　当代欧洲哲学家德里达（Jacques Derrida）在法语的"différer"这个词的基础上创造了"延异（différance）"这个概念。"延"指延缓，"异"指差异。德里达用它来表示语言无法孤立地准确指明其所要表达的意义。只有在与其他概念的比较而显示出差异的过程中，一

---

① 古之学者为己，今之学者为人。（14.24）
② 《孔子家语》，上海古籍出版社1990年版。

个词才能完成自身的意义。把这个概念套用在儒家关于人的理论上，我们可以说在儒家看来，一个人不同于他人，但他自身的实现却依赖于与自己相关的他人。因此，为了实现自身，必须同时实现他人。只有在实现他人的过程中，一个人才能得到真正地实现自己。这确实颇像马克思"无产阶级只有解放全人类，才能最终解放自己"的观点。

虽然成为圣人是一个崇高的理想，但孟子和荀子都说，人皆可为尧舜。塑造培养为圣人的过程，应当从出生到死，是一辈子的事情，永无止境。

六艺

关于孔子办学所教授的科目，有两种不同的说法。一说孔子所教授的科目由礼、乐、射、御、书、数这"六艺"构成，另一种说法是由《礼记》《乐经》《诗经》《书经》《易经》《春秋》这"六经"构成。由于这两种说法在《论语》里都没有提到过，我们有理由相信这是后来者的概括，为的是让孔子的课程看上去成一体系。不管怎样，这两种说法，至少为我们提供了孔子教育内容的大致脉络。

今天来看这些教育科目，人们印象最为深刻的大概要数礼和乐了。在今天的教育里，礼几乎没有一席之地。它常常被看作是一种表面的、无关紧要的仪式。乐倒是还被看作一种作为艺术的基础教育，但也常常被理解为只是一种娱乐形式罢了。但是，对于孔子来说，礼和乐无论是对于个人修养还是对于社会和谐都是至关重要的。孔子说："礼呀礼呀，仅是指玉帛等礼器吗？乐呀乐呀，仅是指钟鼓等乐器吗？"[1]每个人就像一块原料一样，需要先开料，再糙锉，细刻，然后磨光。[2]而礼和乐就是切锉打磨的两种方式。

礼的践行能使人得到教化并在社会上立足。[3]对绝大多数的人来说，他们幼年的基本道德教育不是从诸如康德的绝对命令或功利主义的计算那样的抽象道德理论那里得来的；人们的道德观几乎都是从学习基本礼节开始。一个孩子收到一件礼物，父母就会教他："快说谢谢！"一个孩子伤害到了另一个孩子，父母就会教他："快说声对不起！"这样的实践很自然地使一个人变得知道感恩和顾及他人的痛苦。通过学习用礼的过程，人们不仅知道了怎么去表达仁爱，而且同时也成了更加仁爱的人。

通过学会基本的坐、立、行、食的礼节，到能够在较为复杂的人际关系和礼仪场景里举止得体，一个人会变得很有风度。他的举止方式会显得自然而优雅，既有审美的愉悦，又有道德的感召力。正如库普曼所指出的，西方主流的伦理学理论长时期来忽略了"风度"（style）这一重要的伦理元素，直到尼采重新将它带回到了人们的视野当中。（Kupperman，1999）哪怕一个人做出的所有决定都符合道德，如果他的决定仅仅是出于外部的道德律令，而不是来自内在修养，这个人的人生就仍然是可悲的。风度不仅仅是一种判断。拿打篮球为例，如果没有经过良好的培训和经常的练习，光有头脑里的篮球

---

① 礼云礼云，玉帛云乎哉？乐云乐云，钟鼓云乎哉？（17.11）
② 诗云："如切如磋，如琢如磨。"（1.15）
③ 兴于诗，立于礼，成于乐。（8.8）

知识是不可能成为一个优秀篮球手的。同样，仅仅知道应该善待他人并不意味着就知道怎样善待他人。唯有认识到这一点，我们才能理解为什么《论语》花了许多章节来给我们详细地描述孔子是如何待客、着衣、吃饭、行坐的。礼仪行为中蕴含的微妙和复杂，显然是无法用任何抽象原理来表达的。

如果说礼是用来规范行为和协调身体习惯的话，那么乐就可以促进人的内心和人际间的和谐。（《礼记》第十九章）汉语中的"乐"有两层意思：当读成yuè时，它代表音乐、舞蹈、歌曲，甚至绘画、雕塑、建筑等①，而读成lè或luò时，它的意思是快乐。"乐（yuè）者，乐（luò）也。"（《荀子·乐论第二十》）音乐舞蹈等当然会带来审美的愉悦。但是在孔子那里，"乐"远不只是娱乐，它是构建个人文明以及和谐社会关系的方式。

孔子的音乐观与他的中庸之道是完全一致的。他认为，好的音乐应当有利于人的培养和有益于社会的和谐。他评价《诗经》里那首著名的《关雎》时说："《关雎》这首歌，有欢乐，但不放荡；有悲哀，但不伤身。"②孔子还主张废除郑国音乐，因为他认为郑乐是淫荡下流的。③美好的音乐可以净化心灵、和谐关系，不好的音乐会腐蚀人们的灵魂。因此，一个有修养的人也有好的音乐品味。在汉语里，"圣人"一词里的"圣"的繁体字（聖）就包含了"耳"的部首，显示出这个概念与听觉相关。郝大维和安乐哲在提及这一点时

---

① 郭沫若：《公孙尼子及其乐论》，载郭沫若：《〈乐记〉论辩》，人民音乐出版社1983年版，第5—6页。

② 关雎，乐而不淫，哀而不伤。（3.20）

③ 放郑声，远佞人。郑声淫，佞人殆。（15.11）

说："从'圣'字的结构出发，必然会导致'圣人'耳聪的结论。"
（Hall & Ames，1987）有趣的是，正如他们所说，中国古代的圣人
画像，都是巨耳垂肩。孔子也把"耳顺"作为他一生修养进程的重要
标志。（2.4）"纵观儒家经典，孔子被描述为一个有高度音乐修养的
人，一个能欣赏音乐并从中领略其丰富内涵，体会出作品所反映的年
代和文化的人。"（Hall & Ames，1987）

　　郭店楚简（出土于1993年），一部大约公元前300年前的著作，
以这样的高度来概述音乐对人的修养的重要意义：

　　　　一个人如果没有敏锐的听觉，是不聪明的；如果不是圣人，
　　就缺乏智慧；如果没有智慧，就不能做到仁；如果不仁义，他的
　　心灵就得不到安宁；如果心灵不安宁，他就不会快乐；如果不快
　　乐，他就不会有美德。①

　　换句话说，明、圣、智、仁、安、乐、德，都与听觉有关。
　　美好的音乐不仅仅有助于个人修养，它还能带来社会和谐。
一次颜回问及治理国家之事，孔子提到了"乐则《韶》《武》"
（15.11）。他对《韶》的评价是："尽美矣，又尽善也。"对《武》
的评价是："尽美矣，未尽善也。"两者的不同之处在于，《韶》
是赞美古代圣王尧和舜德治天下、禅让贤能的乐曲，故孔子认为"尽
善"；而《武》是歌颂周武王讨伐商纣的功绩的乐曲，尽管是正义之

---

① 不聪不明，不圣不智，不智不仁，不仁不安，不安不乐，不乐亡德。（魏启鹏：《简帛文献
　〈五行〉笺证》，中华书局2005年版，第17页）

战，但依赖武力，故而"未尽善"。（3.25）

> 太平社会里的音乐，是宁静而愉悦的，与之相应的社会是和
> 谐的；乱世里的音乐充满怨恨，与之相应的是政府束手无策；没
> 落社会的音乐沮丧失落，与之相应的是百姓困苦。音乐之道与国
> 家政治是相通的。[①]

奇怪的是，在现代文明里，音乐已经发展到非常精深、多样的程度，然而人们对于音乐的社会和道德影响却很少关注。人们好像把持有某种观点的权利和观点本身的正确性混为一谈，然后又把这种混淆带进了对音乐的态度当中，以为批评某种音乐就是否认演奏这种音乐的权利。音乐对人们的感情和思想乃至社会的风气能够有巨大影响这一显而易见的事实，曾经在"文化大革命"当中被无限夸大，到了荒谬的地步，然而今天又基本上被忽略了。在当今最发达的国家里，除了不多的精神病医师尝试用音乐来治疗精神病外，用音乐来提高修养以达到一定的精神水准和社会和谐的传统，在当今最发达的国家里已经基本失传了。

"六艺"中的"书"是书写的艺术，包括书法和写作。《论语》里没有任何涉及这方面的论述，除了提到在口头表述的问题上，孔子注重的是准确地表达意思，反对巧嘴伶舌。[②]显然，在孔子看来，雄辩的口才只能体现在言辞中肯上而不是华丽的辞藻上。

---

① 治世之音安以乐，其政和。乱世之音怨以怒，其政乖。亡国之音哀以思，其民困。声音之道，与政通矣。（《礼记·乐记第十九》）

② 辞达而已矣。（15.41）巧言令色，鲜矣仁！（1.3）

学习写字、造句、作文的重要性是显而易见的，无须多说。至于书法为什么也包含在"六艺"之内，有必要略做一些说明。正如一个人的站相、坐姿、走路的样子都显示了他的教养和性格，书法也显示出一个人的文化修养。有时候一个人写的字里面所透露出来的有关其人的信息并不少于他的文章所透露出来的信息。伴随着词句的选择、文章的架构和观点的逻辑展开等，笔墨的点划、布局、留白等书法上的因素也都体现了书写者的心境和性情。

最能显示儒家风格的书法典范当属唐朝书法家颜真卿（709—785）的作品了。身为唐代吏部尚书的颜真卿，为官清正廉洁，关心民众疾苦，仗义执言，是一个人格高尚的坦荡君子。他的书法总是自信而又精神饱满。笔画厚重时，看上去强壮而不臃肿；笔画纤细时，文雅而不瘦弱。看他的字，你可以发现其运笔充满了有节奏的韵律。疾书处不显华而不实，慢行时不显呆滞犹豫。字体结构通常是稳定而不死板。个别处略有倚侧，作为整体又互相呼应，和谐而不失动感。从他的作品里你几乎可以看到书法家本人运笔之抑扬顿挫，每一笔都微妙而又清晰地表现书者本人。可谓"字如其人"。临摹他的书法就是学习他的为人。在这个过程中，学书者不仅仅了解了作者，同时也为作者所影响、所感化。这就是为什么中国古人在选择什么样的书法大师作为临摹学习的对象时非常认真和慎重，也说明了为什么中国历史上的大儒通常也具有很深的书法造诣。

"射"（射箭）和"御"（驾车）的艺术更接近于体育运动，但是它们并非没有道德的内涵。射手在射箭的时候，相互作揖然后登堂；射箭完毕，无论是射中了箭靶还是没有射中箭靶，都要有风度地走下堂来，向获胜者敬酒致贺。"即使是竞争，也是君子间的竞争。"①孟子说:"仁者如射,射箭的人必须先端正自己的姿势而后放箭。如果没有射中,不埋怨那些胜过自己的人,而是回头从自身找原因。"②《礼记》告诉我们,在古代,国家甚至会通过射箭竞赛来挑选官员。(《礼记·射义第四十六》)同样,驾车不仅需要身体动作的协调,能够针对路面状况做出迅速反应,还需要驾驶者有良好的礼节。一个有教养的驾驶者不会与他人争道。(《礼记·儒行第四十一》)

在"六艺"中,"数"(数术)是最少涉及道德和品格修养的。但数术也训练一个人的逻辑思维能力。通过运算速度与精准的训练,也可以使人的生活有节有度,变得有文化修养。算盘的运用还可以锻炼脑子和手的灵活配合。

在"六经"中,常被孔子提到的是《诗经》。孔子对学生说:"学生们为什么不学习《诗经》呢?读《诗经》可以培养联想力,可以提高观察力,可以使你合群,可以学到怎么去讽谏。近可以用来侍奉父母;远可以用来侍奉君主。还可以多认识一些鸟兽草木的名称。"③

一次,孔子一个人站在庭院中,他的儿子伯鱼快步地走过。孔子问道:"学《诗经》没有?"

伯鱼答道:"没有。"

---

① 君子无所争。必也射乎!揖让而升,下而饮。其争也君子。(3.7)
② 仁者如射:射者正己而后发;发而不中,不怨胜己者,反求诸己而已矣。(《孟子·公孙丑下》)
③ 小子何莫学夫诗? 诗,可以兴,可以观,可以群,可以怨。迩之事父,远之事君;多识于鸟兽草木之名。(17.9)

　　孔子便道："不学《诗经》就不会说话。"①

　　很明显，孔子认为学《诗经》可以增加一个人的总体的文学素养，这对任何一个受过良好教育的人都是至关重要的。而文学的素养远远不只是让你认识些字和知道一些书本知识，它还包括培养敏锐的观察能力和联想能力。比如有一次子夏问孔子："《诗经》里有这样的句子：有酒窝的脸笑得美呀，顾盼有神的眼睛多么动人呀，素洁的底子上画着画呀。这是什么意思？"

　　孔子道："先有素洁的底子，才能在上面画画。"

　　子夏道："那是不是说，礼乐的产生也要有（仁义的）底子呢？"

　　孔子道："卜商呀，你真是能启发我的人。现在可以同你讨论《诗经》了。"②

　　这里，《诗经》成了灵感的源泉。正如绘画必须有素洁的底色、反过来绘画又为底色增辉一样，礼建立在仁义之上的，反过来又体现着仁义的美好和价值。学习《诗经》，可以使人学会从所有的事物中得到灵感。

　　此外，《诗经》还是一个极为丰富的表达方式的资源。读者应当还记得前面讨论过的，"直"恰恰需要委婉的表达方式来更恰当有效地运用词语的能量。在这点上，《诗经》是一个典范。《诗经》里最有名的诗《关雎》，就用最简单的形象语言来表达了"欢乐但不

---

① 鲤趋而过庭。曰："学诗乎？"对曰："未也。""不学诗，无以言。"（16.13）

② 子夏问曰："'巧笑倩兮，美目盼兮，素以为绚兮。'何谓也？"子曰："绘事后素。"曰："礼后乎？"子曰："起予者商也，始可与言诗已矣。"（3.8）

放荡，悲哀但不伤身"的情感。^①通过读《关雎》，一个人不仅可以学会怎样去表达自己的感情，同时还可以使自己的感情得到转化。这种转化之前和转化之后的感情的区别，有点类似于性欲与柏拉图的性爱的区别：前者是纯粹肉体的、动物性的，而后者是肉体和精神的结合，是真正人性的爱。诗歌的表达，既感动本人也感动听众，还能在两者之间引起共鸣从而改善双方的关系。这就是为什么孔子对他儿子说："不学《诗经》，就像面对着墙壁站着，不能往前迈进一步！"^②这也是为什么他把学习《诗经》当作一个人学习成长的初始阶段："兴于诗，立于礼，成于乐。"（8.8）

由于孔子在教育中重视《诗经》，并经常引用《诗经》来表达自己的观点，这使得后来引用《诗经》以证明某种观点成为一种传统。在中国，如果说一个人开口闭口"子曰诗云"，意思就是这个人老是引经据典。正是通过孔子的编辑、引用、解释，《诗经》这本书才成了一部儒家经典。一个有趣的例证是孔子那句著名的话："《诗经》三百篇，用一句话来概括它，就是'思无邪'。"^③"思无邪"一语出自《诗经·鲁颂·駉》，其中"思"本是没有含意的语首词，"思无邪"也就是说"哦，让马安然无恙吧！"别无他意。孔子将"思"引申为"思想"，这句话就被用来表达"没有歪思邪念"的意思了。

---

① 关关雎鸠，在河之洲。窈窕淑女，君子好逑。参差荇菜，左右流之。窈窕淑女，寤寐求之。求之不得，寤寐思服。悠哉悠哉，辗转反侧。参差荇菜，左右采之。窈窕淑女，琴瑟友之。参差荇菜，左右芼之。窈窕淑女，钟鼓乐之。

子曰："关雎，乐而不淫，哀而不伤。"（3.20）

② 子谓伯鱼曰："汝为周南、召南矣乎？人而不为周南、召南，其犹正墙面而立也与？"（17.10）

③ 诗三百，一言以蔽之，曰："思无邪"。（2.2）

将原文的模糊意思从其上下文之中抽取出来，加以延伸，注入道德的意义，这是儒家美学的一个特征手法。

同样，孔子对待历史，即"六经"中的《书经》与《春秋》，以及他对《易经》的取向，也是从它们有利于人的转化和社会和谐的实际考虑出发的。他对具体历史事实和卜算吉凶的兴趣远远不及他从中获取道德知识和植入道德判断的兴趣。对他来说，学习历史不仅仅是记住过去发生了些什么事，更重要的是要读出里面的道德教训，并学会怎样去恰当地描述历史事件。

孔子的教育科目中最明显的空缺是自然科学。孔子亲近自然，但他对冷静客观地分析自然从来不感兴趣。"六经"中，最接近于对自然世界研究的当属《易经》。据说孔子将这本书读了无数遍，连串连竹简的牛皮绳都磨断了三次。但是，正如我们在第二章所说，孔子对此书的关注主要着眼于它内含的德和义。孔子谈到自然的时候，无一不是在将自己的道德、美学情操投射到自然现象中去。如徐复观所指出的，《诗经》三百首诗中的动植物名，都是诗人情绪和道德的表达，不是单纯的植物学、动物学的名称。中国人以梅、兰、竹、菊代表四季，折射的不是四季的自然特征，而是道德理想：梅花不畏严寒、傲雪独放；兰花高雅温婉、冰清玉洁；竹子谦逊（中空代表不自满）正直（中文里"正直"指有气节，与竹子的节是同一个字）、潇洒脱俗；菊花傲霜淡雅、不与群芳争春。西方科学家把人看作自然界的一部分，孔子却从人出发来看自然。这个鲜明的对比把我们带回到徐复观所说的东西两种文化的起源：一种起源于好奇，从而注重客观知识；一种起源于忧患意识，从而关注生活的方式和道德职责。①

虽然儒家精神里缺乏自然科学的层面，孔子从未钻研自然科学，更不用说为弟子讲授这方面的知识了，但是这并不意味着他反对科学。而且，包括儒家哲学在内的中国哲学的整体性思维方法和从事物之间相互联系的角度来看待每一个具体事物的思维方法，导致了对宇宙（包括我们自己的身体）的深刻的洞察和令人瞩目的成就。传统中医就是一个很好的例证。孔子自己发现的仁与长寿的关系（6.23），以及后来的儒家学者对中医和健康理论的贡献，表明了儒家对自然界的基本的思维框架比现代医学把人看作一台精密机器，把生理和心理、道德、人际关系、社会等分割开来的思维框架，具有更加深刻的洞见。虽然现代医学在具体的专门领域有着无可争议的先进性。儒家自然观的最杰出之处，就是让我们了解人的身体与心灵、道德修养与身体健康、个人与他人的关系是密不可分的。

学、思和身体

由于一切自我转化都始于意识到自己的无知和不够完善，因此孔子再三强调学习的重要性。孔子说："生来就知道的人是上等；通过学习然后知道的，是次一等；遇到了困难再去学的，是再次一等；遇

---

① 徐复观：《中国人性论史·先秦篇》，台湾商务印书馆1984年版，第20—22页。

到困难还不学的，这种人就是下等的了。"①

孔子并不是真的相信有生而知之的人，他只是没有排除这种可能性。孔子说："我不是生来就有知识的人，而是爱好古代文化，勤快地去追求的人。"②古希腊哲学家苏格拉底说过，知道自己的无知就是真正的知识。与此相似，孔子也说过："知道就是知道，不知道就是不知道，这就是智慧！"③知道自己的不足是成为一个君子的必要条件。当子贡问道："孔文子凭什么谥号叫'文'呢？"孔子回答说："他聪敏好学，不耻于以向地位比他低的人请教，所以用'文'字做他的谥号。"④

孔子自己也是一个好学的典型。他说："我有知识吗？没有哩。有一个庄稼汉来问我，我对他问的内容一无所知；我只是从他那个问题的首尾两头去盘问，这样来穷尽问题的全部。"⑤

一个人在求教的时候，必须首先在态度上是自愿、真诚和谦逊的。孔子说："只要是自己带着束脩（一捆干肉）来见我，我从没有不给他教诲的。"⑥"束脩"从此便被中国人用作学费的代名词。其真正的意义在于它体现了学生是心甘情愿地来向老师求教的。如果一个人自以为不必向他人求教，摆出一副无所不知的样子，在饱学之士

---

① 生而知之者上也，学而知之者次也；困而学之，又其次也；困而不学，民斯为下矣。（16.9）

② 我非生而知之者，好古，敏以求之者也。（7.20）

③ 知之为知之，不知为不知，是知也。（2.17）

④ 子贡问曰："孔文子何以谓之'文'也？"子曰："敏而好学，不耻下问，是以谓之'文'也。"（5.15）

⑤ 吾有知乎哉？无知也。有鄙夫问于我，空空如也。我叩其两端而竭焉。（9.8，亦见 7.22）

⑥ 自行束脩以上，吾未尝无诲焉。（7.7）

面前傲慢无礼，别人肯定不愿意教他。

一次，有人问孔子："阙党（阙里，孔子旧里）的一个来传话的童子是恳求上进的人吗？"孔子道："我看见他坐在成年人的位子上，又见他和长辈并肩而行。他不是个要求上进的人，只是个想走捷径的人。"①

孔子到了周公庙，每件事情都要问。有人便说："谁说鄹人的这个儿子懂得礼呀？他到了太庙，什么事情都要问。"孔子听到了这话，便道："这正是礼呀！"②一个人应当永远表示求知若渴，永不自满——尤其是在行家面前。这就是求知的礼。

学习必须持之以恒。孔子说："庄稼长出来了却不吐穗开花，有过的罢！吐穗开花了却不灌浆结实，有过的罢！"③他还说："好比堆土成山，只差一筐土便成山了，这时停下来，我就停止了。又好比在平地上堆土成山，纵是刚刚倒下一筐土，如果继续，我就是在前进！"④

司马迁的《史记·孔子世家》记载了一个关于孔子好学的传说。孔子年轻的时候，他跟一个叫师襄的擅于击磬的音乐家学习演奏。一次，师襄看到孔子不停地练习演奏同一乐章达十几天，就告诉孔子他可以换一个乐章了，孔子回答："我只是演奏得悦耳，还没有演奏出韵律来。"过了一段时间，师襄对他说："现在你已经演奏得很有韵

---

① 阙党童子将命。或问之曰："益者与？"子曰："吾见其居于位也，见其与先生并行也。非求益者也，欲速成者也。"（14.44）

② 子入太庙，每事问。或曰："孰谓鄹人之子知礼乎？入太庙，每事问。"子闻之，曰："是礼也。"（3.15）

③ 苗而不秀者有矣夫！秀而不实者有矣夫！（9.22）

④ 譬如为山，未成一篑，止，吾止也。譬如平地，虽覆一篑，进，吾往也。（9.19）

律了。"孔子回答说："我还没有演奏出其精神来。"又过了一段时间，当师襄认为他已经把握了乐曲的灵魂时，孔子说："我还没有把握到其生命的真谛。"

又经过一个阶段的进一步练习后，孔子似乎进入到一种庄严沉思的状态，豪情万丈地目视远方，一副君临天下的样子。看到这一切，师襄无比敬畏地说道："这就是周文王之乐！"

孔子另一个好学的重要特征，就是从不害怕承认自己的错误并自我改正。[①]当人家告诉孔子他误会了某人，孔子说："我真幸运，假若有错误，人家一定给指出来。"[②]他说："有错误而不改正，那个错误便真叫作错误了。"[③]通常的问题是，某件事错了，人们会先找别人的原因或者强调事情本身的原因，很少从自己身上寻找原因。然而，君子好比一个射手，如果没有射中目标，应当先找自身的错误。

学必须与思结合。"学而不思则罔（迷茫）。"这个世上的信念和生活方式如此多样乃至相互冲突，可以说，如果没有反思，学得愈多则困惑愈多。而另一方面，"思而不学则殆（危险）"（2.15）。古今中外的伟大思想是我们不能忽视的重要宝库。不尊重这些知识和智慧的传承是愚昧和危险的。孔子说："我曾经整天不吃、整晚不睡地去思索，结果没有益处，不如去学习为好。"[④]

孔子理解中的"思"，不仅仅是从前提推出结论的逻辑演绎，

---

① 过，则勿惮改。（1.8）

② 陈司败问昭公知礼乎，孔子曰："知礼。"孔子退，揖巫马期而进之，曰："吾闻君子不党，君子亦党乎？君取于吴，为同姓，谓之吴孟子。君而知礼，孰不知礼？"巫马期以告。子曰："丘也幸，苟有过，人必知之。"（7.31）

③ 过而不改，是谓过矣。（15.30）

④ 吾尝终日不食，终夜不寝，以思，无益，不如学也。（15.31）

或从特殊到一般原理的概括，或对不同选项的判断抉择。他所说的
"思"，既涉及脑，还涉及心。心是身体的一部分，但它被认作参与
人的感知、理解、评价，从而将感知染上情感、将理解融入血液、使
评价成为身体的倾向性，从而使思的过程变为包含身体在内的整个人
的转化过程和学以致用的过程。正如孟子所说："君子依靠正确的方
法来求得深造，是想要自有所得。自有所得，就能牢固地掌握它；牢
固地掌握它，就能积蓄很深；积蓄很深，便能运用自如，左右逢源。
因此君子要自有所得。"①

在回答宰我提出的是否有必要为父母守孝三年的问题时，孔子反
问他，如果不这么做，"你心里感觉安不安呢？"②这个问题所采用
的方法就是迫使宰我让自己的感受和想法去接受心的道德拷问，这样
做能否心安理得。同样的道理，作为"为仁之方"的恕，也是一个涉
及心的思维过程。通过将心比心，就会发现做某件事情能否心安理
得。当另一个弟子问孔子什么叫作君子时，孔子说："君子不忧愁，
不恐惧……如果自己问心无愧，有什么可以忧愁和恐惧的呢？"③

汉语的一些词汇并非巧合地显示了孔子所理解的思维和认知方式
的身体特性，如"体验""体会""体察""体知""体认"等等。
这些表示认知活动的词里都带着一个身体的"体"字。这里面所包含
的观点就是，人的认识不是被动地在脑子里印上外部事物的印象，也

---

① 君子深造之以道，欲其自得之也。自得之，则居之安；居之安则资之深；资之深，则取之左
右逢其原，故君子欲其自得之也。（《孟子·离娄下》）
② 宰我问："三年之丧，期已久矣……"子曰："食夫稻，衣夫锦，于女安乎？"（17.21）
③ 司马牛问君子。子曰："君子不忧不惧。"曰："不忧不惧，斯谓之君子已乎？"子曰：
"内省不疚，夫何忧何惧？"（12.4）

不仅是理性地对事物做出推论。人用身体来体验他的经验，用身体
（心）来体会他的理解，用身体来体察他的感受，通过这样的体知过
程，得到的是体认，即弥漫于整个身体中、为身体所接受、已经变
成了身体倾向性的"具体"知识，而不仅仅是停留在大脑里的抽象
信念。这个观念与近年来出现的"具体认识论"的研究十分吻合。
"具体认识论"从语言学、认知科学、人工智能、机器人技术、神经
生物学和哲学研究中汲取启示，其主要的观点就是认知活动的方方面
面（如观点和思想的形成过程等）与人体的各个方面有着紧密的联
系。[1]

　　正如智利生物学家和哲学家瓦热拉（Francisco Varela）所指出
的，包括儒家、道家和佛家在内的东方文化传统认为，学习的目的在
于培养一种能从他们的身体的倾向性出发，自然而然地做出恰当举动
的人，而不只是那种只会理性思考选择的人。换句话说，是知道"怎
么做"的人，而不仅仅是知道"是什么"的人。（Varela，1999）既
然学习和反思的进程涉及调动身体以及整个人的转化，因此学习的过
程就需要正确的实践与之配合。孔子认为，每个生物意义上的人，其
自然属性是相近的，但是通过学习实践，就分出高低了，即后来写
入《三字经》的"性相近，习相远"（17.2）。"学了，然后经常地
去实习它，不也是件乐事吗？"[2]如果"习"只是指简单复习那些已
经学到了的知识，显然没有什么"乐"可言。重复温习已经知道的知
识只会使人厌倦。但是，对孔子而言，学习远非是命题性的知识的堆

---

[1]　这种观点的著名代表人物是20世纪欧洲哲学家梅洛·庞蒂（Merleau-Ponty，1908—1961）和
　　波兰尼（Michael Polanyi，1891—1976）。

[2]　学而时习之，不亦说乎？（1.1）

积，而是获得具体的能力，也就是宋明儒家常说的"功夫"。对于这样的知识，老师所教的东西只能通过学生本人的勤奋实践，才能达到理解和欣赏。因为通过实践可以循序渐进、越来越深地了解所学之内容，从而不断地从中获益，所以重复地实践便成了快乐的源泉。

需要注意的是，儒家的"学"不仅仅是人们通常所理解的"知道怎样做"，即获得某种动作的技能，它还是整个人的素质的转化和提升。我或许知道"怎样"去克服拖拉行为，但事实上我不想去克服。我也可以知道"怎样"踢足球，但因为受了伤而无法踢球。"知道怎样"仍然是停留在知识的层面，还远不足以包含能力的获得和基于知识之上的身体的倾向性。而这些都是孔子所说的"学"的重要内容。

一个有趣的现象是，在这种以指引人生、帮助人成长为主要目标的学习里，时间观似乎也不一样。孔子在河边，叹道："消逝的时光像河水一样呀！日夜不停地流去。"①表面上看，这只是在悲叹时光流逝之快，其实孔子总是在观察自然中添加道德的联想。在这段话后面的几个段落，就显示了孔子更是在提醒人们，应当像河流一样，生生不息，努力提升自己。时间对于一个学习者不是恒定不变的流量。前面引过的那段话在这个前后文中又显示了一层新的含义："好比堆土成山，只差一筐土便成山了，这时停下来，我就停止了。又好比在平地上堆土成山，纵是刚刚倒下一筐土，如果继续，我就是在前进！"②接下来，孔子又说："听我说话始终不懈怠的，大概只有颜回一个人吧！""我只看见他不断地进步，从没看见他停留。"③或

---

① 逝者如斯夫！不舍昼夜。（9.17）
② 譬如为山，未成一篑；止，吾止也！譬如平地，虽覆一篑；进，吾往也！（9.19）
③ 语之而不惰者，其回也与！（9.20）惜乎！吾见其进也，未见其止也。（9.21）

许我们可以说，像爱因斯坦的相对论，时间的运动速度在这里是相对于实践者的活动而言的。时间流逝的快慢，或者甚至时间是否存在本身，都依赖于实践行为的着力程度和是否持之以恒。

教育方法

曲阜孔庙内有一亭阁上挂着"杏坛"二字。《庄子》写道："孔子坐在杏坛之上，无拘无束，弟子们读书学习，他在一旁弹琴唱歌。"①即使《庄子》一书不能作为史实来看，但"杏坛"作为孔子授业之地为人所熟知，从此，"杏坛"成了学府的代名词。

庄子或许把自己的逍遥风格加在了孔子的教育方法上，但是他把握对了一点：孔子的教学方式通常是非程式化的。事实上，孔子的授课更像学术座谈，没有正规的课程，没有既定的讲课大纲，没有严格的学分制度。大部分时间，孔子只是和学生交谈，回答他们的问题，给他们一些指导。下面是一个典型的上课情景。

颜回和子路侍立在孔子身边，孔子说："你们何不各人说说自己的志向？"

子路说："我愿意把车马衣服拿来与朋友共同使用，用坏了也不

---

① 孔子……休坐乎杏坛之上。弟子读书，孔子弦歌鼓琴。（郭庆藩：《庄子集释》，中华书局1961年版，第1023页）

抱怨。"

颜回说："我愿意不夸耀自己的好处，不表白自己的功劳。"

子路问孔子道："希望听到老师的志向。"

孔子说："使老者安逸，使朋友信任我，使年轻人怀念我。"①

与老师的志向相比，学生们不难看出，老师的志向包含的范围更广。

孔子的教学效果也部分地来自他对学生的态度以及给学生树立的榜样。他真心实意地尊重年轻人。他说："年轻人是值得敬畏的。怎知道他将来赶不上现在的人呢？"②与他后来的追随者过度行使教师的权威不同，孔子对学生寄予很大的期望，但从不将自己的观点强加于学生。他是一个很好的倾听者，在让学生畅所欲言的同时，也在考虑如何肯定学生的正确观点、引导他们克服不足之处。这种"学生中心论"的教育方法不仅提供了一个自由的环境和缩短了师生的距离，面对老师就像面对亲近慈爱的父亲或兄长一般，同时也调动了学生的主动性。孔子清楚地知道，学生终将靠自己来完成学业。他说："教导学生，不到他发奋想弄清楚而又不得要领的时候，不去开导他；不到他想说而说不出来的时候，不去启发他。告诉他东边在哪里，他却不能由此推知西、南、北，便不再教他了。"③

《论语》告诉我们，当弟子问及"仁"时，孔子从不试图解释仁

---

① 颜渊季路侍。子曰："盍各言尔志？"子路曰："愿车马衣轻裘与朋友共敝之而无憾。"颜渊曰："愿无伐善，无施劳。"子路曰："愿闻子之志。"子曰："老者安之，朋友信之，少者怀之。"（5.26）

② 后生可畏，焉知来者之不如今也？（9.23）

③ 不愤不启，不悱不发。举一隅不以三隅反，则不复也。（7.8）

本身，而是讲一个仁人是什么样子以及会怎样去做。他针对不同的弟子给予特别的指导，让他们知道自己在哪些方面需要努力。事实上，孔子的教育不只是通过口授。《论语》里的许多片段是纯粹描写孔子的行为方式的。这种教育的确更像是典型的功夫大师教徒弟的方式，而不是普通意义上的哲学教师授课的方式。因为"仁"不能停留在理性知识层面上去理解，如果他只是口头解释"仁"，那就误导了学生。

　　功夫大师和哲学教师的比较，本身就是一个需要探究的非常有趣和十分重要的哲学问题。从亚里士多德以来的西方传统师生关系建立在这样一种预设上：人类本质上是理性的动物。真正的知识是理性知识，是可以描述和用语言传达的。教师的主要作用就是训练学生使用他们已经拥有的理性能力。而教育的方法就是用文字和其他符号来表述事实，用语言来澄清概念和问题，并用合乎逻辑的推论来使学生信服。老师鼓励学生问"为什么"，并要求自己拿出理由来说服他们，除非答案已经一目了然。从拥有理性能力这点上来说，学生和教师的地位是平等的。

　　儒家和其他主要东方哲学传统的师徒关系，则始于这样一种功夫预设：真正的知识是无法用文字完全表达清楚的。光凭智力远远不足以感知、理解和吸收它。一个人的理智必须借助于经过修炼的直觉，借助于通过不断实践才能得到的洞察能力。功夫高深的师傅因为长期的修炼而达到远远超出弟子的高度，能够看到弟子所无法看到的事理。这种事理是无法靠文字传递给学生的。因此，教育学生要用一种完全不同的方式——不仅仅用口头表达和说服，更重要的是个性化的指导和老师的示范。弟子在能够理解以前只能遵从老师的指导去践行。有时候，老师甚至不让弟子问"为什么"，因为在没有修炼到能够理解的高度以前，口头的回答会误导学生以为他已经通过字面的含义明白了答案。

由于孔子的教育目的是人的转化，其教育的风格就在于提供人生指导，类似于路标或实践指南，引导人们的生活和行为，使他们走上一条美好的人生之路。因此，孔子就必须对每个学生的个体差异非常了解，并针对他们各自不同的问题给予特殊的指导。一次，孔子的弟子子路问："听到了就去做吗？"

孔子道："你的父兄还在，怎么能听到就做呢？"

当另一个弟子冉有问同一个问题时，孔子却回答："听到了就要去做。"

面对这两个前后矛盾的回答，又一个弟子公西华困惑了，径直地问孔子："仲由问听到了就去做吗，您说'有父兄健在（不能这样做）'，冉求问听到了就去做吗，您说'听到了就要去做'。我弄糊涂了，大胆地想问个明白。"

孔子答道："冉求平日做事退缩，所以我鼓励他；仲由的胆量却有两个人的大，所以我要压压他。"①

同样，对颜回和子贡对待他人的态度，孔子也有不同的反应。对于颜回，孔子说："颜回不是对我有所帮助的人，他对我的话没有

---

① 子路问："闻斯行诸？"子曰："有父兄在，如之何其闻斯行之？"冉有问："闻斯行诸？"子曰："闻斯行之。"公西华曰："由也问闻斯行诸，子曰，'有父兄在'；求也问闻斯行诸，子曰，'闻斯行之'。赤也惑，敢问。"子曰："求也退，故进之；由也兼人，故退之。"（11.22）

不喜欢的。"①谈及子贡对他人的批评责备，孔子说："子贡他自己大概已经够优秀的了吧。我可没有这闲工夫去评论别人。"②这两种口气的不同非常有趣。对颜回的口气是直接而又听上去严苛，因为颜回总是勤于自我修养，孔子需要鼓励他对老师提出不同意见。如果过于温和，"他对我的话没有不喜欢的"就会被当作称赞了。至于对子贡，孔子的话看似在赞赏：因为孔子似乎在谦虚地说，自己在忙于自我修炼，因而没有时间批评他人，然而语气里面的讽刺意味子贡是不难察觉的。不用直接告诉子贡他需要做什么，因为那样对于子贡这样一个聪明的人来说会是一种羞辱。通过婉转地说自己，孔子间接但又明确地提醒子贡需要加强自我修养，也给子贡留下了足够的空间去思考并形成他需要做什么的意识，而不仅仅是得到他需要做什么的知识。

以上这些事例说明孔子以学生为中心的启发式教育，不是简单地让学生自己把握该学什么，而是作为教师，孔子从每一个学生的长处和短处出发，去因材施教。很遗憾《论语》中对这些教导的背景情况没有提供更多的介绍，不然的话，我们也许能够知道孔子是如何抓住合适的时机来给予学生这些教导的。他说："可以同他谈的时候，却不同他谈，这是错过人才；不可以同他谈的时候，却同他谈，这是浪费言语。聪明人既不错过人才，也不浪费言语。"③

但是树立榜样是最为有效的育人方式。《论语》中有一段关于孔子为人的细节描述。说："孔子用钓竿钓鱼，但不用大绳拉网捕鱼；

---

① 回也，非助我者也，于吾言无所不说。（11.4）
② 子贡方人。子曰："赐也贤乎哉？夫我则不暇。"（14.29）
③ 可与言而不与之言，失人；不可与言而与之言，失言。知者不失人，亦不失言。（15.8）

用箭射鸟，但不射归巢的鸟。"①看孔子怎样对待动物，就知道他怎样对待人。虽然这段介绍没提"仁"，但是孔子的行为比任何语言都来得有力。

还有另一个故事也可以说明榜样是如何起作用的。据说当孔子与其随行弟子们受困于陈国和蔡国之间的时候，有七天吃不到饭。子贡突围出去想办法搞到了一石米。颜回和子路在壤屋之下煮米饭，颜回眼见有一点儿黑色的炭灰掉进了锅里，便将有炭灰的米饭抓起来吃了。子贡远远地看到颜回在锅里抓饭吃，很不高兴，以为颜回偷吃，进屋里问孔子："仁人廉士在穷困的时候会改节吗？"

孔子说："要是改节，还能称得上是仁人廉士吗？"

子贡接着问道："那么颜回呢？他是那种不改节的人吗？"

孔子说："是的"。

子贡就把自己刚才所见告诉了孔子。孔子说，"我好久以来一直相信颜回是个仁人。虽然我不怀疑你说的话，但也许其中别有缘故。你先别动，让我去问他。"

说完，孔子把颜回叫了进来，说："我前不久梦见了先人，或许是他们要在冥冥之中保佑我？你烧完了饭拿进来，我要用它祭奠一下我的先人。"

颜回答道："刚才有些炭灰掉进了锅里，留在里面不干净，丢掉又觉得可惜，我就抓起来吃掉了。这米饭不能用来祭祀。"

孔子说："那当然，要是我，也会抓起来吃了。"

等颜回出去了，孔子对身边的几个弟子说："我相信颜回的为

---

① 子钓而不纲，弋不射宿。（7.27）

人，不是一天两天了。"那些弟子这才觉得服了。[①]

　　这个故事没有详细说明弟子们是如何被说服了，甚至没有说是被说服了什么。清楚的是，这里虽然没有推论或说教，但学生最终学到的却不仅仅是对颜回的信任，还有孔子的为人。

_____

① 《孔子家语》，上海古籍出版社1990年版。

第六章

作为凡人的孔子

孔子通常被形容为两个极端。一端是"至圣"，是一个超凡入圣的完美化身。这种形象就是儒家的偶像，是一个毕其一生努力去完善自我并承担各种社会责任的理想人物。而另一端，孔子则是被看作一个精英主义者、男性至上主义者、保守派，一个想恢复旧贵族权威和男性统治的人，一个在现实生活中完全不切实际的人。这个人物也成了中国封建社会的代表形象，成了要为旧中国一切压迫行为负责的"罪魁祸首"。

　　然而，以上两个极端都是对孔子的扭曲。它们的背后都带有某种其他目的，而不是展现一个真实的孔子。那种把孔子看作纯粹崇高理想、坚持原则、道德至善的化身的观点，没有看到孔子其实还是一个具有丰富情感、欲望、幽默感以及懂得享受生活的人，并且是一个会犯错误的人。而那种把孔子看作是顽固保守、轻视劳动人民和妇女、对君主唯唯诺诺的观点，却没有看到孔子其实是一个平易近人、对社会各阶层的人都非常和善、但面对是非大义凛然的人。一旦我们移去孔子头上的光环和强加给他的诬陷，我们就会发现，孔子是一个活生生的、有血有肉的人；在这个血肉之躯里，既蕴藏着他的伟大，也包含着他的局限。针对过去对孔子的神化，现在很多人提出要还孔子以"凡人"的真实面貌。这确实是我们真正认识孔子的前提，但在这样做的同时，却要防止另一个极端，把孔子彻底"还俗"成一个街头巷尾的凡夫俗子。全面地理解孔子，必须要看到他是如何"即凡而圣"，也就是如何在平凡的人生当中体现出伟大，或者说是如何将"天"与"人"合一的。

曾点气象

据载，孔子和子贡有这么一段对话：

子贡问道："我已经对于学习和求道感到困倦了，请问我能不能休息一下，改去为君主效力？"

孔子说："《诗经》里说'温恭朝夕，执事有恪'（早晚都得侍候得很周到，办事也要谨慎认真），事君不容易呀，怎么可以当作是休息呢？"

子贡说："那么我愿意休学后改去侍奉我的父母。"

孔子说："《诗经》云：'孝子不匮，永锡尔类（孝子之孝要诚而不竭，那样才能永久地得到幸福）。'事亲不容易呀，怎么可以当作是休息呢？"

子贡说："那么让我休学后回家与妻子和子女团聚。"

孔子又引了《诗经》里的句子，"刑于寡妻，至于兄弟，以御于家邦"，告诉他要给自己的妻子做榜样，推广到兄弟，进而治理好一家一国，这也不容易。子贡接着又提出，要"息于朋友""息于耕"，孔子一一指出交朋友和耕种都不容易。最后，子贡说："那样说来，我没有可以休息的地方了？"

孔子说："有的。那高高实实、与世隔绝的坟墓，就是休息的地方。"

子贡叹息道："大哉乎死也！对君子来说，死是可以歇息了，对于小人来说，死是完蛋了。大哉乎死也！"①

尽管这段对话的真实性值得怀疑，但是《论语》里有一段曾子的说法表达了相同的意思。曾子是孔子极富才艺的弟子之一，他说："读书人不可以不刚强而有毅力，因为他负担沉重，路程遥远。以实现仁德于天下为己任，不也沉重吗？到死方休，不也遥远吗？"②

虽然这些话里体现出来的儒家精神相当崇高，一种没有休息的生活是艰难而又沉重的。实际上，孔子自己的生活理念不只是把生命当作一种漫长而艰辛的旅程。《论语》对此说得再清楚不过了。它生动地描述了孔子和他的四个亲密弟子子路、曾皙（即曾点）、冉有和公西华的一段交谈。孔子显然是有意要创造一种无拘无束的气氛，鼓励学生大胆地说出自己的志向。他说："别以为我比你们年长一些，就有顾忌。你们平时常常抱怨别人不了解你们，怀才不遇。如果有人能够按照你的才能来用你，你想干些什么呢？"

在孔子的诱导下，四个弟子先后表达了自己的志向。子路说他志

① 《孔子家语》，上海古籍出版社1990年版。
② 士不可以不弘毅，任重而道远。仁以为己任，不亦重乎？死而后已，不亦远乎？（8.7）

在挽救一个"千乘之国"于危难之中；冉有希望治理一个方圆几十里的小国，通过三年的努力，使其百姓富足起来；公西华谨慎地表达了他的愿望，说他只想做个小司仪官、做好本职工作。唯有曾点，在其他人都说完以后，并且在老师的催问之下，他从容地弹完了乐曲的最后一个音符，放下手里的古瑟，直起身子说，他的选择与以上三位不一样。他希望的是在暮春时节，穿上春天的服装，携五六个好友和六七个童子，到沂河里戏戏水，在舞雩台上吹吹风，然后一路唱着歌儿回家。（11.26）

读到这里，读者大概会期待孔子能肯定前面三个弟子的志向，因为他们都愿意为道德的弘扬做出切实的贡献。然而，实际上孔子听完了这些话，叹了口气，说了句"吾与点也"——我和曾点的想法一致！

曾点的愿望只是能够与同伴们在无拘无束的环境里畅游，而孔子却赞成曾点的观点，这对于那些把孔子看作一个有宏大理想的人来说的确会大吃一惊。这段对话的记录者很仔细地描述了曾点提出他的观点的方式，让人体会到这种方式本身就构成了他观点的一部分：他不急不躁，即使其他三人结束了发言，等到老师问他"你呢，曾点？"他还悠然自得地继续将他的乐曲弹完，然后从容地放下古瑟，才站起来回答，而不是像一个小心翼翼拘于道德的人。宋儒程明道解释说，曾点这种"万物各遂其性"的气质，"正好看尧舜气象。且看莫春时物态舒畅如此，曾点情思又如此，便是各遂其性处。尧舜之心，亦只是要万物皆如此尔"（《朱子语类》卷四十）。曾点表达自己意愿的这种方式本身与《论语》里所提到的舜"面南正己"（15.5），以无为的方式治理国家的理想境界有一种神妙的呼应。

这个故事说明，和通常认为的儒家漠视人欲，甚至要从根本上灭除人的一切自然欲望不同，孔子的理想实际上是将自然欲望调控和转化到属于人类的高度。对孔子乃至他同时代的一切伟大思想家而言，毫无疑问，人类需要控制欲望。但是，孔子从不提倡灭人欲。孔子的"克己"是建立在他承认人类基本欲望的合理性的基础之上的。他本人就喜好美食，而不是一个只要能填饱肚子就行的人。（10.8）至于性，他只是警告年轻人不要过度沉湎于此。（16.7）他不断引用并建议弟子学习的《诗经》充满了爱的主题。他也喜欢拥有名望（15.20），尽管他也说过，一个人不要因为不被他人赏识而恼怒（1.1）。他也非常坦诚地说："财富和荣誉是人们所求，但如果取之无道，我则不接受这些。"[①]"财富如果可以求得的话，就是做市场的守门卒我也干。如果求之不得，还是干我愿意干的事情罢。"[②]关键是要"欲而不贪"（20.2），或者说实现欲望要取之有道。

曾点气象不只是赏心乐事，也是艺术人生。如果说我们今天通常所指的艺术，无非是影视节目、绘画、雕塑之类，儒家意义上的艺术，是生活本身。普通的艺术家要做到心手合一，儒家圣人要做到的是天人合一，与天一起共同创造美的世界和生活。审美活动实际上是儒家修养的顶峰。在《论语》中，谈到修养的过程，孔子把"游于艺"当作最高的理想，超越了"志于道，据于德，依于仁"（7.6）这几个儒家修养实践的阶段。同样，孔子说："兴于诗、立于礼、成于乐。"（8.8）这三句话的次序说明了艺术的生活方式是人生自我修养

---

① 富与贵，是人之所欲也；不以其道得之，不处也。贫与贱，是人之所恶也；不以其道得之，不去也。（4.5）

② 富而可求也，虽执鞭之士，吾亦为之。如不可求，从吾所好。（7.12）

的结果和最高境界。对孔子来说，"明知无法做到还要去做"①的最佳方式是能够在这种艰苦的求索中"乐之"不疲。（6.20）当叶公问子路孔子的为人怎么样的时候，子路没有回答。孔子对子路道："你为什么不说，他这个人，发愤用功，连吃饭也忘了；快乐起来，便把一切忧愁都忘了；连自己快要老了都不晓得。如此而已。"②

"忘记"一词明显地透露出纯粹非功利性的审美理念。以上所引的这些段落提示我们，儒家教育的理想不是康德意义上的道德，换言之，不是为了道德责任而道德。在儒家教育的理想中，恰恰相反，道德的价值正是在于能引导人们实现审美的理想。即使审美理想本身是非功利的，但这并不意味着艺术和艺术行为不能有功利作用。它只是意味着审美理想不需要用功利来作为依据。一旦实现了这个审美理想，就超出了道德的范围，一个人就可以简单地随心所欲不逾矩地享受自由，正如"天下有道，老百姓就不会议论纷纷"③一样。

儒家艺术人生的理想是将艺术贯穿整个人生，而不仅仅是人们偶尔面对的重要时刻，比如像跳进着火的楼房里救人，或者是为了保卫国家而承担一项危险的使命。实际上在日常生活中、在提供各种社会服务中、在建立牢固的社会关系中始终如一地保持美学状态，要比偶尔面对的重大时刻当中做出艺术的表现更加困难。这也是曾点精神不同于道家和佛教理想之处。道家和佛教通常建议人们远离社会。能够

---

① 知其不可而为之。（14.38）
② 叶公问孔子于子路，子路不对。子曰："汝奚不曰，其为人也，发愤忘食，乐以忘忧，不知老之将至云尔。"（7.19）
③ 天下有道，则庶人不议。（16.2）

在儒家意义上艺术地生活的人，也许按照通常的艺术概念，根本就算不上艺术家。然而，对孔子而言，这样的人必然会显达（12.20），因为如果不能将自己与他人的关系调节成和谐与愉悦的话，他就不能算是一个生活艺术家。

精英主义者？

由于绝大多数情况下孔子都很注意礼节，所以有时候他会显得有些做作。

> 鲁君召孔子去接待宾客，孔子总是面色矜持庄重，脚步也快起来。向两旁的人作揖，或者向左拱手，或者向右拱手，衣裳一俯一仰，却整齐不乱。快步向前的时候，像鸟儿展开两翅一般。宾客走后，一定向君主回报说："客人已经不回头了。"①
>
> 孔子走进朝廷的门，谨慎而恭敬的样子，好像没有他的容身之地。站，不站在门的中间；走，不踩着门槛过。经过国君的座位，面色变得矜庄，脚步加快，言语也好像吐气不足。提起衣服下摆上堂的时候，恭敬谨慎的样子，憋住气好像不呼吸一般。退

---

① 君召使摈，色勃如也，足躩如也。揖所与立，左右手，衣前后，襜如也。趋进，翼如也。宾退，必复命曰："宾不顾矣。"（10.3）

出来，走下一级台阶，面色便舒展了，怡然自得的样子。走完了台阶，快快地向前走几步，好像鸟儿舒展翅膀一样。回到自己的位置上，恭敬而不安的样子。①

有些学者对《论语》这一章里描述孔子为人的类似细节的段落有所质疑。即便撇开它们的真伪问题不谈，我们也必须意识到，孔子的这些礼节表现的正是他对那些官位（社会地位）的尊重，而不是对那些有权势的个人的讨好。一个特殊的官位就如同人体上的一个针灸穴位：它代表社会关系网络上的"纲"，与网上的其他"目"紧密相连，从而能起到纲举目张的作用。对高一级的官位表示尊重，这不仅仅是意识到它的重要性，同时也是一种正面促进它的方式。它有着双重的目的：既提醒占据这个位置的官员地位的重要性，同时又体现了每一个在特殊地位的人应当如何自律。

孔子意识到严格地遵守恭敬谦让的礼节可能会带来副作用。他说："服侍君主，一切依照做臣子的礼节做去，别人却以为他在谄媚哩。"②但是如果把孔子对君主的谦恭礼节和他谴责有权势的官员滥用职权时所表现出来的一身正气联系起来看，就无论如何也得不出他是一个阿谀奉承的人的结论。孔子对季康子这个僭越权位、掌控国政的鲁国大夫的态度，就充分说明了这一点。季康子经常前往孔子处讨教，有时候甚至还会加入孔子弟子的讨论，但是孔子待他要么是保持

---

① 入公门，鞠躬如也，如不容。立不中门，行不履阈。过位，色勃如也，足躩如也，其言似不足者。摄齐升堂，鞠躬如也，屏气似不息者。出，降一等，逞颜色，怡怡如也。没阶趋进，翼如也，复其位，踧踖如也。（10.4）

② 事君尽礼，人以为谄也。（3.18）

礼节性的距离，要么就是冷言相向。当季康子送来一包药给他，孔子
虽是接受了，却明显地表示了他的勉强，说："我对这药性不很了
解，不敢试服。"①季康子苦于盗贼太多，向孔子求教，孔子答道：
"假若你不贪求太多的财货，就是奖励偷抢，他们也不会干。"②显
然，对一个有较高社会地位的人这样说话是刺耳的，而且，仅从回答
的内容本身而言，这些话也对阻止已经泛滥的偷盗没有任何实际的作
用。然而，考虑到季家在季康子任期内独揽专权、苛税于民的背景，
这个回答再合适不过了！对于像孔子这样的一个人，季康子一定十分
纠结：一方面，他似乎极为尊重孔子；另一方面，他始终都不敢重用
孔子。

此外，孔子不仅仅是对君主行礼。"行乡饮酒礼后，要等老年人
都出去了，自己这才出去。"③"托人给在外国的朋友问好送礼，便
向受托者拜两次送行"。④"孔子遇见穿丧服的人、穿戴着礼帽礼服
的人以及盲人，相见的时候，哪怕他们年轻，孔子也一定站起来；走
过他们的时候，一定快走几步。"⑤显然，这些举止都是他尊礼的表
示。他尊重长者、逝者以及他们的家人和朋友，尊重盲人，这些都说
明了孔子不是一个势利的人。

虽然孔子年轻的时候较为贫寒，且他的一生都不算富裕，但他对
吃穿的确十分讲究。

---

① 康子馈药，拜而受之，曰："丘未达，不敢尝。"（10.16）

② 季康子患盗，问于孔子。孔子对曰："苟子之不欲，虽赏之不窃。"（12.18）

③ 乡人饮酒，杖者出，斯出矣。（10.13）

④ 问人于他邦，再拜而送之。（10.15）

⑤ 子见齐衰者、冕衣裳者与瞽者，见之，虽少，必作；过之，必趋。（9.10，亦见 10.25）

　　粮食不嫌舂得精，鱼和肉不嫌切得细。粮食霉败变味了，鱼肉腐烂了，都不吃。食物颜色变了，不吃。气味难闻，不吃。烹调不当，不吃。不到该当吃食时候，不吃。不是按一定方法切割的肉，不吃。没有适当的调味品，不吃。①

　　暑天，穿粗的或者细的葛布单衣，但一定套在内衣外面。黑色的罩衣配紫羔皮衣，白色的罩衣配麑裘衣，黄色的罩衣配狐裘衣。居家穿的皮袄做得较长，可是右边的袖子要做得短些。睡觉一定有小被，有一身半长。②

这些生活习惯或许说明了这样一个事实，孔子即使家境贫寒，但还是属于贵族阶层。但这并不是说孔子重吃穿胜于求道，否则他就不会在极端艰苦的条件下周游列国长达十数年了。他说："吃粗粮，喝白水，弯起胳膊当枕头，也有乐趣在其中。用不正当的手段得来的富贵，在我看来就像浮云一样。"③"读书人有志于道，却又以自己吃得不好穿得不好为耻辱，这种人不值得同他商议了。"④他论及弟子颜回时说："颜回真是贤啊，一筐饭，一瓢水，住在简陋的巷子里，别人都受不了那穷苦的忧愁，颜回却不改变他自有的快乐。颜回真

----

① 食不厌精，脍不厌细。食饐而餲，鱼馁而肉败，不食。色恶，不食。臭恶，不食。失饪，不食。不时，不食。割不正，不食。不得其酱，不食。（10.8）
② 当暑，袗绤绤，必表而出之。缁衣，羔裘；素衣，麑裘；黄衣，狐裘。亵裘长，短右袂。必有寝衣，长一身有半。（10.6）
③ 饭疏食饮水，曲肱而枕之，乐亦在其中矣。不义而富且贵，于我如浮云。（7.16）
④ 士志于道，而耻恶衣恶食者，未足与议也。（4.9）

是贤啊！"①孔子曾一度想搬到九夷去住。有人说："那地方非常简陋，怎么好住？"孔子道："有君子去住，就不简陋了。"②

精英主义者通常是那种轻视社会底层的劳动人民或弱势群体的人。因而，精英主义总是和高傲自诩的品性联系在一起。然而，在孔子身上找不到这种痕迹。恰恰相反，孔子总是清醒地看到自己的不足，他说："君子之道有三，我一样也没能做到：仁德的人不忧虑，智慧的人不迷惑，勇敢的人不畏惧。"子贡道："这是先生对自己的叙述哩。"③

据说孔子还宣称：

> 君子之道有四，我一样也没能做到：用要求儿子的标准来侍奉父亲，我没有做到；用要求臣下的标准来侍奉君主，我没有做到；用要求弟弟的标准来对待兄长，我没有做到；用要求朋友的标准来首先对待自己的朋友，我没有做到。④

在这段话里，他提及自己是作为儿子、下级、弟弟，而不是作为父亲、上级、兄长，这就清楚地表明了，他从根本上考虑的是如何使自己成为一个更好的人，而不是考虑自己作为精英应该得到怎样的特权。

---

① 贤哉，回也！一箪食，一瓢饮，在陋巷，人不堪其忧，回也不改其乐。贤哉，回也！（6.11）
② 子欲居九夷。或曰："陋，如之何？"子曰："君子居之，何陋之有？"（9.14）
③ 子曰："君子道者三，我无能焉：仁者不忧，知者不惑，勇者不惧。"子贡曰："夫子自道也。"（14.28）
④ 君子之道四，丘未能一焉：所求乎子以事父，未能也；所求乎臣以事君，未能也；所求乎弟以事兄，未能也；所求乎朋友先施之，未能也。（《中庸》第十三章）

当然，孔子也相当了解自己的优点。据说子夏曾问孔子道："颜回的为人如何？"

孔子说："颜回比我更加守信用。"

子夏问："那么子贡为人如何？"

孔子说："子贡比我更机智。"

子夏问："子路的为人呢？"

孔子说："子路比我勇敢。"

子夏又问："子张呢？"

孔子说："子张比我更庄贤。"

子夏离席起身，恭敬地问道："那为什么他们四位要跟随先生学习？"

孔子说道："坐下吧，听我告诉你。颜回虽然能守信用，但他不能随机应变；子贡有机智，但是不知道什么时候应当藏拙寡言；子路虽然有勇，但不懂什么时候该有畏惧之心；子张能够显得庄矜，但是不能与人打成一片。把他们四个人的长处加在一起和我交换，我都不干。这就是为什么他们一心一意地跟着我的原因。"[1]

这段对话似乎准确地抓住了孔子如何看待自己和看待别人的特征。它与《论语》里孔子的其他说法完全一致："三个人同行，其中便一定有可以作为我老师的人。我选取他的优点向他学习，看到

---

[1]   "颜回之为人奚若？"子曰："回之信贤于丘。"曰："子贡之为人奚若？"子曰："赐之敏贤于丘。"曰："子路之为人奚若？"子曰："由之勇贤于丘。"曰："子张之为人奚若？"子曰："师之庄贤于丘。"曰："然则四子何为事先生？"子曰："居，吾语汝，夫回能信而不能反，赐能敏而不能讷，由能勇而不能怯，师能庄而不能同，兼四子者之有以易吾弗与也，此其所以事吾而弗贰也。"（《孔子家语》，上海古籍出版社1990年版）

他的缺点之处就作为借鉴而改正。"①

这两段话都说明了，当他看别人时，他首先是发现他能从对方那里学到什么，即使对方是他的弟子。苏格拉底说过："知道自己无知才是智慧。"而对儒家而言，或者可以说："看到自己的渺小就是伟大。"苏格拉底把自己比作牛虻，去叮醒人们意识到自己的无知，孔子却更像一块磁铁，以自己的榜样，吸引他的弟子，提醒他们看到他们各自的不足和怎样加以改进。

男性至上主义者？

在整部《论语》里，没有一处提到孔子的母亲和妻子，只有一个地方提到了他的女儿，也只是说把她嫁给了他的一个弟子："孔子说公冶长，'可以把女儿嫁给他。他虽然曾被关在监狱之中，但不是他的罪过'。便把自己的女儿嫁给了他。"②在另一段里，《论语》记载孔子把他的侄女许配给另一个学生南容。"孔子说南容，'国家有道时，他不会被废弃不用；国家无道时，他也可以免于刑戮'。于是把自己的侄女嫁给了他。"③

从以上事例看来，或许已经可以怀疑孔子认为妇女的作用仅限于

---

① 三人行，必有我师焉：择其善者而从之，其不善者而改之。（7.22）
② 子谓公冶长，"可妻也。虽在缧绁之中，非其罪也。"以其子妻之。（5.1）
③ 子谓南容，"邦有道，不废；邦无道，免于刑戮。"以其兄之子妻之。（5.2）

在家庭当中。然而，没有哪一段话比《论语·阳货》第二十五节遭到更多的批评说孔子歧视妇女了。孔子道："只有女子和小人是难养的。亲近了，他们会无礼；疏远了，他们会怨恨。"[1]这段话经常被后世儒家引用来作为性别歧视的理论依据，因而也确实充当了压迫妇女的权威理由。将女性与小人并列，是逻辑上的错误，因为"女人"是自然属性，而"小人"是道德评价范畴。不仅如此，它显然是带歧视性的归纳。

一些同情孔子的学者怀疑"女子"一词是指女仆，而不是一般意义上的妇女，因为当时统称妇女的时候，一般是用"妇人"，而不是"女子"。（Li，2000）但如果真是这样，为什么单挑出女仆呢？另一些人则认为，自古以来人们都误读了这段话里的"女"字。它不是读"女"，而应当读"汝"，因为在古代，"女"字通常用为"汝"，意为"你"。在《论语》里，18处的"女"字中，有17处是用作"汝"字解的。根据这种读法，这段话的意思为"只有你们这些小子和小人是难养的"。这里的"小子"也指他的一些弟子。然而，这种读法带来另一种困惑，那就是难以解释为何孔子要把自己的弟子和小人一类并列？

无论这段话是否说女人，我们不应错失它的字面意义底下所包含的指导性的信息。正如清代汪烜在《四书诠义》提及这段话的时候所说："这是在告诉我们，无论是修身还是齐家，都不能轻视任何一件事情，慢待一样事物。不要以为仆人和妾的地位微贱，可以

---

[1]　唯女子与小人为难养也，近之则不孙，远之则怨。（17.25）

随我使唤，而疏忽地对待他们。"①这就是我称之为"功夫视角"的
解读——即把这段话当作一种人生的指导，而不是对事实的描述。
从这个视角出发，这段话更多的是提醒人们，一个人如果修养得好
的话，就应当能做到让那些难缠的人也"近者说（悦），远者来"
（13.16）。宋代学者吕祖谦也进一步说明了这点：

> 考虑到对待这些难以应对的人，最大的困难就是要做到严格
> 而不尖刻。通常情况下，不尖刻就难以严格，为了严格，必须做
> 出特别的努力。这恰恰像"恭而安"的原理，普通的人通常要约
> 束自己才能显出恭敬的样子，如果无拘无束就会显得无礼。而只
> 有有着很深修养的人才能自然地严格和恭敬。一个人内心如果修
> 养不够，他就只能靠造作来虚张声势了。"威而不猛"也是相同
> 的意思。②

这里的"恭而安"和"威而不猛"均出自《论语》："子温而
厉，威而不猛，恭而安。"（7.38）这里的"安"字包含的要求甚至
超过了"从心所欲不逾矩"（2.4），因为"不逾矩"还仅仅是讲修身
养性对自己本人的影响，也就是说，使自己能够做到不越出规矩。然
而，我们刚刚引用的几段话（17.25，7.38及13.16），要求人们即使在

---

① 此言修身齐家者不可有一事之可轻，一物之可慢，毋谓仆妾微贱，可以惟我所使，而忽以处
之也。（程树德：《论语集释》，中华书局1990年版，第1244页）

② 要当思其所以处之之道，夫不恶而严，最人之所难。盖常人不恶则不严。苟欲其严，必作意
而为之。亦如恭而安，寻常人恭敬者多拘束才安，肆则不恭矣。惟性情涵养，则自然严恭。
苟内不足，则必待造作。威而不猛亦其类也。（吕祖谦：《丽泽论说》卷二，文渊阁四库全
书本）

最乏味的日常生活中，也能时时刻刻既有威严，又能吸引那些难以应对的人，使他们近而不至于不恭，远而不怨，反而被吸引过来。从这个角度来读，《阳货》第二十五节与《论语》其他部分以及整个儒家精神是相当一致的。

关于孔子对待女性的态度，《论语》里还有一段让人困惑的话：

> 舜有五位贤臣，就天下太平。周武王说，"我有治国之臣十人"。孔子说："（常言道：）'人才难得。'不正是这样吗？唐尧和虞舜以来，在周武王那时人才算是最盛了，（然而武王那十位人才之中）还有一位妇女，实际上只是九位罢了。"[①]

这段话有两种截然不同的解读：一种解读说，它反映了孔子排斥妇女。在他心目中，妇女是可以忽略不计的。然而，这种解释似乎太极端，而且很难理解，凭孔子的理性水准，为什么仅仅因为这个人是妇女，他便将她排斥掉？另一些学者认为，孔子是在强调人才多么难求。在那个时候，人们通常会以为那十个极富才能的官员都是男性。既然其中一个为女性，那就不是在所有的男人当中产生了十个人才，而是在包括男性和女性的整个人口中，产生了十个人才。如果仅从男性人口来考虑，就不到十个人。用皇侃（488—545）的话来说，当孔子清楚地说明有一位女性也在能干的官员之列时，是想明确地表示，周朝的繁荣兴旺，不仅仅归功于男人的才能，女性的能力也是周朝改

---

① 舜有臣五人而天下治。武王曰："予有乱臣十人。"孔子曰："才难，不其然乎？唐虞之际，于斯为盛，有妇人焉，九人而已。"（8.20）

革的动力。①

撇开这些解释不说，我们有理由相信，即便像孔子这样的伟大人物，也仍然会受历史局限的制约。作为深受周文化影响的男性，他的妇女观也可能强烈地受到男性主宰的传统和历史的影响。在周朝以前，事实上妇女在社会和政治事件中扮演相当活跃的角色。妇女的地位在周朝下降，大概因为周朝的开创者认为，商朝的腐败衰落很大原因在于女性干政。据说周武王曾经说过，商朝最后一个帝王只听命于他的女人，允许母鸡报晓。②而且，西周的衰落据说也是与一个女人有很大的关系。传说周幽王（前781—前771年在位）的宠妃褒姒操控了昏庸无能的周幽王，葬送了周朝的都城。《诗经·小雅·正月》曰：

心之忧矣，（心中忧愁深又长，）

如或结之。（好像绳结不能解。）

今兹之正，（当今政治真难说，）

胡然厉矣？（为何越来越暴烈？）

燎之方扬，（大火熊熊烧起时，）

宁或灭之？（难道有谁能扑灭？）

赫赫宗周，（辉煌显赫周王朝，）

褒姒灭之！（褒姒竟然将它灭！）

① 程树德：《论语集释》，中华书局1990年版，第558页。

② 王晖：《商周文化比较研究》，人民出版社2000年版，第386页。

　　周幽王为取悦褒姒，举烽火召集诸侯，诸侯匆忙赶至，却发觉并非寇匪侵犯。后来，犬戎入寇，周幽王再举烽火示警，诸侯以为又是骗局而不愿前往，致使幽王被犬戎所弑，褒姒亦被劫掳。幽王为情所惑的结果，开始了春秋时代连绵不断的动乱，这种动乱也贯穿了孔子的一生。

　　其实褒姒很可能只是个郁郁寡欢、不屑取悦君王的冷美人而已。昏庸的幽王为博其一笑而想出烽火戏诸侯的馊主意，结果，自取灭亡。历史上，人们却妖魔化了褒姒，将责任推到她一个人的身上。从《诗经》中反映出来的对这些历史事件的集体记忆，可能让孔子像同时代的大多数男性一样，对妇女带上了偏见并由此而对女性抱以警惕。但是，把孔子当成歧视妇女的后来的追随者如董仲舒那样的男尊女卑主义者，却有失公平。虽然孔子受历史的局限，但他也不会认为一个善良的女性低于一个邪恶的男人，正如他不会将一个正直的大臣看作低于一个邪恶的君王一样。此外，即使有偏见，儒家关于"仁"的整体精神，使它可以很容易地摆脱性别歧视。如果我们拿儒家与当代的女性主义比较，我们会发现在两者之间，同多于异。正如李晨阳所说，儒家和女性主义在基本道德理念方面是相同的，因为两者都是以关爱为核心，重视特殊的人际关系、具体情境、性格塑造，而不是像以权利为核心价值的道德理论那样，去强调个人的权利和普遍道德律令。（Li，2000）当然，孔子不会像某些女权主义者那样，为了强调男女平等而拒绝承认一切性别差异。他会说，男人和女人有一些基本的不同，这些不同应当成为男女互惠、互补的关系和职责的基础。

直与诚

孔子有时候给人以不太诚实的印象。如我们前面提到过的，他认为父子互相隐瞒对方的过失是正当的。虽然我们也解释过，这是基于孝，而孝是仁义之本，因而孔子认为是合理的，但这也说明在孔子看来，有时候是可以撒一点谎的。《论语》里以下这个故事更加说明了这一点：孺悲托人传话，要会晤孔子，孔子托言有病，推辞不见。传话的人刚出门，孔子便拿过瑟来，边弹边唱，故意使传话的人听到。①

显然，孺悲是孔子不愿意会见的人。但是孔子不直接拒绝他，大约觉得这样会让他过于难堪，于是撒一个谎，借口病了，给他留一点面子。同时，孔子又想让孺悲知道这只是一个借口，以免他误会是真的因病不能见他，让他心里明白，实际上是孔子不想见他。

孔子关于"信"的言论似乎也有不一致的地方。一方面，他说："一个人怎么可以不讲信用呢？大车小车，如果没有了连接辕和前横木的销钉，还能走吗？"②他的得意弟子曾子和子夏，也反复强调"信"的重要性。（1.4，1.7）"信"甚至后来与仁、义、礼、智并列，成为儒家五德之一。这与《圣经》的戒律"不能撒谎"的基本精神是一致的，其通常的理解也包括要遵守诺言、言行一致等等。然而，另一方面，孔子又说："说到的一定就要做到，干什么事情都非

---

① 孺悲欲见孔子，孔子辞以疾。将命者出户，取瑟而歌，使之闻之。（17.20）
② 人而无信，不知其可也。大车无輗，小车无軏，其何以行之哉？（2.22）

要达到目的不可，那不过是固执不变的小人而已。"①孟子也附和孔子的这个论点，说："有德行的人，说话不一定句句守信，行为不一定贯彻始终。他唯一的标准是看是否符合义。"②

然而孔子和孟子其实并不自相矛盾。孔子认为，信就是总体上保持言行的一致，而不是从字面上去理解，把它当作死规定。一般情况下，人们应当言语信实一致，说到做到，但在某些情况下，实话实说，或者为了不说谎而保持沉默，并不符合道义。在对待孺悲这件事上，孔子确实传递了不想见他的信息，他只是以间接的方式，避免了直接拒绝的尴尬。从"功夫"的视角来看，孔子是看到了直言不讳的尖刻性，所以他一方面指导人们，行仁义时在大多数情况下要言语信实，但不能机械地执着于这一点。从根本上而言，人们应当掌握灵活运用的艺术，也就是前面讲到过的"权"，来确定在某个特定情况下是否直言不讳、说到做到或者行为有始有终。其实这和我们的道德常识相当一致。大多数人不会对濒临死亡的祖母说"你看上去糟透了！"在这种情况下，有点基本常识的人都会宽慰说"你看上去不错"。这显然是安抚性的话，这里不是在描述病者的真正状况，而是在鼓励和安慰一个垂死的老人。如果把这句话作为状况描述，无疑是一个谎言，但是作为一种行为姿态，它就是一种真诚和善意，正如今人所言"美丽的谎言"。德国哲学家康德有一个最著名的观点就是，说谎在任何情况下都是不道德的，因为这是不尊重对方。但是，像"他甚至不屑对我撒谎"这种说法，表达的却是，有时候撒谎也可以

---

① 言必信，行必果，硁硁然小人哉。（13.20）
② 大人者，言不必信，行不必果，惟义所在。（《孟子·离娄下》）

是对一个人的尊重。现实生活的复杂性，要求人们有更高意义上的诚实水准，而不是康德所提倡的简单诚实。

后来儒家用"诚"来表达这种更高级别的真诚。如果说"信"是一种行为的特征，那么"诚"则更多的是行为背后的心理和动机的特征。一个诚实的人在不说出真相时也可以是真诚的。诚实的人不是孔子称之为"乡愿"的那种人。"乡愿"就是乡里的老好人，孔子说："那种谁也不得罪的好好先生是足以败坏道德的人。"①孟子解释说，"乡愿"是一种伪君子，他试图在人人面前扮好人。这种人也许没有恶意，但对于德却十分有害：

> 这种人你要指责他，找不出什么大毛病；想责骂他，也没有什么值得责骂的；他们同流合污，为人好像忠诚老实，行为好像方正廉洁，大家也都喜欢他，而他也以为自己很正确，但与尧舜之道是完全背离的，所以说他们是贼害道德的人。②

的确，这种人有时甚至会被人看作道德楷模，因为他总是显得很正确，但是他的"德行"仅仅是符合大多数人眼中的"好人"（诚实、忠信）标准，而在他的内心深处却毫无美德可言。

相比较而言，"诚"是比"信"更高境界的功夫。它需要有对特定情形的辨别能力，看得出什么是真正的善。相应地，它也要求旁观者具有鉴别一个行为背后有无诚意的能力。有些哲学家说感觉

---

① 乡愿，德之贼也。（17.13）
② 非之无举也，刺之无刺也。同乎流俗，合乎污世。居之似忠信，行之似廉洁。众皆悦之，自以为是，而不可与入尧舜之道，故曰德之贼也。（《孟子·尽心下》）

是虚伪和不可靠的。他们举例说，一根笔直的棍子一半插在水里的时候看上去是弯曲的，一座大山远看就显得很小，等等。可是，苏格兰常识哲学家托马斯·锐德指出，这种责难是冤枉的。一半在水中的棍子看上去确实是弯的，远看的时候，一座大山也确实显得很小；可能出错的，是我们自身对感觉的判断。（Reid，1846）同样道理，一个看上去是谎言而实际是出于真诚的行为，需要一个更清醒的判断，来看出其中更高意义上的那种诚信。另一方面，真话也可能恰恰来自那些根本不知道德和善为何物的"乡愿"。这就是为什么当子贡问道："满乡村的人都喜欢他，这个人怎么样？"孔子说："还不行。"子贡问："满乡村的人都厌恶他，这个人怎么样？"孔子说："还不行。最好是满乡村的好人都喜欢他，满乡村的坏人都厌恶他。"①

　　不管别人是否具备这样的能力，一个人自己应当努力培养既真诚又能灵活处理复杂人际关系的艺术。正如子游所说："对待君主过于烦琐，就会招致侮辱；对待朋友过于烦琐，就会反被疏远。"②在回应子路怎样可以叫作"士"的时候，孔子答道："互相恳切批评勉励，又能和睦共处，可以叫作'士'了。"似乎这个回答还不够精确，他又补充道："朋友之间，互相恳切批评勉励；兄弟之间，和睦共处。"③《论语》的记录者们真是够仔细，他们没有漏掉这种微妙

---

① 子贡问曰："乡人皆好之，何如？"子曰："未可也。""乡人皆恶之，何如？"子曰："未可也；不如乡人之善者好之，其不善者恶之。"（13.24）

② 事君数，斯辱矣；朋友数，斯疏矣。（4.26）

③ 子路问曰："何如斯可谓之士矣？"子曰："切切偲偲，怡怡如也，可谓士矣。朋友切切偲偲，兄弟怡怡。"（13.28）

但又意味深长的细节。区别对待朋友和兄弟的原因，在于兄弟为血缘关系，更加接近仁爱之"本"，应当给予更多的呵护。这种观念后来被孟子进一步发扬了。引用古人"易子相教"（互相教对方的子女）的传统，孟子说："父子之间不应互相责备对方的不好。互相指责对方的不好，就会产生隔阂。父子间产生隔阂，那是最不好的事情。"①

这些教导也必须理解为人生的指南，而不是约束行为的严格律令。孔子的意思绝不是说不必与友为善，也不是说对兄弟无须有批评。这实际上只是程度的问题：相比之下，对兄弟比对朋友要更多地注意和睦。在实际应用这些人生指南时，还需根据特定条件下的实际情况给予相应调整。

这种艺术运用实为不易。原理的灵活性容易被作为耍花招的借口而被滥用。既然孔子不能准确地告诉人们何时何地可以托词或掩盖真相，这就事实上给每个人留下了"看着办"的空间。结果，受儒家传统影响的人比信仰基督教的人会更不犹豫地撒谎，即便在撒谎不是非常必要的情况下。也许我们会责备孔子没有把"信"作为一种严格的律令，但问题是出现在我们的读解上，而不是孔子本身。因为孔子已经指出，人们要培养具体运用这个艺术的能力，而不是将那些原理强加给不知怎样运用的人。

---

① 父子之间不责善。责善则离，离则不祥，莫大焉。（《孟子·离娄上》）

归根结底，孔子是个人

　　要感谢《论语》的编录者，使我们对孔子作为一个人可以有相当翔实的了解。

　　如我们前面所提到的，孔子讲究吃穿。在他的吃穿习性中有一些显得有点古怪挑剔，如肉切得不正或者调料不好不吃，哪怕席上肉很多，吃肉的量也不超过主食。只有喝酒，孔子不限量，只要不至于喝醉就行。①他还有一些其他的特别举止，如座席摆的方向不合礼制，不坐；吃饭的时候不说话；睡觉不像死尸一样直躺。②

　　《论语》也显示了，孔子热爱音乐并很精通乐理。他在齐国听到《韶》乐，居然如此投入那个音乐的境界，以至于三个月尝不出肉味。③他在与鲁国音乐大师的一次对话中说："音乐，那是可以晓得的：开始演奏，翕翕热烈；继续下去，纯纯和谐，皦皦清晰，绎绎不绝，然后收尾。"④他喜欢唱歌："孔子同别人一道唱歌，如果唱得好，一定请他再唱一遍，然后自己又和着他唱。"⑤

　　《论语》也清楚地告诉我们，孔子不喜欢巧舌善辩。他说："古人不轻易开口发表言论，是以自己的行动跟不上为耻呀！"⑥孟子告

---

① 肉虽多，不使胜食气。唯酒无量，不及乱。（10.8）
② 席不正，不坐。（10.12）食不语。（10.10）寝不尸。（10.24）
③ 子在齐闻韶，三月不知肉味。（7.14）
④ 子语鲁太师乐，曰："乐其可知也：始作，翕如也；从之，纯如也，皦如也，绎如也，以成。"（3.23）
⑤ 子与人歌而善，必使反之，而后和之。（7.32）
⑥ 古者言之不出，耻躬之不逮也。（4.22）

诉我们，孔子曾经说自己"不擅于言辞"①。在他看来，"花言巧语，装出好看的脸色来讨人喜欢，这种人很少是仁德的"。"君子总想着言语要谨慎迟钝，做事要勤劳敏捷。"②

孔子对待他最亲密的弟子之一子路的态度特别有意思。子路是一个既热心正直，又单纯冲动的人。一次孔子赞赏弟子颜回，子路脱口而出问道："您若率领军队，找谁共事？"言下之意，真有了危难，你还不是要找我子路？

孔子答道："赤手空拳和老虎搏斗，不用船只去涉水过河，这样死了都不后悔的人，我是不和他共事的。我要找的，一定是临事小心谨慎，善于谋略而能成功的人！"③

另一次，孔子给子路设了一个圈套，说："如果我的道行不通，只能坐个木排到海外去，跟随我的恐怕只有子路吧！"

子路听到这话，很是得意。没想到孔子接着来了一句："子路好勇的精神超过了我，但不懂得把勇用在什么材料上！"④

与不同人打交道的经验告诉我们，有些人能正视自己的弱点并善于接受别人的批评指正，而另一些人却比较粗心和头脑简单。对于前者，需要特别小心地不伤害到他们的自尊，婉转的提醒就足以令他们注意到自己的问题。颜回显然就是这样一个人。孔子对颜回无须三申

---

① 我于辞命，则不能也。（《孟子·公孙丑上》）

② 巧言令色，鲜矣仁。（1.3）君子欲讷于言而敏于行。（4.24）

③ 子谓颜渊曰："用之则行，舍之则藏，惟我与尔有是夫。"子路曰："子行三军，则谁与？"子曰："暴虎冯河，死而无悔者，吾不与也。必也临事而惧，好谋而成者也。"（7.11）

④ 子曰："道不行，乘桴浮于海，从我者，其由与！"子路闻之喜。子曰："由也好勇过我，无所取材。"（5.7）

五令，因为颜回总是认真听取并遵照执行，同样的错误决不会犯两次。①只有一次，孔子以比较严厉的口气说颜回："颜回不是对我有所帮助的人，他对我的话没有不喜欢的。"②而这里，正如我们前面所解释过的，是为了促动他挑孔子本身的毛病。而对于后者，只有下猛药才能达到预期的效果，这正是孔子对待子路的方式。然而，当他对子路的批评引起其他弟子对子路的不恭时，孔子阻止这些弟子，并对他们说："子路么，在学习上已经走上正路了，只是还不够精深罢了。"③

在大多数情况下，孔子爱憎分明。伯牛生了病，孔子去探望他，隔着窗户握着他的手，说："看来没希望了，这是命呀！这样的人竟生这样的病！这样的人竟生这样的病！"④颜回去世时，他伤心欲绝地喊道："咳！老天要我的命呀！老天要我的命呀！"跟着孔子的人劝道："您太伤心了！"孔子说："真的太伤心了吗？我不为这样的人伤心，还为什么人伤心呢！"⑤然而当有个弟子抱怨说"不是我不喜欢老师的道，是我力量不够"的时候，孔子严厉地批评道："如果真是力量不够，那也是走到半道走不动了。现在你是先给自己划了界限。"⑥

---

① 语之而不惰者，其回也与？（9.20）有颜回者好学，不迁怒，不贰过。（6.3）

② 回也非助我者也，于吾言无所不说。（11.4）

③ 由也升堂矣，未入于室也。（11.15）

④ 伯牛有疾。子问之，自牖执其手，曰："亡之，命矣夫！斯人也而有斯疾也！斯人也而有斯疾也！"（6.10）

⑤ 颜渊死。子曰："噫！天丧予！天丧予！"（11.9）从者曰："子恸矣！"曰："有恸乎！非夫人之为恸而谁为！"（11.10）

⑥ 冉求曰："非不说子之道，力不足也。"子曰："力不足者，中道而废。今女画。"（6.12）

通常孔子小心翼翼地不去伤害他人的自尊，但是对宰予这样一个油嘴滑舌又好闲偷懒的人，他会例外。看到宰予大白天在睡觉，孔子说："腐烂了的木头雕刻不得，粪土似的墙壁粉刷不得；对于宰予么，不值得责备呀。"似乎这样说还不够，孔子又说："最初，我对人家，听到他的话，便相信他的行为；今天，我对人家，听到他的话，却要考察他的行为。是宰予让我改变了态度。"①

孔子看不起那种明明内心藏着怨恨、表面上却同他人要好的行为，②但他毫不避嫌与那些被冤枉的人来往。当强权的季氏违反了作为维持社会根本秩序的礼时，他愤怒了，说："他用六十四人在庭院中奏乐舞蹈，③这样的事都忍心去做，还有什么事他不忍心去做的呢？"④但对于一个自己没有过失却被投进监狱的人，孔子却将自己的亲闺女许配给了他。

个别时候，孔子也会有失稳重。孔子在不顾一切寻找实现其政治理想的机会时，曾去拜会了声名狼藉的卫灵公夫人南子。南子以风流著称。当孔子注意到子路为此不快时，孔子竟然像小孩子被怀疑做错了事一样，对子路发誓说："我假若做了不正当的事，天厌弃我罢！天厌弃我罢！"⑤

---

① 宰予昼寝。子曰："朽木不可雕也，粪土之墙不可杇也。于予与何诛？"子曰："始吾于人也，听其言而信其行；今吾于人也，听其言而观其行。于予与改是。"（5.10）

② 匿怨而友其人……丘亦耻之。（5.25）

③ 这样规模的舞蹈按照当时的礼节只有天子才可以享受。

④ 八佾舞于庭，是可忍也，孰不可忍也？（3.1）此处"忍"字多读为"容忍"，但亦有以"反慈为忍"（慈悲为"不忍"），读为"忍心"。（杨伯峻：《论语译注》，中华书局1980年第2版，第23页；钱逊：《论语浅解》，北京古籍出版社1988年版，第51页）

⑤ 子见南子，子路不说。夫子矢之曰："予所否者，天厌之！天厌之！"（6.28）

　　虽然孔子如此发誓，但他拜见南子一事仍然引来无数批评，认为他的行为不符合中国传统的男女授受不亲之礼。现代学者林语堂以此故事为脚本写了《子见南子》的剧本（1928年），并于1929年夏由曲阜第二师范学院的学生搬上舞台。孔子的后代极为恼怒，控告学院院长侮辱他们的先祖孔子，最后，由当时的南京国民政府出面干预，解雇了院长而了结。

　　然而，大多数情况下孔子对待不公平的批评持一种幽默的态度。当有人嘲笑他说："大哉孔子！学问广博，可惜没有足以树立名声的专长。"孔子听了这话，就对学生们说："我干什么呢？赶马车呢？还是做射手呢？我赶马车好了。"①那些刻板注解孔子的人不愿意看到他们心目中伟大的圣人受人调侃，因而试图解释这是孔子对赞扬的谦虚。他们甚至把"大哉孔子"写成大字挂在墙上以赞美孔子，而误会了批评者从根本上的讽刺意义以及孔子对待荒唐批评的反讽。

　　另一次，孔子与他的弟子们在郑国走散了。他独自站在东郭门外。有人告诉子贡说："东门外有个人，身高九尺六，深眼眶，长脸颊，脑袋像尧，脖子像皋繇，肩膀像子产，但是腿比禹要短三寸，栖栖惶惶地像找不到家的狗（累然如丧家之狗）。"后来子贡把这话告诉了孔子，孔子笑着说道："身体形状无所谓。说我像丧家之狗，我真是这样吗？我真是这样吗？"②有意思的是，尽管孔子对待这种描述采取了幽默的态度，而后世却依然有人将"丧家之狗"用来诋毁孔子。

---

① 达巷党人曰："大哉孔子，博学而无所成名。"子闻之，谓门弟子曰："吾何执？执御乎？执射乎？吾执御矣。"（9.2）

② 《孔子家语》，上海古籍出版社1990年版。

偶尔，孔子也会感到难堪。有一次孔子来到了弟子子游作县长的武城，听到弦歌之声，孔子微笑着说："杀鸡用得着牛刀吗？"言下之意是，治理这个小地方，用得着乐教吗？

子游答道："从前我听老师说过，君子学道，就会有仁爱，小人学道，就容易使唤。"

孔子听了，意识到自己失言了，回头对弟子们说："学生们，言偃的话是对的。我刚才那句话不过同他开玩笑罢了。"①

另一次，季氏的家臣阳货要想让孔子去拜会他，孔子不去，阳货便送孔子一只蒸熟了的小猪，想用这个方法迫使孔子上门道谢。孔子专门挑了一个阳货不在家的时候，登门造访。不巧，却在路上撞见了阳货。他对孔子说："你过来，我有话和你说。"

孔子走到他的跟前，他对孔子说："自己有一身的本事，却听任国家的事情糊里糊涂，这可以说是仁吗？"

孔子没有吭声。他便自己接口道："不可。喜欢做官，却屡屡错失机会，这可以叫作聪明吗？"

孔子仍然没有吭声。他又自己接口道："不可。时光一去，便不再回来了呀！"

孔子这才说道："好吧，我出来做官。"②

---

① 子之武城，闻弦歌之声。夫子莞尔而笑，曰："割鸡焉用牛刀？"子游对曰："昔者偃也闻诸夫子曰：'君子学道则爱人，小人学道则易使也。'"子曰："二三子！偃之言是也。前言戏之耳。"（17.4）

② 阳货欲见孔子，孔子不见，归孔子豚。孔子时其亡也，而往拜之。遇诸途。谓孔子曰："来！予与尔言。"曰："怀其宝而迷其邦，可谓仁乎？"曰："不可。——好从事而亟失时，可谓知乎？"曰："不可。——日月逝矣，岁不我与。"孔子曰："诺，吾将仕矣。"（17.1）

　　有趣的是，在这个故事里孔子完全没有被描述为一个总是给别人教诲的圣人；相反，却是阳货这个孔子并不很看好的人给孔子讲开了课。

　　虽然我们找不到有关孔子在个人感情方面的事迹和言论，《论语》里面有一条记录也许能透露一些孔子对感情的看法。《诗经》里有这样一首诗：

　　　　唐棣之华，（唐棣开花，）

　　　　偏其反而。（翩翩摇摆。）

　　　　岂不尔思？（我能不思念吗？）

　　　　室是远而。（只是离得太远了。）

　　孔子评论说："不是真的思念。如果真的思念，再远又有什么关系？"[1]评注者一般都将这句话看作是孔子对于仁的比喻，因为他曾说过："仁远乎哉？我欲仁，斯仁至矣。"（7.30）但一句话并不仅限于一种含义，很可能孔子对感情也抱同样的看法。

　　《论语》的记录者和编者显然是对孔子极为敬重的那些弟子们。但有意思的是，他们收入了上面那些言论和事迹，好像故意要让读者看到，他们的老师最终也是个有血有肉的凡人。把孔子描写成一个真实的人：他享受美食、喜欢音乐和歌唱，有着古怪的衣食习惯，也会犯错误并且遭遇尴尬的局面，但孔子的伟大却因此而显得更加真实和平易近人。

---

[1]　未之思也，夫何远之有？（9.31）

附录一

从"合法性"到"立法者"*
——当代中国哲学地位之转变

一、中国哲学合法性问题的背后

所谓中国哲学的"合法性"，即中国有无自己的哲学传统的问题，困扰了中国哲学界一个多世纪。近百年来，从胡适、冯友兰那一辈人开始，中国许许多多的学者为证明中国与西方一样，也有自己的哲学传统，做出了长期的努力。这种努力一直延续到今天。包括我自己在内的许多"文革"以后去西方学哲学，然后在西方任教的人，最初大部分都是出去学习西方哲学的，但后来绝大多数都改变方向，从事中国哲学与西方哲学的比较研究。我们做的一项主要工作，就是力图使西方哲学界认识到中国传统哲学的存在和它的价值。不少西方研究中国哲学和汉学的学者，也做了大量的工作。这些努力，应该说是取得了可观的成绩。如今，"中国哲学"这个概念在很多场合已经成

* 本文乃基于作者2010年6月在武汉大学"近三十年来中国哲学的发展、回顾与展望"学术会议上的发言及2010年11月在上海"第四届国际中国学论坛"上的发言修改扩充而成。需要说明的是，一方面由于儒家思想是中国传统文化的主流，另一方面也由于本人研究的重点是儒家，所以在文章中多以儒家为例，而并不是想说中国传统哲学就仅仅是儒家。

了中国传统思想的代名词，中国传统哲学的内容也已频繁地出现在许多国际哲学会议、出版物以及大学课程里。一方面受到所谓"政治正确运动"的影响（对多元文化的包容），另一方面也因为来自学生方面的要求，美国的不少大学聘用了中国哲学方面的教师，开设了中国哲学的课程。夏威夷大学培养的中国哲学博士，就职记录几乎是百分之一百，就是一个明证。

　　但另一方面，西方主流哲学界依然对"中国哲学"抱有明显的怀疑和保留态度。大多数在美国从事中国哲学研究和教学的学者，要么是在宗教系或东亚研究部门（大家都知道的杜维明先生在哈佛大学就是东亚语言文化系的教授，而不是哲学系的教授），要么就是在二三流的大学里任教。2006年在互联网上有一篇博客文章曾引起了不少国外从事中国哲学的同行的共鸣。那篇文章从美国密西根大学、斯坦福大学和加州大学伯克利分校的中国哲学教席随着几位老教授的退休或转校而消失这样一个事实出发，指出在美国所有最拔尖的大学的哲学系里，本来就凤毛麟角的中国哲学教席已消失殆尽。在美国想要攻读中国哲学博士学位的青年人，除了夏威夷大学，或干脆到中国大陆、中国台湾、中国香港以及新加坡等地留学，几乎没有什么明显的选择余地。作者用"中国哲学的危机"一词来形容这个现象。①2008年，美国哲学联合会（APA）出了一期由从事中国哲学的学者主编和撰稿的通讯，集中讨论了这个危机。美国旧金山州立大学的贾斯汀（Justin Tiwald）在那个通讯中指出，在所有列入Brian Leiter"哲学品位报告——总体排名"当中有博士学位项目的北美（包括美国和加拿大）

---

① *Leiter Reports*，http://leiterreports.typepad.com/blog/2006/12/the_situation_f.html.

高校哲学系中，统共仅有3个中国哲学方面的学者，而根据他保守的统计，在同样的这些哲学系里，共有99名康德学者和58名西欧中世纪哲学的学者，其比例分别是1比33和1比19。"可以有把握地说，这些哲学系规定他们的研究生阅读的材料中，光是托马斯·阿奎那一个人的著作就要几倍于整个两千余年的中国思想的材料。"①

从学术本身的角度来看，也存在一个深刻的困境。为了证明中国哲学的合法性，许多学者用西方哲学的术语，挑选那些西方哲学论题的框架，用西方哲学惯用的明晰定义和分析的方式，来诠释中国传统思想。但由于两者的基本关怀和思维方法有很大的不同，其结果是，虽然中国传统思想的某些层面在那样的诠释中得到了发掘和展开，但在很多情况下，尤其是在涉及最能体现中国传统思想特点的方面，却出现了这样一个恶性循环：它越是为西方主流哲学家所接受，也就越失去自己；这些学说越是失去自己，也就越显得它自身的贫乏。同时，这些工作越是"成功"，人们就越习惯于用西方的概念体系来诠释中国传统思想，发掘中国传统思想的核心内容也就变得越加困难。面对这种情况，很多研究中国传统思想的学者不断地提醒，不要将西方哲学的术语和框架套在中国古代传统思想的头上，不然就会导致对中国传统思想的误读、误解。但这些努力的结果却往往是让西方哲学界觉得这一套是宗教的而非哲学的、是实践的而非理论的。于是就出现了这样一个基本的困境，那就是中国传统思想要么服从西方主流哲学的概念和思维标准体系，将其天足裹成三寸金莲，被歪曲、误读、

---

① *APA Newsletter on Asian and Asian-American Philosophers and Philosophy*，APA Newsletter Vol.08，No.1，Fall 2008.

整形以后纳入西方哲学学术系统那双绣花鞋中去，要么就只能游弋在现代哲学学术的边缘甚至独立漫游在外，在地域思想研究、宗教研究，甚至是宗教实践等领域跻身。

很明显，中国哲学的合法性这个问题本身就已经预设了有一个既定的"法"在那里。只有首先预设了这样一种法，才谈得上中国哲学的"合法性"或"不合法性"。那个法显然就是西方主流哲学。当然，哲学是从西方的古希腊开端的，中国直到一百多年前才从日本引入了哲学这个概念。从原始的命名来看，西方哲学确实有这个冠名的优先权。但任何概念都是历史的、变化的。很多人已经指出西方哲学内部也有各种非常不同的形态，很难说在西方就有一个对哲学的统一定义。维特根斯坦（Ludwig Wittgenstein）提出过"家族相似"的理论，认为一个类名词所指称的东西，其实并没有一个共同的本质；它们之间只有某种家族的相似，好比一个人的眼睛和他的哥哥相像，而他的鼻子又和他的妹妹相像，但他们兄妹之间并没有一个共同的特征。各种哲学形态之间就是这种情况。托马斯·库恩关于科学范式变更的讨论清楚地表明，科学这个概念，也经历了多次演变。尽管各科学范式之间没有可通约性，但也不妨碍我们把它们都看作是人类求知的科学活动。人们没有因为近代科学与亚里士多德的科学是不同的范式，而挑战近代科学的合法性。同样道理，中国传统思想与西方主流哲学的巨大差异即便大到了没法通约的地步（即没法用一种范式里的概念体系、论证方式、评判标准等去描述和评价另一个范式的内容），但它们都是有关人生、世界及其相互关系的根本问题的探讨和追求智慧的学问，为什么就产生了中国哲学的合法性问题？为什么我们不能对哲学本身来个"正名"，将中国传统思想作为哲学的另一个范式，作为哲学的立法者之一，来参与这个"法"的修订？一个范式的合法性究竟是由什么确定的？为什么人们只谈中国哲学的合法性，而不首先问一下这个由西方主流哲学规定的"法"本身是否合理？显然，光从哲学这个概念的内涵和中国哲学的内容上来理解中国哲学的合法性问题，是太简单了。

前些年，葛兆光曾提出，所谓中国哲学的合法性问题，从根本上来说，"是一个伪问题，因为它可能永远没有结论"。我不知道说它是伪问题是否合适，因为这取决于我们怎么去定义"真问题"，但他后面补充的那句话说得很好——"尽管看上去是伪问题，背后却隐藏有真实的历史，因为关于学科制度、知识分类、评价标准等分歧背后，携带着太多的近代中国以来，思想界和学术界关于融入世界与固守本位的复杂心情。"①这句话指出了它本质上不仅仅是个学术问题，而更是一个历史的、政治的问题。孔子早就说过，为政的首要问题是"正名"。正名是个政治行为，而不仅仅是对指称对象的客观描述。中国哲学的合法性问题本身是在西方物质文明力量占据统治地位以后才出现的。在佛教传入中国的时候，虽然也有本土的儒家和道家文化与佛教文化的冲突，但没有出现过中国本土的儒家或道家思想需要在某种意义上争取其合法性的问题。其中一个主要原因，就是佛教的传入中国并没有伴随着与其相应的物质上的统治。在利玛窦等传教士进入中国的时代，也有中西方思想的交流和冲突，但那时中国传统思想也没有感到需要争取什么合法性。因为那个时候，西方的物质文明还无法逼迫其他的文明感觉到自己处在了"不合法"的地

---

① 葛兆光：《为什么是思想史——"中国哲学"问题再思》，《江汉论坛》2003年第7期。

位。只有在后来西方物质文明强大到了用武力来扩张，以殖民主义的方式来称霸世界的时候，其思想和文化的影响才威胁到其他文化的生存。而且，在以武力为征服手段的旧殖民主义被推翻以后，以商品文化和跨国公司的形态扩展的新殖民主义，也还是以其物质的基础，使西方近代哲学的基本观念和价值在全世界逐渐占据了统治地位，被看作了唯一的先进思想文化，并成了其他思想文化是否合理合法的标准。①

当然，西方哲学也可能确实是适合现代工业文明的思维模式，而与传统中国哲学相应的，是为工业文明所替代的古代农业文明，所以它的合法性受到了质疑。但必须明确的是，在这个意义上，"合法性"不是指它是否属于哲学，而是指它是不是可以看作是跟得上时代的哲学！所以，真正的问题在于，是什么因素决定了这个意义上的合法性？一旦从这个角度提问，问题就超出了哲学本身，而进入了历史、经济、政治，甚至如福柯所说的"权力"的范围，进入了一个哲学系统与这些权力因素的关系的论域。中国哲学确实在过去的一百多年里受到了巨大的挑战。中国传统文化在近代以来节节败退，是不争的事实。所以在过去的一百多年里，中国哲学只能期待在西方学术框架里讨得一个合法的地位。如比利时的汉学家戴卡琳（Carine Defoort）从维特根斯坦的家族相似理论延伸出去所作的比喻那样，中国传统思想在过去的一个多世纪里像是一个寻求被领养的孩子，要想取得一个外国名字，在那个家庭里取得合法地位。然而在自己没有

---

① 张祥龙也曾经说到，中国传统文化的衰落其实是一个大时代的冲撞的结果。参见张祥龙：《儒家原文化主导地位之含义——儒家复活的意识前提以及与印第安文化的对比》，《现代哲学》2010年第1期。

经济实力的时候，屈尊要求被领养还会遭到拒绝，当然更谈不上以中国传统思想为那个"家庭"（哲学）立法了。这种实力的缺乏本身似乎就显示了作为这个社会的文化基础的中国传统哲学，已经不再"合法"。不是其内容不哲学，而是它没有了立身之本。

这个事实很自然地被理解为是中国传统文化本身的落后、腐朽，是优胜劣汰的结果。然而，历史上野蛮征服文明的例子比比皆是，如古希腊军国主义的斯巴达对民主的雅典的征服，哥特人占领罗马最终导致罗马帝国的覆灭，中国历史上蒙古族用铁蹄扫荡文化极为昌盛的宋朝，等等。当西方列强以其坚船利炮打入中国的时候，以仁义廉耻去对抗、用"蛮夷"之类的话语去斥责入侵者，都变成了历史的笑料。事实上，一些本是礼仪文化的品格，在那些"蛮夷"的眼里也成了愚昧落后的象征。①经过五四运动等一系列对中国传统文化的扫荡，这种西方先进、中国落后，中国需要向西方学习、跟上西方发展步伐的观念，深深地渗透到了我们的国民意识当中。其正面的表现是出于民族危机意识和责任感的痛心疾首的呼吁，而反面的则是对西方的卑躬屈膝和至今仍无处不在的"逆向种族歧视"。②但即便是正面的表现，其中也往往包含着西方对中国殖民化的因素。无论是以武

---

① 法国汉学家于连在他的《迂回与进入》（杜小真译，生活·读书·新知三联书店2003年版）第一章里，就指出明恩溥的《中国人的素质》一书里面讥笑的一些中国人的愚昧落后现象，恰恰是中国文明发达的表现。

② 这种现象之普遍往往已经到了见怪不怪的程度。过去，"海归"的人常常趾高气扬，好像身上沾了点洋气就了不得。这是殖民心态的反映。现在"海归"不稀奇了，但奇怪的是，往往因为他们是中国人，反而遭到同事的歧视。"你不也不过是个中国人吗？有什么了不起？"很多时候，这样的潜台词无须多少敏感就可以读出来，好像要是真的长个高鼻子，就确实有理由觉得了不起了似的。这依然是殖民心态的反映。

力征服和统治的老殖民主义，还是以跨国公司等形式扩展的新殖民主义，它侵占的绝不仅仅是资源和市场等有形的东西，而且还包括意识形态（colonization of consciousness）。在殖民统治下的人们，往往被从价值观上征服，甚至连话语都会变得殖民化。我们现在使用的"发达国家"这个词，就首先是以国内生产总值（GDP）之类的经济指标，而不是道德文明程度或者幸福指数来衡量的（如果是以幸福指数来衡量的话，那么世界上最发达的国家也许就是至今还实行君主制的不丹王国了）。我们现在常说的"与世界接轨"，也往往以为就是与西方，并且首先是与美国！其实，并不是人们突然集体遗忘了中国传统思想中的优秀的东西，或者都成了洋奴。但不能否认鸦片战争以后一个多世纪中殖民文化对中国国民心态的深远影响。直到今天，我们还常常在中国的主流媒体上看到那种用"连外国人都称赞不已"之类的话语来给自己长气的极带讽刺意味的现象，而且这外国人总是西方人！在那像打群架似的"中国可以说不！"的呼声后面，也往往是对自己的文化缺乏自信而导致的反弹。

所以中国哲学的合法性问题，归根到底是这背后的政治和物质力量的问题。然而，近年来世界的格局正在发生重大的改变。中国已经迅速地发展成一个经济超级大国，随之而来的是中国在国际上的政治地位也相应地有了很大的提高。而同时，西方物质文明在世界上的统治地位受到来自各个方面的挑战（尤其是近年来的全球金融危机），其思想文明的当然合法性地位也相应地受到了越来越广泛的质疑。这一升一降的趋势，预示着中国哲学的合法性问题也面临着一个质的转变。马丁·杰克（Martin Jacques）在其《中国统治世界》①一书中提出，从世界历史上来看，经济的崛起从来都不仅仅是经济现象，而必然伴随着文化和政治的崛起。可以说，中国哲学正在走出需要被人领养的经济条件背景，而逐渐进入一个可以作为世界哲学领域的立法者之一的时代。当学术界还在讨论中国哲学的合法性问题的时候，在实践领域，这个问题产生的背景已经渐趋消失，问题本身的意义也在消失或者说是发生转换。取而代之的，将是中国哲学能对世界哲学做出什么贡献的问题。中国哲学正面临着这么一个历史的机遇。

二、西方哲学的合法性危机

要理解这个历史的机遇，也需要对西方哲学在当今世界的合法性做一个大致的观察。西方哲学一贯以立法者的姿态出现，这里面有对其他文化的无知，有西方文化中心主义的傲慢，但究其背后更深的原因，是启蒙理性所释放出来的巨大的能量。这种能量改变了世界，迫使所有非西方的本土文化在其威力面前俯首听命。它以自己的话语体系和价值观念作为绝对真理和进步的象征，将其他一切都视为前现代的、落后过时的东西，进行无情地破坏和摧毁，其威力一度使中国最

---

① Martin Jacques, *When China Rules the World*, *The Rise of the Middle Kingdom and the End of the Western World*, New York: Allen Lane, 2009.

优秀的知识分子集体倒戈，成为反中国传统文化的勇士。但是，正如黄万盛所指出的，一个令人深省的事实是，20世纪上半叶"真正到了西方，并在西方长期求学的人，几乎都没有加入这个（反戈的）阵营"①。而西方知识分子中，不仅有马克思和尼采那样的对西方文化和社会制度的激烈批判者，作为西方近代文化杰出代表的英国哲学家罗素，早在20世纪20年代，就指出西方文明已经病入膏肓。②而且这些病症，都与作为其基础的、近代启蒙理性主义哲学的价值观念有关！

　　西方哲学的内在困境，在1996年出版的《哲学之后——终结还是转化？》③一书中得到了非常集中而且明确的表达。这本几乎囊括了当时欧美最具影响力的哲学家的文集，正如其标题所示，反映了西方哲学对自身状况的思考：哲学是走到了尽头，还是面临着某种深刻的转化？该书的编者在序言里指出，随着科学的发展把哲学作为"自然之镜"的地位挤到了边缘，（西方）哲学自身存在的合法性受到了质疑。哲学本身的发展已经揭示，作为世界的客观反映的知识是个美丽的幻想，因为人们不可能面对没有经过任何主体框架过滤的、纯客观的认识材料。认识的主体不是站在世界之外的、脱离了任何背景的中立观察者，而是本身就是这个世界的构成部分的、有血有肉的人。不存在超然物外的理性主体。人的无意识、前概念、与身体密不可分的

---

① 哈佛燕京学社：《儒家传统与启蒙心态》，江苏教育出版社2005年版，第8页。

② 冯崇义：《罗素与中国——西方思想在中国的一次经历》，台北稻禾出版社1996年版，第153—155页。

③ Kenneth Baynes, James Bohman, and Thomas McCarthy eds., *After Philosophy*, *End or Transformation*? Boston：MIT Press, 1987.

情感因素等非理性的各个方面，以及社会、历史、文化等变量，都对理智和认识产生无法避免的影响。如果忽视了人的身体，就没法理解人的心灵，脱离了实践就没法理解理论，脱离了生活方式和语言系统就没法理解人这个主体。编者指出，虽然这本书所选取的哲学家们各有自己的特殊观点，但他们都意识到，从康德以来的对普遍理性的信念必须让位于对各种语言和生活方式的不可通约性的认识，让位于对各种真理、论证、合理性的概念都没法脱离地域性的特点的认识。他们也大都认为，必须用经验取代先验、用可错性取代确定性、用历史的和文化的可变性取代永恒、用多样取代统一。20世纪中叶，不少西方哲学家们曾经认为，哲学的合适场所和功能是清理语义的本源，为思维提供一种严格清晰的理想语言。但是正如该书的编者指出的，语言哲学的兴起并没有给哲学提供天堂般的栖身之所。日常语言的复杂性、生活世界中的实践及约定俗成的背景等等，促使后期维特根斯坦对哲学作了诊疗式的告别和海德格尔的更加极端的超越。虽然这些哲学家对哲学的未来趋向有不同的意见，但他们都意识到，语言也必须在各种具体运用（包括政治的、文学的、论辩的运用）当中来进行理解。基于这种基本认识，哈布马斯要求对哲学进行扬弃，将它变成一种社会批评的方式；伽达默尔和利科建议把哲学变成哲学释义学；戴维森和杜梅特主张将哲学变成关于语义的学问；麦金泰尔和布鲁门博格等则要求将哲学变成哲学历史学；罗蒂（Richard Rorty）和德里达干脆就提出要进入一个"后哲学的时代"，认为柏拉图以来的哲学传统已经超过了它的有效期。

虽然那本书有它的局限，因为它很少涉及西方主流哲学在社会、经济和政治领域所面临的困境，而且也完全没有包括任何来自非西方哲学的声音，但它集中探讨的语言哲学、认识论、形而上学等，正是西方哲学的核心地带，而且这些地带也正是西方哲学里最保守和最难以突破的地带。在这个意义上，这本书是从根子上探讨了西方哲学所面临的困境。这种状况当然也意味着一个旧秩序的动摇所显示的真空。西方后现代哲学对大写的"真理"的怀疑以及对真理的追求背后所隐藏着的权力较量的揭露（如尼采、福柯、列奥塔、德里达），对解构西方近代理性主义的神话和开拓对"他者"的承认，起了积极的作用。但是同时，它也导致了后现代西方哲学"对任何一致、调解、和谐、总体性、全局性和统一的抱负的深度怀疑、抵触和讥讽"①。它所导致的相对主义，引起了道德虚无主义的普遍流行。多元性正在变为不仅仅是对我们的存在状况的描述，而且是取代对话的终止符号。将"他者"的原则推向绝对化的列奥塔自己也承认，它导致一种危险，即迅速扩展的信息网络的恐怖式的统治会把一切都纳入其可操作性原则之下。②另一方面，作为对虚无主义的反弹，宗教极端主义开始盛行。既然笛卡儿和休谟的怀疑论从原来的否定教条和盲目迷信的积极力量，转变成了否定一切的消极因素，那么，它就反过来被用来证明盲目信仰的合理性。既然康德的绝对命令也从对人的理性主体价值的肯定，转变成了对多元性的压抑和理性的专制，那么反理性的宗教激进主义也可以打着拒斥康德的旗帜，为宗教极端主义张目。既然多元性是无法统一的，既然我们都不可避免地根植于自己的文化、

---

① Richard Bernstein, "Metaphysics, Critique, Utopia", in *Review of Metaphysics*, XLII/2, 1988, p.259.

② Jean-Francois Lyotard, "The Postmodern Condition", in Kenneth Baynes, James Bohman, and Thomas McCarthy eds., *After Philosophy*, Boston: MIT Press, 1987, pp.88—90.

信仰的背景之中，那么种族中心主义或者别的什么中心主义也成了理所当然、无可非议的了。

而对来自相对主义和极端主义这两方面的威胁的回应，在缺乏其他资源的情况下，就往往表现为维护原有传统的惰性。前不久出现在网上的一篇美国鲁特格斯大学（Rutgers University）哲学系教授杰森·斯坦利（Jason Stanley）的文章《哲学的危机》说道：现在"哲学家们关心的问题好像都老掉了牙，又矫揉造作。他们喋喋不休地争论的问题看上去与当代世界所面临的威胁和解决方案脱了节。它那学究气的方法似乎专门设计出来为了让人望而生畏，而不是引人入胜的……哲学家们似乎与现实生活越来越远，成了旁观者，而且不是旁观生活，是旁观那个抽象的、与生活无关的大概念的世界"①。那么作者是不是提出应该让哲学关注现实，应该有所改变呢？恰恰相反。他说，目前哲学的这种状况丝毫没有问题。因为哲学本来就是对永恒的问题的纯思辨，不管这些问题和生活是否相关！不仅如此，作者还指责那些自以为可以成为与包括其他社会、文化、国家、宗教、性别和种族在内的"陌生的团体"沟通的人文学者对哲学不尊重！这则网上的短文，出自美国顶尖的哲学系教授之手，确实反映了不少西方哲学学者的心态。一方面他们感觉到了自己所从事的教学与研究，无论从其关心的问题还是使用的方法，都陈旧了、与现实脱节了；他们感觉到了自己的事业的合法性成了问题，有进行辩护的需要了。这是一种不安全感的表现。另一方面，他们又习惯于传统的象牙塔所提供的那种封闭状态，看不到其他文化的哲学资源所能够带来的活力。在这

———————

① http://www.insidehighered.com/views/2010/04/05/stanley.

一点上，他们远不如早年的罗素、杜威等等。这个现象很像库恩所描绘的科学范式变换之前一个旧范式的守护者在面临危机的时候的典型表现。

但是，正如中国哲学的危机实际上背后有深刻的经济和政治因素，西方哲学如果没有实际生活层面的危机的压力，哪怕其内部出现很多问题，它还依然会基本保持现状，依靠惯性生存下去。许许多多的人还会继续着这种"永恒的"游戏，继续培养着相对主义和虚无主义，而对实际生活几乎没有积极的贡献。但实际生活层面已经有太多的现象引起人们的警觉。哲学真的与生活世界无关吗？我们哲学界真的有用不完的时间无休止地在那个框架里转悠吗？当今世界科技的高度发展与近代西方的哲学观念有关，这个世界的环境生态危机、金融危机、宗教冲突、高危流行病的出现，也同样都与近代西方的哲学观念有关。正是在近代西方哲学观念的影响下，自然界成了没有内在意义的、任人摆控的对象，人类的进步被等同于经济的发展和消费水平的提高，权利的意识遮蔽了义务……任何哲学的观念，都会影响我们看待世界的方式和我们的生活方式。当代世界的危机，有许多是不可逆转的。我们究竟要再等多少个墨西哥湾的漏油事件，再发生多少次伊拉克战争，再经历多少回全球金融风暴，才能开始真正对导致这些危机的哲学观念作认真的反省？我们还有多少时间可以从容地在纯概念的世界里悠游？全球范围内拯救金融危机的解决办法，居然是各国政府饮鸩止渴式的补贴救市，一旦缓过一口气来，就接着高借贷、高消费，这样的恶性循环，能维持多久？

确实，尽管有后现代主义的挑战，现代主义还是在西方哲学界占据着主导的地位。中国哲学近年来在西方所获得的影响的扩展，还主要来自所谓"政治正确"运动，而不是来自后现代主义的影响，不是来自真诚地要与其他文化进行交流、从中汲取新的资源来帮助西方现代主义摆脱困境的要求。正是因此，才有了前两年美国那个小范围的关于"中国哲学的危机"的讨论。但是，严格说来，这应该是西方哲学的危机。它反映的是哈贝马斯所说的那种西方世界的"文化的困乏"（cultural exhaustion）！如葛兆光所说，"西方哲学对于中国哲学的傲慢，一方面是现代西方对于东方的强势话语的不自觉表现，一方面也是不自觉地为捍卫西方传统'哲学'学科畛域画地为牢"①。在西方世界继续占据着物质上的强势的时候，这种画地为牢可以维持下去。但一旦外部的条件开始消失，其内在的困境就会日益显露。面对这种情况，西方哲学保持自己合法性的最好途径，就是通过与其他文化中的哲学资源和它自己源头上的资源进行对话，从而实现其自身的创造性的转化。西方后现代思潮所做的工作主要是从理论的根本上动摇了近代启蒙理性的权威。这个工作是解构性的，是"破"。在建构方面，也就是在"立"的方面，它本身的资源很有限。在克服西方近代哲学的局限方面，中国传统文化和作为其思想核心的中国传统哲学有其得天独厚的优势。在它非常核心的内容当中，正好包含了后现代的世界所需要的许多思想资源，而且这种资源还是非常系统的，包含着与西方近代理性非常不同的范式。②

以儒家的"内圣"和"外王"两个方面为例，在"内圣"这方面，中国传统哲学的突出特点是强调修身。西方哲学由于从古希腊以

---

① 葛兆光:《为什么是思想史——"中国哲学"问题再思》，《江汉论坛》2003年第7期。

② 西方的建构性的后现代主义理论往往就是从东方哲学里面寻找理论资源，这在加州克莱蒙研究中心的科布（John Cobbs）和格列芬（David Griffen）的一系列著作中表现得尤其明显。

来就开始的对客观知识的执着追求，导致了修身和功夫指导层面的失落，一旦发现根本无法找到绝对真理，便要么是走入虚无主义、相对主义，要么是退到极端主义，看不到理论除了作为"自然之镜"，也可以起"杠杆"的作用，忘记了这些观念除了是对实在的看法，还是指导行为的基础。①在作为杠杆的时候，理论的合理性不在于使用论据来证明什么是"真"，而在于它作为实践的指导是否导致"善"，导致理想的人生。中国哲学在其争取合法性的阶段，一个很大的问题是和西方哲学相比，它明显地缺乏理性的论证。一般都将这个看成是中国哲学的弱点（尽管有些学者认为，这个弱点为中国哲学中其他的优点所补充）。但他们没看到，其实这是其内容所要求的！从修身和功夫的角度出发，过分地执着于求真，执着于寻找论据，恰恰是需要克服的诟病，就像一个学游泳的人坚持要教练讲清楚水的各种性质和原理，并且指责教练的指导缺乏论证一样的荒唐。近半个世纪以来西方哲学界的一些重大的突破，比如维特根斯坦的日常语言学，赖尔（Gilbert Ryle）的"know what"与"know how"的区分，梅洛·庞蒂关于身体的哲学研究，波兰尼的"默识之知"（tacit knowledge），海德格尔和德里达对西方逻各思中心主义的批评乃至德性伦理学的复兴，等等，都从不同角度对西方近代以来所形成的思维框架提出了挑战，同时也都不同程度地、间接地肯定了中国传统哲学所蕴含的实践智慧。

　　从"外王"这方面看，中国传统哲学的一个突出特点是强调

---

① 即便是提出这个观点的罗蒂自己，也难免自己常常陷入他所批判的思维框架之中。他在号召人们放弃形上学论辩的时候，本身就预设了对于这样的问题的回答只能以对实在的某种肯定或否定的方式出现，也就是只能以真理的形式出现。参见Rorty, Richard, *Truth and Progress*, Cambridge: Cambridge University Press, 1988, pp.174—176。

"和"。正如许多人已经指出的那样，西方近代启蒙政治哲学的强项是它关于民主、自由、法制方面的话语，而这些话语的困境之一在于它们太"薄"，只能提供最基本的条件，开发不出和的境界。那些原则只能提供最低的要求（minimum requirement），即我不来侵犯你的自由和权利，不是高层次价值的实现（maximum realization）。西方主流的自由观，用伯林的话来说，是"消极的自由"，即不被别人或者政府压制的自由。在这种自由观的基础上，可以生成一个冷漠的、个人的集合体，而不足以形成"和"的社会。一个处处以"这是我的权利"为基础的社会，最多只能做到和平共处，像动物园里面的动物，各有其笼子或者地盘，互不干扰，却没法有真诚的合作和互相的学习。而且一旦人与人成了互相独立、互相竞争的孤岛，冲突就很难避免。这在缺乏保障国际民主的层次上，表现得尤其明显。联合国不是国际政府，而它事实上也经常被个别超级大国撇在一边。在国际上，如何从纯粹的经济主宰一切、对资源的野蛮争夺，转变成一个可持续发展的模式，使国际社会的各成员如杜维明所说的那样，都"共同成为宇宙的参与创造者"①，是西方哲学思想资源难以单独解决的。而这方面，恰恰是中国传统思想得天独厚之处。人类的和谐固然需要对基本原则的共同认可和社会机制的保障（在这方面中国需要学习西方的经验），但这绝不意味着中国应该先走西化的道路，等我们健全了民主与法制，保障了公民的自由，才谈得上进一步的要求。正是西方体制所暴露出来的许多问题，告诉我们不能跟在后面重蹈其

---

① 杜维明：《文化多样性时代的全球伦理》，载《儒家传统与启蒙心态》，江苏教育出版社2005年版，第5页。

旧辙。

　　长年与安乐哲一起从事东西方比较哲学的郝大维在一篇题为《现代中国与后现代的西方》的文章里，曾发出这样由衷的感叹："传统中国文化包含着类似于（西方）后现代意识所看到的和推崇的那种智慧和美德。中国不仅不需要为了进入现代而抛弃它自己的传统，而且绝对不应该那样做。中国人绝不能丢弃自己的过去，因为这正是当代世界本身发展的方向，或者说是它应当发展的方向。"[①]

三、中国哲学成为立法者的道路

　　中国的哲学传统极其丰富，这一传统对克服当今世界的诸多危机，亦有提供新的范式的意义。立足于这样丰厚的传统，确实是中国哲学家的荣幸。世界经济和政治格局的变化和西方哲学自身所显示的危机，为中国哲学给哲学"立法"带来了机会，也提出了要求。需要说明的是，这里所谓的"立法"，不是指成为凌驾于其他哲学文化之上的主宰，也不意味着中国传统哲学里面所有的思想内容都应当无条件地加以肯定，而是指它应当参与世界哲学范式的转化和构建，在里面担当一个积极的、建构者的角色。

---

① David Hall，"Modern China and the Postmodern West"，in Eliot Deutsch ed.，*Culture and Modernity*，*East-West Philosophic Perspectives*，Honolulu: University of Hawaii Press，1991，p.51.

　　这个地位的转变，首先意味着我们需要摆脱那种长期以来由于争取合法性而养成的、一味地以西方的概念来诠释中国传统思想，处处要想把自己纳入西方主流哲学框架、以现代西方模式为评价标准的心态和习惯。与此同时，它也要求我们防止那种受害者的逆反心态。中国传统哲学对世界哲学的"立法"不是民族主义式的雪国耻、报国恨，如"新义和团运动"，其目标也不应当是以一个新"霸主"取代一个旧"霸主"。虽然这个转换过程里不可避免地充斥着政治的成分，有文化之间话语权的竞争，但政治不等于你争我夺的"零和游戏"。而且，从个人的层面来说，绝大部分西方学者并没有故意要与中国传统哲学过不去。他们当中很多人对中国的太极拳、阴阳、无为等等，都很有兴趣。他们理解中国传统哲学的困难，在于受自己的范式的束缚，而这个范式过去的辉煌，使他们难以跨出其窠臼。我们需要的是积极的、自信的姿态，用中国传统思想的资源去积极地碰撞西方主流哲学，以中国传统哲学思想的内容作为资源去承担包括中国本身在内的当代世界所面临的种种课题，展示这种资源的丰富性和创建性，在与其他文明的交流和对话中共同完成这个范式的转换。

　　而这也就要求我们的学者当中不仅出学问家，还要出思想家。作为倾向于搞清历史事实、搞清楚文本和思想源流等的思想史的研究，当然是必要的。发掘中国传统哲学的资源需要以这种工作或这种功夫作为基础。但我们的眼光不能局限于整理和理解传统，而要进一步立足于当代现状，从世界的版图上，带着问题意识来看待我们的文化遗产，对哲学实行建构性的、创造性的转化，走出现代主义的局限。借用牟宗三、杜维明的"儒学第三期"的说法，如果说儒学第一期的孔、孟、荀等以及汉儒的贡献是他们给当时的华夏文化立了法（提供了一个哲学思维的范式），儒学第二期的宋明儒家在与佛、道两家的对话中，进一步为整个东亚哲学文化的立法做出了贡献，那么儒学第三期的特征应当是在整个世界的大范围，为包括中国自身的世界文明（其中哲学当然是一个非常核心的方面）提供建设性的资源。[1]

这个地位的转化也要求当代中国哲学的学者不只是把自己当作思想家，而且也要成为像杜维明所说的那种关切政治、参与社会、注重文化的公共知识分子。中国传统哲学只有在实践的层面，尤其在解决中国自身的实际问题当中展示出它的力量，才能真正在学术领域确立其立法者的地位。近年来中国经济实力的飞速发展，中国成功举办奥运会、世博会，载人宇宙飞船上天，高速公路和高速铁路迅速发展，国内生产总值持续高速增长，消费水平日益上升……这一切已经使世界看得目瞪口呆。然而，尽管经济和政治地位的提高为中国传统哲学的复兴提供了历史的机遇，并不是有了机遇，这种复兴就会自动出现。相反，今天我们面临的是另外一种深刻的危机。中国的传统民族文化还远没有从一个多世纪的冲击扫荡中恢复元气[2]，当前经济的迅速发展又将我们卷入了能够进一步伤害这种文化的处境。目前很多地方发展文化产业，争抢文化资源（如老子庄子故里之类），斥巨资建设富丽堂皇、大而无当的新古迹，其着眼点就是开发旅游，将文化变

---

① 类似的看法在"儒学第三期的三十年讨论会"上张再林、陈祖为、郭沂、李翔海的发言中都有表述。参见哈佛燕京学社主编：《波士顿的儒家》，江苏教育出版社2009年版，第232—235、245—249页。

② 据美国夏威夷东西方文化研究中心传播研究所的朱谦对儒家文化在东方各国影响力所做的一个调查，韩国首都首尔最合乎儒家的核心价值，其次是日本，再次是中国香港和台北，最后是中国上海！

成赚钱的手段，变成商业消费的对象！很多寺庙之类精神修行的场所也受到了严重的商业污染。正如李河所指出的："文化产业的发展需要从外延转向内涵，提高文化品质。虽然说不可能离开市场，但是也要充分借助文化、市场方面的专家学者，综合考虑文化投入和建设问题。"①

当然，中国传统哲学能否成为哲学的立法者，还牵涉到它在当代有没有相应的社会机制或者更加广义的生存土壤的问题。余英时先生曾有些刻薄地用了"游魂"二字来形容儒家传统在今天的状况，认为近代以来的历史变迁已经使儒家传统失去了孕育和滋生的社会母体（主要是封建社会的建制），变得无所依附了。它甚至不像一般的宗教，可以有教会组织作为依附。儒家没有教堂，教会，其基础在哪里？②中国哲学作为哲学的立法者，并进而为社会实践的各个方面提供思维模式究竟是否可能？

对这个问题早已有了许多讨论。美国学者列文森1968年出版的名著《儒教中国及其现代命运》（*Confucian China and Its Modern Fate*）就提出，儒家传统已经死亡，成了博物馆里的陈列品。它固然有着审美价值，但已经是历史文物，不再是实际生活的内容。这个观点引起了许多反响，包括尖锐的批评。广义上来说，中国从近代以来的中西体用之争，也是围绕着这个问题的。这样庞大的题目，显然无法在本文当中得到具体展开和细致的考察。这里我只想提出几点理由，说明这种担心其实被夸大了。

① http://www.gdwh.com.cn/gdwh/2010/0512/article_1116.html.
② 余英时：《现代儒学的回顾与展望》，生活·读书·新知三联书店2004年版，第56页。

首先，还是以儒学为例，余英时先生自己虽然认为儒学已经变成了"游魂"，认为其出路是退回到修身、齐家的"私领域"，应当将其"人伦日用化"，而不是依然指望用它来"全面安排秩序"，指望它治国、平天下，但他也承认，"私领域"可以通向"公领域"，承认即便是民主社会，也离不开一个领导阶层，而领导人物的品质也是民主社会中的一个重要问题。[①]其实同样道理，公民的素质也应当是"公领域"的重要问题。目前国内正日益重视的通识教育，正是中国传统哲学用武之地。

其次，儒家思想在"公领域"的作用，也不仅仅在于增进领导人和公民的素质。退一步看，历史上的儒家，其实又何尝有过理想的社会机制作为保障？它所推崇的远古让贤制度丢失了以后，只能以《春秋》那样的褒贬来制约君主的集权。好不容易后来建立了科举制，择贤择能任用官宰，但科举后来也在很大程度上演变成了表面文章。明朝把选贤任用的宰相制度也废了，而儒家却一直在与君主的集权抗衡。余英时举了不少历史的事实说明："儒家政治理论的核心部分恰好是君主专制的一个主要障碍。"[②]这证明了儒家思想不但不必然地依附于封建体制，反而是封建体制内部的一种抗衡力量！可以说，它本质上不但与民主的精神并不冲突，而且是对现代西方民主制度的重要补充！一个仅仅保护个人不受侵犯、言论自由的民主是不完整的民主。完整的民主必须能够促进人类的共同繁荣，在其中每个个人不仅仅能够表达其个人的喜好、行使自己的权力，还有责任

---

① 列文森：《儒教中国及其现代命运》，郑大华、任菁译，中国社会科学出版社2000年版，第183—186页。

② 同上书，第175页。

与其他的社会成员进行沟通和对话。所以关键是怎样使儒家精神与民主体制中的合理成分产生有机的结合，互相取长补短，使它们相得益彰。

第三，表面上看，现在儒学只是在少数大学哲学系、国学院及一些零星的社群中存身，但实际上，儒学的优点也恰恰是它不必定要附身于教堂之类的特殊组织机构！家庭、学校、社群、民间组织、政府机构，都可以是其无形的"教堂"。道家和佛家思想的生存，虽然得益于宗教组织、寺庙等实体，但很难断定究竟是这些实体支撑了其文化，还是文化本身支撑了这些实体。前两年于丹的《论语心得》在短短一年里销售了400万册，再早些年，各种身心修炼的功夫流派曾迅速发展流传（虽然里面是鱼龙混杂），还有四川地震中表现出来的那种民族精神，都不是偶然的现象。这些都说明民众对于中国传统文化的需求和认可，说明这个"魂"的根子在社会的民族意识当中，而不是在某种体制的实体里。如英国记者马丁·杰克所观察到的，中国政府近年来的不少政策，也显示了来自中国文化传统的、与西方世界完全不同的模式。在他看来，"和而不同"的观念已经构成中国与美国的外交政策的基本区别。在亚洲，美国的实力是表现在军事上的，而中国在努力建构一个以中国为最具影响力的多边合作关系（虽然近来的一些动向表明这种关系的建立不是一帆风顺的）。在非洲，中国提供了一系列没有附带条件的援助，这就有助于形成真正互利的双边关系。一系列举措都表现了中国在展现儒家传统文化的和而不同的、灵活的风格。

这种模式的核心在于它不是用强权去迫使他者遵从，其最高境界，是像查尔斯·泰勒（Charles Tayler）所说的那种"认可的政治"

（politics of recognition），以凝聚力，也就是孔子说的"为政以德，譬如北辰居其所，而众星共之"的那种服而从之，在服的基础上所发挥的引领方向的作用。当然，现在我们不但不能说这个模式已经完全形成，甚至很难说已经在很自觉地发展这样一个模式。在以上所提到的显示了这种模式特点的具体实践中，也存在许多的困难。但关键在于认识到那种可能。有一件事给我印象很深。美国广播公司NBC的主播Bob Costas在转播2008年奥运会闭幕式时，非常动情地用这样的语言来结束他对北京奥运会的报道："世界各地的人们来到北京，中国人民张开了他们的双臂。这是哪怕一个中文字也不懂的人都能理解的。"参与他一起报道的一位美国体育评论员接着他的话说道："就我而言，如果用一个词来表达这次奥运会，那就是'希望'。这两周内，世界各地的人聚集在一起，他们相处得如此融洽，以至于令人往往感到——震颤。如果你说，这种情景能保持两周，那么为什么就不能保持三周、一个月乃至更长？这也许是一个梦想，我明白——但至少我们有了这两周，有了这么一个机会来感叹说'这个地方真好！'"那两位报道奥运会的美国人，确实是有感而发的。虽然奥运会是个特例，这里面包含了很多复杂的因素，但它给我们的启发是，它体现的"和"，不是在谈判桌上或者国际公约里面完成的，而是在非功利、非政府的具体交往中达成的。孔子说，"兴于诗，约于礼，成于乐"。这就是乐的境界，而且是通过"乐"本身来实现的境界。孟子评价圣人的最高境界也是音乐化的"金声而玉振"。像奥运会这样的活动，难道不正是儒家思想展现其魅力的基础和机制吗？推而广之，各种社会活动、国际交往，都可以是这样的场所和机会。即便是在利益基础上的交往和关系，国际间的互助和合作模式也不仅仅是一种美好的理想。欧盟的出现就与儒家的"大同"理想有相似之处。这里，以同情心、礼、责任感等所构成的共同体的凝聚力成了目标，而其取代的，正是那些发达国家一贯基于权利的自我中心、自利和霸权主义的习性。国际人权运动从第一代人权到第二、三代人权的发展过程，也是一个超越西方启蒙理性价值，而与中国传统的价值观更加接近的过程。

20年前，恐怕谁都不会相信会有今天的中国。以此为参照，也许这样的预测当不算离谱：在20年以后，我们也许会看到这样一种局面——在社会实践层面，从中国传统思想的方法和价值观里提炼出来的一种新的模式得到广泛运用并且取得切实的效果，成为一种看得见、摸得着的软实力，逐渐替代现代西方主流哲学的方法和价值观的地位，以"和而不同"的整体主义（holism）而不是同质化的普遍真理（universalism）形态，在世界上占据主导地位。相应地在学术领域，中国哲学成为世界上所有哲学系的必修课，老、庄、孔、孟和柏拉图、亚里士多德、康德、尼采并列为所有哲学原著选编里不可或缺的内容，哲学研究广泛地采取中西哲学比较的方法。这是理想，是需要努力追求的目标，但如果不看到这个目标，就不会有自觉地实现它的努力。如果说过去中国哲学史的建立是受西方学术强势的影响，中国学者想在自己的思想系统中建构一个和西方哲学一样的哲学传统来，以获得自己的合法地位，那么今天，随着中国的经济发展和政治地位的提升，我们写中国哲学史、研究中国哲学的目标应该是如何使中国有自己民族的"立身之本"，达到文明的崛起（而不仅仅是物质上的崛起），并帮助西方克服其画地为牢的弊病，帮助世界哲学突破当代西方的限制，开发出一个新的范式了。用张载的话来说，这就是

"为天地立心，为生民立命"，从中国的"往圣"那里继"绝学"，开发其资源，去为世界范围的"万世""开太平"。

附录二

将"功夫"引入哲学 *

一

　　研究儒学的学者一般都承认，儒家学说的基本关怀不是追求对客观世界的认知，而是追求成人成己的生活方式。仅就海外儒学方面来看，近几十年来就不断有学者强调这一点。比如杜维明经常提起皮尔·哈道的"作为生活方式的哲学"（philosophy as a way of life）的

*　　本文基于作者2010年5月25至27日在香港中文大学"儒学：学术、信仰和修养"研讨会上的书面发言修改而成，原文的标题为《儒家功夫学说对哲学的启示》。在此，谨向香港科技大学的黄敏浩教授、台湾"中央研究院"的李明辉教授、香港中文大学的刘国英教授，广州中山大学的陈少明教授，以及此文刊出前的匿名评审者对原文所提出的宝贵意见深致谢意！另外，此文在最初的酝酿和起草过程中，也曾得到过我同事斯蒂芬教授的帮助，在此一并致谢！此文曾发表于《南京大学学报》2011年6月（总48卷第6期）和香港中文大学出版的《中国哲学与文化》学刊第10辑。南大学报"思想史研究"专栏主持人、香港中文大学哲学系教授刘笑敢对此文的评语：这篇文章"尤其值得注意，虽然谈的是如何将儒家'功夫论'引入哲学（西方或世界哲学）这样一个似乎很具体的问题，背后涉及的却是对西方哲学传统简明而全面的回顾、反思和回应，以及如何克服中国哲学与西方哲学的异质性，开辟二者沟通、融通的渠道，从而既可将中国哲学引入以西方哲学为主流的世界哲学，又可帮助西方哲学家解决在旧传统中破茧而不出的困境。文章气势恢宏而不空疏，立论翔实而不拘泥，堪称难得的佳作。作者曾以此题撰短文发表于《纽约时报》，引起美国公众关注，是中国哲学研究中的一枝奇葩异卉"（见《南京大学学报》2011年6月，第67页）。

观点，以对应儒家的注重修炼和践行的取向，说明在西方哲学的源头中也有同样的传统。安乐哲与郝大维一再地将美国的实用主义作为和儒家的思想比较和对话的对象，并指出两者之间共同的注重实践和实际效用的倾向使这样的对话更加富于启发性。罗思文、库普曼、孟旦（Donald Munro）等也从各种角度强调中国哲学传统的价值正是在于它关注的是实践的理性；把中国哲学仅仅看作理论构建，实际上是错把菜单当成了菜肴本身。①

　　但是，什么是作为生活方式的哲学？哈道究竟是将作为生活方式的哲学说成是"生活的艺术"，而不是抽象的理论或论著活动，还是在说哲学"不仅仅存在于认知的层面，而且也存在于自我和存在的层面"？②这两者显然是很不一样的。哈道有时让人觉得他认为哲学是或应当是生活的艺术，而不是理论的论证活动。③如果仅就理论与生活方式相比之下何者更为重要或者更为根本而言，这样的观点当然

---

① Roger T. Ames and Henry Rosemont, Jr., *The Analects of Confucius: A Philosophical Translation*, New York: Ballantine Books, 1998, pp. 30—35; Joel Kupperman, *Learning from Asian Philosophy*, New York: Oxford University Press, 1999; Donald Munro, *The Concept of Man in Early China*, Stanford: Stanford University Press, 1969, p. ix.

② Pierre Hadot, *Philosophy as a Way of Life*, Malden, MA: Blackwell Publishing, 1995, p. 83.

③ 他说，在古代西方哲学里，"每个按照克利西普斯或伊壁鸠鲁的观念生活的人，在任何意义上都和克利西普斯或伊壁鸠鲁一样毫不逊色地是哲学家。像乌提卡的卡陀那样的政治家，虽然没有写过或教授过任何东西，但由于他的生活是彻头彻尾的斯多葛派的方式，所以他被看作是哲学家，甚至圣人"（Hadot, *Philosophy as a Way of Life*, p. 272），"对于斯多葛学派来说，哲学的那些分支，例如物理学、伦理学、逻辑学，实际上都不是哲学本身的组成部分，而是哲学理论的组成部分。哲学本身，也就是作为生活方式的哲学，不再是各个部分组成的理论，而是作为一体的行为，它在于用逻辑的、物理的、伦理的方式去生活。在这里，我们不再研究逻辑理论，即如何更好地去思想和论述的理论，我们只是很好地思想和论述。我们不再研究有关物质世界的理论，而是对宇宙进行反思。我们不再将道德行为理论化，而是以正确的和正义的方式去行为"（Hadot, *Philosophy as a Way of Life*, p. 267）。

是对的。为了克服哲学界理智主义的倾向，需要重申生活本身的根本性。但是认为作为生活方式的哲学可以没有理论的反思，那显然很荒唐，而且恐怕也不符合哈道的原意。①一个按照佛教的基本教义去生活的人，即便他不研究佛教理论，我们还是可以称其为佛教徒。一个据仁由义循礼的人，即便不从事儒学研究，亦可看作是儒者。但将一个对佛教的教义从不进行反思的人称为佛教哲学家，或者将一个不研究儒学的人称为儒家哲学家，却未免牵强。事实上每个人不管他自己意识到还是没意识到，都是在按照一定的哲学世界观生活，但我们不能因此就说人人都是哲学家。所以，如果仅仅从古希腊罗马哲学和儒家学说一样也是"生活的方式"，还是不足以为儒家学说赢得在当今哲学界的地位。更何况仅仅说西方哲学在其源头上是生活的方式，并不足以说明哲学的成熟形态也应当如此。

　　然而，如果将理论和命题思辨看作哲学所必备的因素，并由此将儒家学说诠释为哲学，却又很难不歪曲和遮蔽儒家学说的核心内容。②安乐哲一直在告诫人们注意不要用西方哲学的概念诠释中国哲学，但他似乎也难以摆脱西方从近代以来形成的哲学概念的约束。比如他和罗思文一起翻译的《论语》哲学译本，其长篇序言花了许多笔墨强调儒家的形上学是关系性的，而非实体论的，提出西方哲学家主要关注描述"物"，而中国古代哲学家主要关注的总是"过程"和"关系"。虽然这个对比本身很有价值，但把一个《论语》的序言写

---

① 注意他"我们不再研究有关物质世界的理论，而是对宇宙进行反思"一语里虽然否定了理论的必要性，但没有否认反思的必要性。

② 关于儒家思想的核心内容是什么，当然是一个会引起争议的问题。由于这个问题本身不是本文探讨的中心，作者在此不展开论证，只是表述了自己的观点。

成一个过程/关系本体论的大纲，给人的印象却是，儒家学说的核心在于它提供了一套与"物/本质的本体论"相对立的"过程/关系本体论"。①对郝大维与安乐哲的英译《中庸》我也有同样的顾虑，因为其中的关于修身的指导层面也被对形上学的强调所遮蔽了。从儒家的角度看来，形上学观念本身的意义不在于它提供了世界是什么的理论解释，而在于对人的生活提供了基本的态度和指导；形上学观念的价值就在于它们是人生基本态度的观念基础。如果认为儒家哲学的核心也是在回答世界的本体是什么的问题，就离开了儒家学说的本意。困难在于，作为一个"哲学译本"的序言，它似乎面临着这样一个两难困境，即一把儒家学说看成哲学，就很容易把儒家也当作是在回答西方主流哲学所关注的那些中心问题（如有关实在本体的问题、知识和真理的可能性问题等）。但如果不那样做，如果还是以中国传统思想的概念和思路来诠释中国传统思想，儒家学说却又总是被看作是宗教的而非哲学的、是实践的而非理论的。这两个方面的分裂，给人一个印象，似乎儒学要在当代哲学领域有一席之地，就必须将其天足裹成三寸金莲，以纳入现代哲学学术系统那双绣花鞋中去，不然的话，就只能与现代哲学学术无缘，屈居一隅，在地域思想研究、宗教研究等领域跻身。所谓中国哲学的合法性问题，纠缠了中国思想的研究者整

---

① 虽然他们的本意并非如此。在他们看来，这两种形上学的对比，解释了为什么西方哲学家主要地关注描述"事物"，而传统的中国哲学家主要关注的总是"事件"以及怎样得到"道"与实现"和"，"解释了为什么大多数古代中国哲学家，尤其是孔子，与和他们同时代的古希腊以及亚伯拉罕传统的那些先哲们是非常不同的意义上的老师。中国的经籍清楚地反映出，中国的先师们似乎并不那么关注对世界的描述和对世界的知识的传授。他们更关注的是教导学生怎样在这个世界上生活"。参见Ames and Rosemont, *The Analects of Confucius: A Philosophical Translation*, p. 33。

整一个多世纪，其纠结就在这里。

我觉得，解决这个困境的出路在于突破对"合法性"问题的思路，从历史的、变化的角度来看待这一问题和指导我们的实践。有关中国哲学的合法性的讨论，本身就已经预设了既定的"法"的合理性。只有首先预设了这样一种法，才谈得上中国哲学的"合法"或"不合法"。当然，"哲学"本来是西方的概念，所以那个法很自然地就以西方哲学的主流为法典了。但为什么我们只谈中国哲学的合法性，只考虑要么合法，要么不合法，而不问一下这个"法"本身是否合理？任何概念都不是一成不变的，"哲学"也不例外。为什么就不能对哲学本身来个"正名"，将中国传统思想当作哲学的立法者，来参与这个"法"的修订？当然，这种想法不能是立足于简单的"中国也能说不"那样的民族自尊自豪感上。这个思路的逻辑，不是简单地宣称中国传统思想本身早就已经是哲学。这样做的结果，只能是关起门来称王。应该承认，中国传统思想与西方主流哲学所谓的哲学是有很大差异的。只有通过使中国传统思想的资源与西方主流哲学产生碰撞和互动，通过展示中国传统思想的丰富意蕴，以其独到之处来拓宽那本来属于西方的、狭隘的"哲学"概念，才能反过来真正说明中国传统思想的哲学价值和哲学意义。这里，"哲学"不是被设定为一个已经有了明确界定或者本质的范畴，而是被看作一个虽然有大致的内涵并有相对的稳定性，但也在历史上不断地被调整、规定的范畴。以中国传统思想与西方主流哲学产生碰撞和互动，就是这种调整和规定的过程。这里既需要借西方哲学的帮助来梳理中国传统思想的概念和逻辑，也需要用中国传统思想的资源来丰富和启发当代主流哲学。前面所说的那个两难困境，不仅仅反映了中国传统思想与西方主流哲学的不同，也反映了西方主流哲学本身的局限，反映了它的发展需要。本文的宗旨，就是提倡将中国传统的"功夫"概念引入哲学，以此为突破口，来摆脱那个两难困境——只有在那拓宽了的、也是更加合理的"哲学"概念之下，中国哲学才既不用削足适履，也不会总是游离于哲学之外。

二

　　"功夫"这个概念今天已经在很大程度上被混同于武术①，而且在"武术"的含义上，它也常常被理解得非常狭隘。2005年，一则有关少林寺的报道提到了一位少林武僧的抱怨："许多人误以为武术就是打打杀杀，其实武术在于益智。"写这则报道的美国记者说，他在少林寺惊奇地发现武僧们不但习武，也练习书法和茶道。②确实，西方人主要是通过《龙争虎斗》《醉拳》或者后来的《卧虎藏龙》等武打片认识"功夫"这个概念的。在影视世界里，像李小龙、成龙、李连杰等武术高手被看作"功夫大师"。但正如这位少林寺僧人所说，

---

① 在一本美国大学生最常用的辞典里，"功夫"就被狭隘地定义为"任何一种如空手道之类的中国防身术"。参见*Merriam-Webster's Collegiate Dictionary*, Springfield, MA: Merriam-Webster, Inc., 1996, p. 648, "kung fu"。

② Geoffrey York, "Battling Clichés in Birthplace of Kung Fu", *The Globe and Mail*, Nov. 3, 2005.

功夫不仅仅是打架。其实,任何来自实践和修养达到一定境界的技能,如跳舞、绘画、烹饪、写作、表演、判断、待人接物,甚至治国等,都可以说是功夫。在中国宋明时期,功夫一词被理学家、道家、佛家等作为广义的人生艺术而广泛使用。他们都毫不含糊地把自己的学问说成是不同的功夫流派。

但另一方面,正因为功夫这个词已经通过武术而在世界上广为人知,这也为我们发掘功夫概念的哲学意义创造了有利的条件。因为即便是那种对"功夫"的狭隘理解,也包含了一些它的基本特点,因此我们常常可以用武术为例来诠释功夫的含义。比如美国那些动作大片之所以不能叫"功夫电影",而只能叫"动作片",就是因为其中的英雄人物所赖以克敌制胜的,更多的是他们强健的体魄、胆量、机智和先进的武器,而不是功夫。

"功夫"一词大概最早以"工夫"的形式出现在魏晋时期。它起初指的是"工程"和"夫役"①,或在某件事情上所花的时间和努力②。后者至今依然是中文中常见的用法,如说"一顿饭的工夫""白费了许多工夫""在某处下工夫"等。稍后,"工夫"一词又被引申来指称做某件事情所需的能力、才艺和造诣,也称为"功力",如"涵养功夫""书法功夫"③等。另一个主要的引申用法是指做某件事情的方法,也可称为"功法",如程颐将"穷理"看作

---

① 陈寿:《三国志·魏书·董卓传》,裴松之注引华峤《汉书》曰:"陇西取材,工夫不难。"同样的用法也见诸《晋书·范宁传》。

② 陈寿:《三国志·魏书·曹芳传》云:"昨出已见治道,得雨当复更始,徒弃功夫。"

③ 萧子显:《南齐书·王僧虔传》云:"宋文帝书,自云可比王子敬。时议者云:'天然胜羊欣,功夫少于欣。'"

"知命尽性的功夫"，陆九渊所谓的"易简"功夫等。在"功法"这个意义上，"克己""集义""灭人欲""主敬"等都可以说成是功夫。

虽然在作为中国传统思想奠基阶段的先秦并没有功夫这个概念，但宋明儒家频频地用它来表述儒家思想，确实是很有见地的。"功夫论"一词可以很好地概括儒家乃至整个中国传统思想对修炼、践行和生活方式的关注。当然，"功夫"这个概念还具有相当的模糊性。宋明儒者没有提供一个能够统摄"功夫"各种涵义的精确定义或者对以上几层含义进行概念上的分析。通常情况下他们只是对这个概念不予任何说明地在以上各种含义上交叉使用，这大概是因为在他们看来，读者当能从语境和上下文中自行甄别。从当代西方分析哲学的角度来看，这正是其缺乏哲学意味之处。但这种模糊性就像一个待开发的矿藏，是有巨大潜力的模糊性（productive ambiguity）。在我看来，宋明儒者对功夫概念的各层含义兼用，是基于它们之间的紧密联系，而非简单的概念混淆。

首先，任何行为和努力（工夫）都蕴含了行为的能力（功力）。将实践行为与能力区分开来，可以获得概念上的清晰性，但面临的是将两者割裂的危险。"实践"和"行为"之所以无法取代"功夫"，正是功夫概念比"实践"和"行为"要丰富得多。从"功夫"概念出发，可以防止我们将实践或行为简单地看作是由主体的自由意志决断的结果，看到有效行为的根源不是抽象意义上的行为者，而是具备特定能力或功夫的行为者。它与主体的紧密联系直接导致了宋明理学中"本体即功夫"的命题及由此而来的对此命题的各种探讨和诠释。由于功夫所蕴含的能力，不只是理智上的决断能力，它也包括身体的和情感的素质，所以通过"功夫"概念，这些在西方主流哲学中被边缘化了的因素也可以得到恰当的重新组合，从而使我们对行为以及行为的主体都有一个整体的，而非片面的理解。主体不再会被简单地设定为人人都可以当并可以任意替换的抽象的"人头"，而是具体的具有不同功力的个人。

另一方面，由于功夫通常是经过长期修炼才能得到的能力，这就把主体与实践的关系问题摆到了我们的面前。"本体即功夫"的说法和"体用一源，事理一致""文犹质也，质犹文也"这些对立概念的既相区别又相统一的关系一样，首先是建立在"本体"与"功夫"这两个概念的区分之上的，否则连"功夫即本体"的命题都无法提出。但由于功夫是修炼的结果，所以主体又必然要像孟子所说的那样"必有事焉"，通过实践来开发、培养或彰显。

功夫概念也包含了方法论的、指导的层面（功法）。任何实践行为都包含着其展现的方式方法。人的实践行为与自然界的事件之不同，固然可以用是否有人的自由意志作为原因来区分，但这个区分是否充分把握了人的行为的特点？以武术的功夫为例，武术中的"术"，不是"方术"或"技术"的术，而是"艺术"的术。武术大师不是高级技术员。武术的高低，也不仅仅在于打斗时的输赢。"功夫"概念和"行为"一样，有意向性的特点，它也指向效用；它不是一般的"善"，而是具体的"善于"。但它的效用不局限于我们一般所说的实用性。功夫包含了美学的、艺术的特点。艺术的掌握、创作和欣赏不是机械规则的遵从；它需要有自发性、创造性，有非功利的纯美学价值的追求。和一般行为相比，功夫的一个特点就是它常常可以导致芬格莱特所说的那种令人惊叹的、看似毫不费力，却又奇妙神奇的"魔术效应"。①

从上述三层涵义的联系的角度看，功夫是一个三维合一的概念。从"功力"的角度看，功夫是本体的性质，是通常需要长时间实践修炼、有恰当的方法指导而获得或者开发、彰显的才艺、能力。从"工夫"的角度看，功夫是有恰当的方法指导，为了获得才艺、能力而进行的实践修炼。从"功法"的角度看，功夫是为了获得才艺、能力而进行长时间实践修炼的方法。如果硬要为这个三维合一的概念本身下一个简单的定义，也许只能说功夫是"生活的艺术"。

以上这个简单的分析，充其量只是举证了功夫概念的丰富性，而远不足以概括其丰富的内涵。但就本文的目的而言，这个举证或许已经足以说明，我们有必要进一步探讨它的巨大潜能。如果说哲学的疆域在很大程度上是取决于它所拥有的词汇，那么将功夫概念引入哲学，就是丰富哲学的内容，拓宽目前对哲学的过于狭窄的理解。其直接的效果之一，是可以起到推动中国传统思想与西方主流哲学互动的作用，打破前面提到的中国哲学的两难处境。

---

① Herbert Fingarette，*Confucius—The Secular as Sacred*，New York：Harper & Row，1972，pp. 4，6. 在芬格莱特看来，"礼"就是可以导致这种魔术效应的、人所特有的行为方式。例如当你用微笑，用握手去招呼一个人的时候，你不用任何努力就会得到对方同样友善的回应。但儒家的功夫不局限于礼，比如一个人的修养可以使别人望之即生敬意。

三

西方主流哲学无疑对人类文明做出了巨大的贡献，但总体来说，用它来解读中国传统思想的时候就显示了两大盲点（当然不排斥还有其他的盲点）。其一是它所关注的核心是知识，而且是"knowing what"的那种知识，而中国传统思想的核心关注是生活之道。评判知识的标准是真伪，而评判生活之道的标准是优劣。以前者的标准去评判后者，就像用尺去称分量一样，当然会觉得无从入手或者是互不相干。另外一个主要的盲点是，西方主流哲学偏向于注重人的自由意志（free will），注重自主的选择，因此这个主体眼里看到的一切往往都是外在于自我的对象，而难于看到自身修炼的需要。而中国传统思想却将人看作是在种种关系之中、需要修炼而不断完善的主体。受这两重框架的束缚，西方主流哲学界长期以来一直缺乏对作为生活实践者的、处在关系中的主体的足够重视。近半个世纪以来，西方哲学界有了一些重大的突破，比如维特根斯坦的日常语言学，赖尔的"know what"与"know how"的区分，梅洛·庞蒂关于身体的哲学研究，波兰尼的"默识之知"（tacit knowledge），福柯的"生存艺术"（arts d'existence）以及"自身的技术"（la technique de soi）[1]乃至德性伦理学的复兴，等等，都从不同角度对西方哲学近代以来所形成的思维框架提出了挑战，其中不乏能够帮助西方哲学突破其局限的资源。但

---

[1] 承香港中文大学刘国英教授告知，台湾"中央研究院"的法国学者何乏笔就尝以"功夫论"翻译福柯的"technique de soi"这一概念。

是，正如安乐哲和郝大维所说，"在试图走向对思维的新理解的途径上，我们的（指西方的）文化传统里可以运用的资源是否足以成功地解决那些关键的困境，是很可疑的"，"在我们的传统里理论与实践的分裂已经被预设得如此之久，以至于构成我们思辨的词汇库的那些哲学概念本身就是依据这个分裂构造起来的"。①由于西方主流哲学的概念体系缺乏对实践主体进行充分哲学思考的词汇，所以往往是很多努力似乎刚有所突破，却又转了回来。在这种情况下，从外部注入"功夫"这样一个新哲学范畴，显得很有必要。

让我们分别从上面所提到的"认识论"角度的局限和"自由意志"角度的局限来做一个大致的考察。

首先，西方哲学从其古希腊的源头上，就有着追求理性认识的执著。希腊文的"哲学"一词，本是爱智慧的意思，而这里所指的智慧（sophia/Σοφία）就是与实践智慧（phronēsis/ φρόνησις）不同的理性思辨的智慧。在这一概念的主导下，西方哲学很自然地将人看作认识的主体，并有意无意地将一切观念的价值都归结到有无真值，或者能否被确认为真这一点上。这种思维习惯影响了西方主流哲学概念系统的构成，使人很难转出这个框架，看到一个观念除了符合真理，还能有其他的哲学价值。即便是近代理智主义最激烈的批判者之一罗蒂，也难免常常陷入他自己所批判的思维框架之中。以关于"个人"的观念为例，一个人究竟是一个独立的、原子式的主体，还是一个无法与特定社会关系分割的社会的存在、一个连续的网络中的能动纽结？人

---

① David L. Hall and Roger T. Ames, *Thinking through Confucius*, Albany: State University of New York Press, 1987, pp. 38, 39.

有没有本质或者与生俱来的人性？这些问题在那个框架里，都理所当然地被看作是属于形上学范畴的、有关实在的问题。罗蒂也没有脱出这个窠臼。他在号召人们放弃这类论辩的时候，本身就预设了对于这样的问题的回答只能以对实在的某种肯定或否定命题的方式出现，也就是只能以真理的形式出现。由于对这些问题的回答无法得到经验的支撑（justification），所以他否认这样的追问有任何实践意义，并认为应当抛弃这类的命题。①具有讽刺意义的是，罗蒂在这么说的同时，自己却摆脱不了把形上学命题只看作描述命题的局限，而且正是这个局限才使他认为那些观念毫无价值！他没有认识到，我们的"个人"观念和"人性"观念除了是对实在的看法，还可以是"功法"，是指导行为的基础，因为它们能够而且必然对我们如何对待自己和对待他人产生根本的影响。②

再比如"knowing how"与"knowing what"的区分。这个区分本来应该是非常显而易见的，但令人深思的是，擅长于概念分析的西方哲学直到20世纪中叶才发现了这个区分！这不能不说是西方哲学长期将自己局限在"knowing what"里面的一个突出表现。但发现

---

① Richard Rorty, *Truth and Progress*, Cambridge: Cambridge University Press, 1998, pp. 174—176.

② 罗思文多年来一直在主张儒家关于个人是社会关系的集合体的观点。在他的一部近著中，他却坦诚地说："其实我们究竟是独立的个人还是社团中的一员并不是一个可以通过经验来判断的问题，我也没见过任何能给这个问题画上一个句号的理性的论证，不管这种论证是先验的还是别的。更糟糕的是，这些不同的观点常常是自我实现的：我们越是相信自己本质上是独立的个人，我们就越容易变成这样的个人。"（Henry Rosemont, Jr., *Rationality and Religious Experience: The Continuing Relevance of the World's Spiritual Traditions*, Chicago and La Salle, IL: Open Court, 2001, p. 91）长期以来孟子的性善论与荀子的性恶论孰是孰非的争论，一直被当作道德心理学的命题来对待。但是从功夫论的角度来看，（下转第252页）

了这个区分，是否等于西方主流哲学就可以克服其认识论的局限，具备了对实践主体进行哲学思考的足够的概念资源？一个基本的事实是："knowing how"毕竟还是一种"knowing"。而实践主体的修炼目标可以远远超出"knowing"，甚至主要的不是"knowing"。修炼的目标是提高功力，而不仅仅是"know how"。用"knowing how"来概括儒家思想和整理儒家的资源，就会失落很多东西。一个人可以知道怎么拉二胡，却由于伤残而没法拉二胡。所以知道怎么做并不等于能够做。反过来能够做也并不蕴含着知道怎么做。一个人可以有很大的道德感召力，但他也许并不知道怎么去感召人家。这说明能力与"knowing how"的知识并不总是相当的。"knowing how"虽然为理解实践主体的能力打开了一扇门，但这个门导向的厅堂还不足以容纳功夫所能够允许我们探讨的丰富内容。

伦理学在近20年左右才开始重新关注古希腊就有的德性伦理。随着德性理论学的复兴，德性认识论也出现了。这些趋向也许是最接近儒家功夫论的了，所以现在很多学者从德性伦理学的角度来诠释儒家学说。但即便是从这个角度来看待儒家学说，依然有所不足。比如，亚里士多德的德性理论学是以其目的论的形上学为基础的。在将儒家

（上接第251页）这两个理论是不同的功法推荐，即取得同一目标的两种不同的功法。孟子是在劝人相信自己本性为善，以便从内在处发展出仁义礼智，而荀子是希望人看到自己的弱点，以便对自己的行为加以规范。而罗蒂却只抓住了它们作为对实在的描述没法被经验地确证这一点，而看不到它们对实践的指导意义。本人曾当面给他指出这一点，他的回答是，他不相信孟子和荀子的人性论在实践指导上会有任何不同的结果，而且他不相信孟子在那个时候就已经能够区分语言的描述功能和指导功能等。这些东西西方哲学是直到近年来才学会的。实际上，罗蒂根本就不愿意去认真考察这些观念的指导功能，因为他最后说，我们完全可以不用这些观念，也活得很好。他是想抛弃所有的抽象的哲学观念，进入所谓"后哲学"的时代，而既然这样，也就没有必要去认真地考虑儒家学说的指导功能了。

理论与亚氏的伦理学相比较的时候，有人就批评儒家缺乏这样的形上学的基础，认为儒家是由于这个缺陷才只能从随机的传统中去寻找依据，从而缺乏必然性。①然而，且不说亚氏本身的形上学有没有必然性，这一批评本身就预设了只有某种客观必然的真理才可以作为伦理理论的基础。

最近两年，安乐哲和罗思文用角色伦理学的观点来批评亚里士多德的德性伦理学。他们批评亚氏从本质出发来规定目的（telos），忽视了事物的互相联系。在他们看来，事物并没有前定的本质。事物的性质是由它们与周围环境的关系决定的。对松鼠来说，一棵橡树籽的"telos"并不是长成橡树，而是变成松鼠。儒家角色伦理学从角色、从关系出发，来定义好坏和对错，从而避免了那种孤立地设定"telos"的问题。但他们面临的批评又是：角色本身所规定的德性标准的客观性从何而来？在封建社会的中国，三从四德被看作是一个女人的美德。如果说角色本身就告诉我们什么是对的和错的，女人这个角色是否就规定了她应当服从三从四德的规范？角色所规定的美德的客观性在哪里？怎么定义一个好妻子、好女儿、好女人？对于一个性别歧视论者来说，女人的角色就规定了她必须在家从父、出嫁从夫、夫死从子。如果说商人的角色就规定了他必须谋求利润，这是否就意味着一个商人的德就是唯利是图？在把行为规范看作真理的认识论局限下，用关系的或者角色的本质来取代族类本质，最终还是不能摆脱左右摇摆于独断论与怀疑论/相对论/道德虚无主义那两极的困境。

---

① May Sim, *Remastering Morals with Aristotle and Confucius*, Cambridge: Cambridge University Press，2007，pp. 36—37.

　　当然，能否建立某种不依赖于形上学"真理"的德性伦理学，是可以探讨的。但至少从功夫论的角度出发，形上学观念的必要性不在于它作为真理来为生活方式提供依据，而是作为基本的思想方式来为人生提供指导。这种指导在其有效性上是客观的、可以通过实践检验的，而在目标的选择上则并不作独断的设定。就像医生开的处方不是病人必须服从的命令或必须承担的责任，而是指导和推荐，功夫也不是某种制约人的规范，而是帮助人获得能力的"道"。它不需要有形上学命题作为自己的依据。相反，在它那里，形上学命题本身的取舍取决于其功效。而且与基于实在论的伦理学相比，真理只能有一个，而功夫却允许有不同的功法。在多元文化的世界里，这一点的巨大意义是显而易见的。三从四德也好，男女平等也好，在功夫的角度来看，不是一个道德真理的问题，而是不同的生活方式的推荐。对于推荐来说，其评价标准就是相对于所要达到的目标的。一旦摆脱了追求道德真理的束缚，关于真理的相对论也就不再是绝望的代名词了，因为这里问题本身就不是关于真理，而是价值和道路的选择，所以谈不上什么"相对论"。各种价值完全可以在实践的领域通过互相的竞争，通过其效果的显现来供人们取舍。

　　除了认识论的局限，西方主流哲学的另一主要局限是通常将人简单地看作是自由意志的主体。一旦认为作为实践主体的人所要面对的只是选择，自我修炼的话题就难以进入哲学的论域。20世纪在西方出现了若干

以行为或实践为关注中心的哲学潮流，如行为学（praxiology）^①、行

---

① "Praxiology"一词对许多英美哲学界的人来说比较生疏，甚至很多研究实用主义的人都没
有听说过它。这个概念一般认为是由法国哲学家和社会学家艾思比纳斯（Alfred Espinas）
在1897年发表的《技术的起源》（*Les Origines de la technologie*）中提出的。艾思比纳斯
用它作为对人的行为研究的总称，其地位相当于"认识论"之作为对人类知识的研究的总
称。后来波兰学者柯塔宾斯基（Tadeusz Kotarbiński）将其称为"效用行为学"（praxticality
of actions），与"幸福学"（felicitology）及严格意义上的"伦理学"（ethics）并列，作
为研究人类行为的三大学科。效用行为学是"研究人类行为的有效性的科学"（Tadeusz
Kotarbiński，"The ABC of Praxiology"，in Leo V. Ryan，C.S.V.，F. Byron Nahser，and
Wojciech W. Gasparski，eds.，*Praxiology and Pragmatism*，New Brunswick and London：
Transaction Publishers，2002，p. 25），幸福学是研究包括功利主义在内的有关某一行为
是否导致幸福人生的科学，而伦理学则研究可耻与崇高及"那些义务论伦理学所谓的普遍
行为准则"（Josiah Lee Auspitz，"A Note on the Coherence of Praxiology and Ethics in the
Philosophy of Tadeusz Kotarbiński"，in J. Lee Auspitz，W. W. Gasparski，M. K. Mlick，and K.
Szaniawski，eds.，*Praxiologies and the Philosophy of Economics*，New Brunswick and London：
Transaction Publishers，1992，pp. 431—432）。行为学的另一个重要奠基人是奥地利学者路德
维奇·冯·迈西斯（Ludwig von Mises），其主要研究领域是经济学。柯塔宾斯基和冯·迈西斯
在1937年8月巴黎的第九届世界哲学大会上作的报告里都承认他们的理论源于法国的行为学。
从这些源流来看，行为学总的说来是把人类行为研究作为哲学和社会科学的一个分支。它所
涉及的题目包括一些有哲学特征的问题，比如怎么去定义"行为"，"行为"和"事件"的
区别何在，行为由哪些要素构成，什么是"工具"，"工具"和"技术"的区别在哪里，等
等，但更多的是社会科学的问题，如高效行为或优异表现的构成因素是哪些，什么是高效的
团队行为，等等，以及更加具体的行为指南研究，如怎么做出明智的决断，如何对付微妙和
复杂多变的环境，解决困境的各种模式等。这些问题的目标大致可归为两个，一是要达到对
人类行为的更深的理解和合理的理论解释，另一个目标是提供导致有效行为的方法论准则。
参见由行为学专家联合会出版的系列丛书《行为学：国际实践哲学和方法论年鉴》。

为理论（action theory）①和实用主义等②。这些潮流对上述的认识

_____

① 在分析哲学中松散地称作"行为理论"（action theory）或"行为哲学"（philosophy of
action）。其主要代表人物有维特根斯坦、冯·莱特（G. H. von Wright）、安思康姆（G.
E. M. Anscombe）、本耐特（Jonathan Bennet）、戴维森（Donald Davidson）、塞尔（John
Searle）、查尔斯·泰勒和理查德·泰勒（Richard Taylor）等。它虽然与源于法国的行为学没
有明显的渊源关系，但其关心的内容却和行为学有相当程度的重合。这些哲学家多从两个角
度研究人类行为：一是从本体论的角度，研究心智（mind）、因果、自由意志、事件和行为
的区别等；另一个是将本体论方面的研究成果应用到伦理学和法哲学中，探讨作为道德主体
的人所应负责的行为必须具有的各种条件。在方法论上，它比行为学更多地采用分析哲学的
方法，而较少社会科学的色彩。

② 虽然实用主义、行为学和行为理论都可以被看作是实践哲学的支流，不幸的是它们之间极少
沟通，更不用说交流了。在一本题为《行为学与实用主义》（*Praxiology and Pragmatism*）
的论文集的编者按里，格斯帕斯基（Gasparski）写道："在此之前，既没有来自实用主义
方面的对行为学的动向的反应，也没有来自行为学者的对实用主义所提出的课题的反应"
（Wojciech W. Gasparski，"Editorial"，in Leo V. Ryan，F. Byron Nahser，and Wojciech
W. Gasparski，eds.，*Praxiology and Pragmatism*，New Brunswick and London：Transaction
Publishers，2002，p. 10）。他希望这本论文集可以成为双方"成功地互补"的机会。但令
人奇怪和失望的是，在这本文集里，那两条"支流"仅仅是并排地列在了一起，两组论文之
间几乎没有任何互相征引或交流。在我看来，实用主义与行为学和行为理论的区别主要在于
这样一点：实用主义是一种注重实用效果的理论倾向，而行为学和行为理论则是把人类行为
及其相关问题作为研究对象的学科。比如说，实用主义者皮尔士（Charles Peirce）认为逻辑
学的意义和价值就在于它指导人的行为，而柯塔宾斯基则认为逻辑是人的行为的"语法"本
身，是可以通过研究人的行为来发现的。将逻辑当作行为的语法，逻辑就成了科学发现的对
象；而将逻辑当成指导原则，那么它就不是科学发现的对象，而是要通过行为的效用来做出
评价的方法了。这里，从研究的对象来说，两者都是在讨论逻辑。可是皮尔士的结论更多地
反映了他的哲学理论取向，而柯塔宾斯基的结论则更多地显示了他想客观地描述他所研究的
对象。

　　由于实用主义是一种理论取向而不是一个学科，所以它的影响扩散到了哲学的各个分支
领域当中，对当代科学哲学、社会政治哲学、伦理学（如环境伦理学、生命伦理学）等转向
关注现实和关注效用起了很大的作用。而行为学或行为理论由于是学科领域，所以就较多地
只是被看作是和其他哲学领域并列的。事实上，后者迄今为止最骄人的成就不是在哲学上，
而是在被应用到特殊社会科学中去，例如经济学、社会学、人类学、政治学、心理学、人工
智能、语言学等方面。（下转第257页）

论局限造成了有力的冲击。遗憾的是，在关注人类行为及其效果的同时，这些潮流对作为行为者的人本身仍然未能给予足够的重视。[①]行为学和行为理论所关注的种种课题，大多是行为本身的特点和性质，很少有涉及主体本身转化的内容，似乎唯一导致人类行为的就是主体的抉择。实际生活经验告诉我们，人的行为只在一定程度上由个人的抉择所决定。大部分的"抉择"甚至在能够抉择的范围明确化以前就已经由包括各种社会关系在内的生活环境和主体本身的素养所决定了。一个人的个性、能力、情感、人际关系，以及长期的生活习惯和教养的背景等都规定了他的抉择范围。在这一点上，查尔斯·泰勒可以说是个例外。[②]他结合了海德格尔、梅洛·庞蒂等有关身体的理论，将我们对实在的"反映"式的认识放在了"非反映"的知识的背

（上接第256页）我这里并不是要列举20世纪在广义上可以看作是实践哲学的所有思想。如果要把重视实践的哲学思想都列上，就至少还要提到马克思主义、存在主义、尼采哲学，等等。虽然这样做可以显得更全面，但就本文的目的而言没有必要，因为这里列举的那些理论仅仅是作为例证来说明引入"功夫"概念的必要性。

① 这个情形有点像是在德性伦理学重新得到注意以前的伦理学界。有很长一段时期，伦理学的注意力都放在了研究人的伦理行为上，而伦理行为者本身则只是被看作是对各种行为做出选择的主体。

② 在《规则的遵从》（"To follow a Rule"）一文中，泰勒从维特根斯坦在《哲学研究》里所提出的一个命题出发，对"理智化"了的行为主体提出了疑问。按照理智化的行为主体概念，人在遵从规则的时候，必须对所遵从的规则有清楚的意识，而且脑子里有一套清楚的关于如何才是遵从规则的命题。维特根斯坦认为并非如此。他指出在遵从规则的时候，主体所具有的，是一个理解的"背景"（background），一种"生活的方式"（form of life）。对规则的遵从是一个实践行为，而不是理智的推论。泰勒指出，这实际上是体认之知（embodied understanding），即习惯、倾向、技能等。

景下来理解，对现实的人生做出了更加符合实际的描述。^①但是他和海德格尔及梅洛·庞蒂对于这种"背景"的改造或"生活方式"的修炼却依然缺乏关注。

实用主义的一般特点是注重理论和语言的效果或实用性，但是在缺乏"功夫"这样一个概念的情况下，尽管实用主义哲学家们也屡屡提及实践主体的重要性，然而他们所说的"效果"和"实用"却总是被理解为与实践主体的修炼不相干的。和其他实用主义者如皮尔士、詹姆斯（William James）相比，杜威（John Dewey）和米德（Herbert Mead）更重视行为主体的转化问题（比如杜威对于教育哲学的强调和米德对于人的态度的重视）。美中不足的是，杜威依然将他的哲学称为"工具主义"（instrumentalism），或更确切地说是"设备主义"。"设备"之外在于主体并仅仅为主体所用的特点，决定了将这个概念作为核心的理论对于处理主体转化这个问题，存在着先天不足的毛病。^②而米德对"我"的两重意义（"I" and "me"）的分析，依然是从描述事实的角度，而不是从指导行为的角度展开的。

---

① Charles Taylor, "To Follow a Rule", in Mette Hjort, ed., *Rules and Conventions*: *Literature*, *Philosophy*, *Social Theory*, Baltimore: Johns Hopkins University Press, 1992, pp. 167—185. Reprinted in his *Philosophical Arguments*, Cambridge, MA: Harvard University Press, 1995, pp. 165—180.

② 严格说来，原始的工具作为人的身体的延伸，要求使用工具的人有相应的使用工具的技艺，并且对工具的操纵对象也有相当的尊重（木工的刨子的使用，不但要有技艺，还要尊重木料本身的质地和木纹的方向）。所以工具不但和主体没有分裂，而且对主体提出了突破原始自我的要求，促进了主体的升华。但工具的长足发展，却导致了使用工具的主体的退化：现代各种工具的先进性是以它们对主体的低要求和对外在对象的"中性态度"为标准的。越是先进的工具，对使用者的知识和技能的要求就越低，对其所适用的对象的尊重程度也越低（电动刨的使用只需知道按哪一个按钮，它的力量之强大也足以使它对不同木料的质地和木纹方向忽略不计）。所以现代的先进工具更恰当地说是"设备"或"技术"。

当然，西方语言中也有和"功夫"相近的概念，而且这些概念也可能发挥与功夫概念相近的作用。可是如果没有一个足够新的概念的冲击，它们也很容易被原来的框架所束缚。这一点在对西方主流哲学做出激烈批判的后现代思想家那里也有表现。比如福柯在他的后期思想中非常强调人生艺术和自我的技术。这对前面所讨论的两个局限都是很大的突破。但他所使用的"技术"一词，在日常语言中早已被看作是和主体没有内在关系的、仅仅被主体"运用"的工具。也许正是由于这种观念的限制，他所说的主体的改造，也主要是摆脱传统主体性原则（即作为知识、权力和道德的主体）的束缚，恢复人之为具有绝对独立意志、敢于和善于满足自身的个人，而不是需要对自然状态的人本身进行转化和升华来达到的"功夫"。

几年前，阿玛蒂亚·森（Amartya Sen）和马莎·努斯鲍姆（Martha Nussbaum）创导了一个叫作"能力取向"（capability approach）的理论，并参与发起了"人类发展与能力学会"（Human Development and Capability Association）。尽管"能力"和"功夫"的核心含义之一很接近，但是一进入到具体内容，就可以发现他们的"能力取向"强调的"能力"和儒家功夫所要培养的能力有很大的不同。他们说的能力是健康状况、经济实力、自然状态等，而且他们关心的是如何从经济上和政治体制上为人的生活和发展提供条件，而不是个人当如何通过修炼来培养其能力。也许还是由于自由意志局限的原因，使"能力"这个很接近于"功夫"的概念，在他们那里依然未能带出主体修炼的层面来。

西方哲学里与功夫概念最为接近的，恐怕是亚里士多德的"德性"（arête）概念了。"arête"与其说是现在通常所说的道德品质，不如说是能够导致好的功用的倾向或者习惯（excellence in function），用功夫的语言，可以说就是功力。亚氏的伦理德性"ethike arête"作为"习惯"，当然也指向它所需要的时间和努力（工夫），而其集中表现为"中庸"（虽然它与儒家的"中庸"在具体内容上只有部分的重合）则显示出功法的一面。如果我们能将这一德性概念与亚氏的目的论形上学中解脱出来，那么它也可以被看作是需要在具体的关系、情境当中被调整、规定和创造的功夫，而不只是以主体本身的本质所规定的、等待实现的潜能或目标。换句话说，就是可以被理解为具体的"善于"，而不是抽象的、为个体的本质所事先规定的"善"本身。但即便如此，德性与功夫似乎还是有区别。例如"于某处下工夫"里面的"工夫"和"集义的功夫""思诚的功夫"等作为功法来用的功夫，就没法用"德性"一词来替换。这意味着功夫的概念比德性更加丰富。毕竟，中国古代的"德"也和"得"（功力）有密切的联系，因此更加接近于亚氏的"arête"，但为何宋明儒者于"德"字外再要另用"功夫"概念？从这些研究中找到的功夫与"arête"的区别，将更能揭示功夫概念能给予我们的独特的启示。

四

在上一节中，我试图通过指出西方主流哲学的两个局限性来看引入"功夫"概念的必要。但是，正是由于西方主流哲学把哲学的关注集中在了对实在的认识上，主体的修炼便被看作了宗教的事务，而这样，关注主体修炼的中国传统思想也便被理所当然地归到了宗教研究的领域。尽管在中国宗教与哲学从来没有过截然的分割，也正是因为如此，杜维明先生说中国哲学的特点是一"宗教性的哲学"，牟宗三先生亦说中国哲学是"生命的学问"，但在将哲学与宗教明确区分的西方哲学框架里，这样的说法只能被理解为中国传统哲学的含混和不成熟，而不是被看作是它的特点，更罔言是其优点了。所以有必要换一个角度，将中国传统功夫论的哲学意义做进一步的说明。

把功夫概念引入哲学有多方面的意义。这里，我们可以大致从以下三个方面来看：第一，功夫可以作为一个哲学的视角或取向（approach）；第二，功夫可以作为一个哲学研究的领域；第三，功夫有可能引导出功夫本体论、功夫认识论、功夫伦理学等一系列的理论。

首先，功夫作为一种视角或取向，是指从修炼的和践行的角度去审视哲学的各种观念、问题、理论乃至传统，把它们当作修炼和践行的指导，作为对生活方式和行为方式的推荐，而不是把所有命题都看作是对实在的描述。

西方主流学术界至今为止还是实在论和怀疑论打斗的战场，还到处可以看到从描述实在的角度看待一切命题的习惯。西方后现代主义对近代理智主义的解构，主要表现在打破了理智主义对绝对真理的梦想。从20世纪中叶以来，实在论虽然还占据着很大的地盘，但已经是处在处处退守防御的地位了。①但是这种解构主要还是从理智主义本身的认识论视角出发的。就是说，是指出绝对真理的不可能，而不是指出它限制了我们的视角。功夫视角的引入，无疑地会开拓哲学界的视野，甚至改变哲学界的基本格局。它允许我们从一个完全不同的角度，对所有的观念、理论进行重新审视。比如说，柏拉图的观念论固然无法经验地证实或证伪，但作为一种宇宙观，它对人的生活方式会有什么影响？作为一种推荐，它是不是一种好的"功法"？也许柏拉图的理论从对实在的描述上来看和卢克莱修的理论截然相反，但从功法的角度看它们却可能各有利弊，形成互补。再拿因果关系为例，我们可以从本体论的角度来探讨原因究竟是事物、事件、还是状态；可以从认识论的角度来讨论因果关系的认识是来自经验还是先验的；我们也可以从功夫论的角度来讨论不同的因果概念（比如近代以来占主导地位的动力因概念和中国古代的生化模式的因果概念）对人的生活态度和生活方式都会产生什么样的影响，从而发现相对于我们要达到的目标而言什么样的因果观念是最好的。

其次，引进功夫这个概念，就要求有对这个概念的分析和研究。功夫视角本身是什么，也不仅仅是一个视角的问题，而且是一个新的哲学研究的领域了。这个哲学领域也许可以与传统西方哲学的三大领域相提并论：就像"真理"是认识论的核心概念，"实在"是本体论的核心概念，"善恶"是伦理学的核心概念，"功夫"是功夫学的核心概念。这个核心概念会带出一连串的哲学问题，如功夫行为与非功

---

① 例如宗教哲学中颇有影响的普兰亭格（Alvin Plantinga）就用"warranted belief"取代了过去人们一般使用的"justified belief"。

夫行为的区别问题、功夫的可能性问题、功夫的先天条件和后天条件问题、修身与调心的关系问题、功夫视角和实用主义的同异的问题、功夫与效用的关系问题、功夫和技巧/技术的关系问题、功夫与本体的关系问题、功夫与伦理价值的关系问题、功夫思维与理论思维的关系问题①以及前面提到的亚里士多德的德性与功夫的同异问题等等。作为哲学研究领域的功夫学将会把人的修炼和转化作为研究的中心。如果说形上学研究的是作为存在的人，认识论研究的是作为认识者的人，伦理学研究的是价值主体的人，那么功夫学研究的是作为实践者、修炼者的人。这个主体的特征、其转化的条件和可能等儒家和其他中国传统思想所关注的课题，在引进了功夫观念以后，都可以在哲学中得到安置和挖掘，其内容和潜力都将是非常可观的。

第三，随着功夫视角的运用和对功夫概念的研究，现代哲学的各个领域都可能出现新的气象，相应地产生新的理论。以伦理学为例，功夫显然与"对错""好坏"这些价值评价概念有密切的关系，而这些概念又是伦理学的基本对象。但是道德评价与功夫评价有根本的区别。道德命令涉及的是责任，而功夫指导涉及的是优劣和明智与否。一个人如果不听从教练的指导，从而功夫没有长进，人们会觉得失望，但不会对他进行道德的谴责。道德会教育人不要杀害无辜，因为那是做人的基本责任；功夫指导也会教育人不要杀害无辜，但那将是从这样做对自己有害的角度出发的规诫。这两者是两个不同的领域，

---

① 如在功夫的修炼当中，过度追求理论上的理解常常被看作是不利于修炼的，但学而不思又似乎不利于功夫的长进。这里的"理解""思"是什么，都值得探讨。

虽然我们有理由相信它们不但不互相排斥，还是一致的。但正是这种不同，可以让我们打开思路，开拓出一种与上述那种以责任为核心的伦理学不同的伦理学来。以功夫为视角的伦理学关注的核心将不再是确立从外部来制约人的道德原则，而是成己成人的指导。中国传统功夫里有"万法归宗，以德为本"的说法。这个说法里的"德"显然是功法，尽管它同时也可以是道德规范。作为功法的德和一般伦理规范既相区别又不互相排斥。其区别是它们不再是作为一种责任，但是，它不否认，当这样的指导以道德责任形式出现时，也可以帮助那些在自我修炼方面尚不自觉，或者对这个指导的客观功效尚不明了的人的行为得到有效的规范，使之能够顺利地走上成己成人之道。其实这就是孟子的集义养气的思路。从功夫的角度来看，儒家的仁、礼、恕、诚、中庸等都是功法，而无忧、无惧、万物皆备于我等则是其功效。而且，正由于传统西方伦理学局限于责任，使伦理学的界域总是限制在怎样"不逾矩"的范围，达不到"从心所欲""天人合一""游于艺"的人生艺术创造的更高境界（即宋明儒家所谓的圣人的境界），也达不到对人生当中那些虽然不涉及责任，却涉及整体生活质量的种种细微之处的关怀。功夫伦理学在这两个方面都开启了无穷的空间。

表面上看，功夫伦理学和效用主义伦理学会很相似，但其视角的区别，决定了功夫伦理学不是把某种效用当作绝对的责任来规范人的行为。它会从功效本身来看效用主义的价值。人类实践早已告诉我们，总是想着效用的人，往往是得不到最佳效用的。孟子的"缘木求鱼"说的就是这个意思。效用主义伦理学的最大困难是如何解决它和社会正义的冲突。从功夫角度看，将社会正义看作绝对道德律令并不一定是达到正义的有效功法。如儒家认为"泛爱人"必从"老吾老""幼吾幼"开始，必要时还要"子为父隐，父为子隐"。但同时，功夫伦理学也可以承认，在个人的关爱所不能及之处，普遍道德原则和与之相应的法律可以比儒家的仁爱更有效地保护人们的利益。更何况，功夫作为生活的艺术，讲求的不只是简单的效用，还包括非功利的艺术价值。这也绝非一般意义上的效用主义所能替代的。

功夫伦理学也与相对主义虽有相似而又不同。虽然功夫概念本身在最终价值的意义上是中性的，但这不妨碍一个人对某种价值的坚定认同。马丁·路德·金的"梦"毕竟是个理想。承认它是个理想而不是对实在的描述并不导致关于真理的相对论，因为这里根本就不存在关于真理的问题。一个人完全可以坚定地认为自己认同的价值也应当是所有人的价值，并且可以通过建立榜样或指导等方法去影响别人，引导别人，而不必用权力或者"普遍真理"去强加于人。功夫伦理学也承认，在许多情况下（如教育青少年的时候），以道德真理的方式传授功夫指导不仅是有效的，而且常常是必须的。

五

由于题目的宏大，本文的论述和分析都只能是粗线条的勾画。文章中涉及的许多问题，有待哲学界的同仁一起深入地研究探讨。令人欣慰的是，中国哲学界的同行们已经在对功夫的哲学研究和阐发中做了不少工作。尤其值得一提的是前些年在台湾地区出版的《儒学的气论与工夫论》一书[①]，集中了一批有价值的关于功夫的哲学论文。但在这方面还有太多的工作要做，相信该书的作者们在这一点上会与本人有同感。本文的宗旨是希望在已有的基础上，呼吁学界同仁一起进一步探讨作为一个哲学范畴和取向的功夫概念的普遍意义，而不只是将功夫局限在阐发儒学或者中国哲学的范围。将儒家的功夫概念引入哲学，意味着把哲学看作一个历史的、可以变化的概念，而不是认为它本来就有一个永恒不变的本质，按照这个本质中国传统思想要么本来就是哲学，要么就永远不是。在我看来，只有这样才可以帮助我们摆脱中国哲学合法性问题的两难困境，既使儒家学说得到更深入的哲学解读，也可以帮助西方主流哲学摆脱其局限性，扩展视野，开拓对实践主体的研究，甚至开辟出一系列的功夫哲学理论。

当然，我并不是主张用功夫的视角取代其他所有的视角，而只是认为应当开辟这个视角；不是主张将整个哲学改造成功夫论，而是认为应当在本体论、认识论等既有的哲学领域之外，进一步开拓出功夫哲学的领域；我也不是意在仅仅用几个段落明确而完备地提出一个功夫伦理学，而仅仅是以从功夫概念中可能开发出功夫伦理学为例，来说明由此开发出一系列相关理论的可能。

虽然为了说明引入功夫概念的必要，我提到了包括行为学、行为理论、实用主义、德性伦理学以及当代一些哲学家的不足，但这绝不是意在否定这些理论和这些哲学家的积极意义，也不是说功夫概

---

① 杨儒宾、祝平次编：《儒学的气论与工夫论》，台湾大学出版中心2005年版。

念所包含的视角和研究领域是全新的，未被以上所提到的那些理论所涉及，而只是认为如果有功夫概念的帮助，他们当可走得更远，看得更深，有更大的突破。反过来，我相信那些理论也能够丰富中国传统功夫论的内容，为其提供借鉴和启发，与其共同为哲学"立法"。实际上，在西方哲学界还有不少学者（如G. B. Achenbach, Emmy van Deurzen等）和学术组织，如美洲哲学实践者协会（American Philosophical Practitioners Association），国际哲学实践协会（International Society for Philosophical Practice），美洲哲学咨询协会（The American Philosophical Counseling Association）等的工作与功夫哲学有着密切的关系。这些资源的整合，都可以与功夫哲学相得益彰。只是这许多内容不仅没法在本文中予以展开，而且也远远超出作者本人力所能及的范围，需要哲学界的同仁共同来完成。

附录三

孔子功夫哲学探微 [*]
——答李晨阳和王懷聿教授

感谢李晨阳教授、王懷聿教授和哲学杂志《道》的编辑为拙著提供了一个严肃的学术研讨机会。他们睿眼洞悉了本人以通俗读物形式呈现的对孔子乃至整个儒家思想的系统的哲学解读。本人写作此书的动机，就是希望能以孔子思想的深度所要求的那样去介绍孔子。针对当代学界中将儒家过分理智化（即当作类似西方求真的哲学理论体系）解读的倾向，本书将孔子的哲学概括为"功夫之道"。在宋明儒家那里，"功夫/工夫"意味着生活的艺术。在我看来，"功夫"这个词不仅很好地表达了整个儒家哲学的核心关注，它还具有丰富的意蕴，能够拓展巨大的哲学空间。本书正是建立在笔者多篇阐发上述丰富意蕴的学术论文基础之上的。有点像是影片介绍，此书欲以高度浓缩却又尽量通俗易懂的方式向读者呈现孔子功夫哲学的主要内容。对大众读者而言，这会比较受欢迎，因为他们一般是想较快地了解"剧

[*] 2016年4月，国际亚洲哲学与比较哲学学会为本书刚出的英文修订本（*Confucius: The Man and the Way of Gongfu*, Rowman & Littlefield, 2016）在北美哲学年会上组织了一场小型的专题研讨会。新加坡理工大学李晨阳教授和美国佐治亚学院暨州立大学王懷聿教授在这次会议上的发言文章和本人的回应，后来都发表于英文比较哲学季刊《道》［*Dao: A Journal of Comparative Philosophy*, 17（2），2018］。此文即本人回应文章的中译，个别词句略有增改并加了若干脚注，以方便本书读者参详。

情"；对学术界而言，这种方式则留下了许多仔细探讨的空间。

正是因为这个原因，我特别珍惜晨阳和怀聿对此书的评论。出于对本书所涉及问题之深度的敏感和严谨的学术态度，他们提出了重要的批评性意见和有启发的反思。这些评论给了我一个对书中言不尽意的地方作进一步说明的机会，并就一些理解孔子和理解人生的关键问题与读者做一些分享。

一

我很感激晨阳为我所做的辩护。针对那种把我的功夫取向看作反智主义的批评，晨阳指出，我的观点"是反对仅仅从理智主义的角度来理解孔子，或者说是反对对孔子的过度理智化的解读"。如果孔子的教导本来就是关于如何为人处世的，那么将它看作关于世界的理论知识显然就是误导。确实，2010年我在《纽约时报》发表了一篇题为《对哲学家而言的功夫（"Kung Fu for Philosophers"）的专栏文章，提出把中国哲学里的话语当作"自然之镜"是"错把菜单当作了菜肴"，[①]有人就因此而误解我是在主张非理性主义，否定哲学的价值。为了回应这种批评，我紧接着又在同一专栏上发了一篇题为《对功夫而言的

---

① Ni, Peimin, "Kung Fu for Philosophers", *The New York Times* forum "The Stone", Dec. 8, 2010, http://opinionator.blogs.nytimes.com/2010/12/08/kung-fu-for-philosophers/.

哲学家》（"Philosophers for Kung Fu"）的文章，其中写道：

> 虽然菜肴不能混同于菜单，这并不等于说菜单对于菜肴毫无价值，也不等于说菜单只能是为了点菜而设。值得警惕的不是有些人喜欢纯粹为求真而思考，或者为思辨而思辨，而是如果这种倾向统治了哲学界的话，我们会忘却还可以有其他的思维方式，忘却哲学还可以有其他的价值和效用。[①]

当我说孔子的根本目标是功夫的时候，我并不否认他还有哲学的、理论的和知识的向度。我是说，只有把握了他的功夫目标，我们才能对他的理论有恰当的理解；反过来讲，也可以说只有对他的理论有恰当的把握，我们才能对功夫的深度有足够的珍视。

对我的这些文章和本书略加省视，就能发现我对孔子乃至整个中国哲学的功夫解读，本身就是对这些论域做哲学理论的处理。我对孔子的功夫解读与对孔子的过分理智化解读的区别，不在于后者使用概念和理论论证而我不使用概念和理论论证，而是后者把孔子的思想说成是一个命题知识组成的理论系统，而我把孔子的思想说成是一个如何为人处世的功夫系统。这种误解让我想起人们对苏格兰哲学家托马斯·锐德的批评。锐德所提供的是对常识的严肃而有洞见的哲学分析，然而他却被讥讽为是在求助于常识以消解哲学。[②]

---

① Ni, Peimin, "Philosophers for Kung Fu: A Response", *The New York Times* forum "The Stone", Dec. 21, 2010, http://opinionator.blogs.nytimes.com/2010/12/21/philosophers-for-kung-fu-a-response/.

② Immanuel Kant, *Prolegomena to Any Future Metaphysics*, trans. By Lewis White Back, Indianapolis: The Bobbs-Merrill Company, Inc. 1950, pp.6—7；Ni Peimin, *On Reid*, Belmont: Wadsworth, 2002, pp.1—2, 38—39.

　　同样的误解也可以是反方向的。在一次学术会议上，本人提出孔子的伦理学本质上是功夫伦理。一位研究宋明儒学的学者突兀地指责这是"空谈"，因为我没有像王阳明及其后学那样去讨论功夫修炼的具体方法。这位学者的做法好比是指责一篇艺术评论本身不是艺术作品。我认为这才会导致值得警惕的反智主义倾向。它不仅是要求人把自己封闭起来，满足于以宋明儒的功夫话语去重复宋明儒的功夫观念，拒绝对古代思想资源进行哲学梳理，且以此为荣，反指责别人没有固守窠臼。

二

　　晨阳非常敏锐地指出，我 "对《论语》里的孔子和其他儒学经典中的孔子，对孔子其人和儒家学说"未作严格的区分。对此，他表示了不同的意见。确实，如晨阳所说，相比较而言《论语》是儒家经典当中哲学意味不那么浓厚的一部著作，而且《论语》最初也不是儒家的核心经典。早期的儒家核心经典是《诗经》《尚书》《礼记》《周易》《春秋》。但是早在东汉时期，《论语》便已经成为儒家"七经"之一。从朱熹开始，它更成了作为儒家核心经典的"四书"之一。有鉴于此，晨阳实质上是对《论语》在儒学中是否应该占有如此核心的位置提出了质疑。在这一点上，问题就上升到哲学的层面了。以孔子为主要代表的儒家学说有没有这样一个核心，使我们可以依此判断《论语》是否有资格被看作是一部主要经典？把《论语》中的孔子当作儒家的主要代表是否合理？

　　我确实是把《论语》中的孔子当作儒家的主要代表的。这更多地是受了把儒家看作"孔孟之道"的中国传统本身的影响，而不是受西方那种把一种哲学观念与某个个人联系起来的个人主义的影响（在西方，"儒家"被称作为"孔夫子主义"）。如果我们同意，儒家不是一套固定不变的教条，而是从一些核心价值观念发展而来，并在与新的社会和文化境域的际遇中不断变化发展着的一个活的传统，那么它的早期状况就不能被当作一个僵硬的框架，而应当被看作是一个孕育着变化的茧。在这个意义上，儒家思想当然可以包含早于孔子的观念和孔子自己从来没有想到过的观念，但这些观念之间必须有某种关联，以至于它们都可以被看作是儒家的。比如北宋的程颢与程颐有很多新的观念，但他们不断地引用孔子的话，并通过解读孔子来表述他们自己的观念。这是儒家思想发展的典型方式。

　　如果我们按照柏拉图式的哲学观念来衡量儒家哲学，那么显然，晨阳所列举的一些其他经典，如《易经》《中庸》《孟子》，当然要比《论语》更能代表"儒家哲学"。但如果我们同意儒家的定义标准不是它与柏拉图式的"哲学"有多相似，而是能够使那些早期著作被看作"儒家"经典的核心价值，那么我们就更有理由认为《论语》是儒家的主要经典，因为它不仅记录了作为儒家主要代表和据信编辑了儒家其他主要经典的孔子的言行，而且包含了那些价值的深刻教导。如果像我所说的那样，儒家的核心关注在于生活之道，而非将生活平面化了的理论，那么其他那些理论性更强的著作就需要摆在《论语》所包含的精神面前来评判，而不是相反。我相信我并没有把儒家思想归约为零碎的心灵鸡汤式的箴言，相反，我揭示了那些貌似零碎的箴言背后的深刻哲学意蕴。甚至像《论语·乡党》里那些看似琐碎的生活细节，在功夫视角下也完全可以理解了，因为它们展示了孔子伦理学的一个重要方面，即库普曼所说的"生活风格"的培养。它帮助我们看到，优秀的生活不仅在于面临重大事件时能够做出正确的决断，而且在于生活的方方面面都能够举止得体。要做到这一点，就需要有生动的榜样可以效仿。①

　　汉儒读《论语》重词章训诂、事物考究，宋儒读《论语》重形上、天理、心性、本体，当代学者以西方视角读《论语》以为它与哲学无关。与他们相比，我希望能够摆脱滞留于形而上的层面无法回归生活层面的困境。在我看来，儒家典籍当中的那些本体论和宇宙论的内容都应该从功夫的视角去解读，非此不足以理解为什么尽管天也有不仁，也会失序，可儒家的宇宙论偏偏强调天地之大德曰生、曰和。同样，非此也不足以理解为什么尽管人有私欲，孟子和他的宋明后继者偏要费大力去论证心性本善。

三

　　晨阳的评议中还有一点我想做些回应。他称我对孔子和儒家的解

---

① 参见Amy Olberding, *Moral Exemplars in the Analects—The Good Person Is That*, New York and London: Routledge，2012.

读为"美学转向",因为我认为儒家学说的目标与其说是道德的,不如说是美学的。他认为我的观点"完全没有道理",因为它"违背了儒家哲学本质上是一个道德哲学的公论"。他说这是一个无法在一篇短文中处理的大问题,然后就转向了别处,只是在文章的最后表示希望能够对儒家有一个更为全面的认识。

　　这个问题对我而言太重要了,无法将其搁置一边。如果我否认道德在儒家学说中占有最显著的地位,而欲代之以某种浪漫的东西,那当然是无稽之谈,就像声称李白比杜甫更为儒家一样的荒谬。①然而,我的"美学转向"是指对道德的超越,即目标指向比康德所理解的那种作为责任的道德更高的、被孔子称作"从心所欲不逾矩"的境界。我的观点确实与公认的观点不同。公认的观点认为,儒家总是把艺术审美当作经过道德过滤的、为道德服务的工具;②我则试图指出,儒家的最高目标不是让人们把道德当作苦涩的责任来接受,而是使人乐而忘忧的(因而是审美的)生活之道,即获得艺术地、美好地生活的功夫能力。这就是孟子所谓的"由仁义行,非行仁义"(《孟

① 李白和杜甫同为唐朝杰出诗人。李白以"诗仙"闻名,浪漫而富想象,而杜甫则以"诗圣"著称,因为他深切关注民生疾苦。

② 有不少权威学者持这种观点,如徐复观认为儒家的美学精神是经过其道德观过滤的(徐复观:《中国艺术精神》,华东师范大学出版社2001年版,第79—80页),冯友兰认为"儒家以艺术为道德教育的工具"(冯友兰:《中国哲学简史》,北京大学出版社2013年版,第23页),李泽厚认为儒家和道家相比,"前者强调艺术的人工制作和外在功利,后者突出的是自然,即美和艺术的独立"(李泽厚:《美的历程》,文物出版社1981年版,第54页),叶朗认为孔子之所以肯定审美和艺术,是"因为他认为审美和艺术在社会生活中可以起积极的作用"(叶朗:《中国美学史》,文津出版社1996年版,第31页),高伯认为儒家传统"追求道德至善、成为仁者的途径之一,就是将艺术行为当作一种自我修炼的手段"(Stephen J. Goldberg, "Chinese Aesthetics", in *A Companion to World Philosophy*, Blackwell, 1997, p.226)。

子·离娄下》）。儒家的修炼始于道德教育，但其理想是超越道德，使原来的道德规范不再是对人的约束，而是美好生活的能力本身。一个人如果仅仅因为道德规范而控制自己不去虐童取乐，那他就是有缺陷的。只有当他根本就不会去想到要虐童取乐，在他的生活当中"不能虐童取乐"不再是一条他需要引以为戒的道德规范的时候，他在道德上才是成熟的。而这也就意味着本来是道德责任的内容，变成了无关乎道德的功夫。

进一步而言，儒家修炼的理想目标远不止于满足道德的要求。比如孔子本人是"温而厉，威而不猛，恭而安"（7.38）。这些素质不是道德规范可以要求于人的，但它们是儒家人生艺术的目标。除非把道德本身定义为生活的艺术，否则的话，将儒家学说仅仅看作是一种道德哲学将是对儒家思想价值的严重低估。[①]

四

上述内容自然地导向了王怀聿教授的评论。怀聿的关注点集中在我对孔子的功夫解读的成果之一，即我把儒家的自由观概括为"修养而成的自发性"这一点上。由于人们习惯从道德的角度去解读孔子，人们经常抱怨孔子应当为中国文化缺乏对自由的尊重负责。但一旦我

---

① 参见拙文《儒学的最高目标——道德抑或艺术人生？》，《道德与文明》2018年第3期。

们从功夫的角度去看孔子，我们会发现孔子对自由持有不同的观点。所谓孔子对自由的限制，其实都是导向自由的，就像一个艺术家所受的严格规范训练都是他日后能够左右逢源、自由创造发挥的前提。

懷蒂的评论使我意识到有些地方我解释得不够清楚，因为他所提的批评意见其实都是我所同意，并自以为已经在书中表达的。比如他用曾子误伤瓜秧而被其父责罚的故事为例，质疑我所说的"修炼而成的自发性"。他说，虽然曾子以修炼而成的自发性应对了他父亲对他棍棒相加的体罚，他的应对方式依然是错误的，不能说是孝行。对此我完全同意。在我看来，当时的曾子显然修炼得还不到位。他的自发性是基于他对"孝道"的机械理解，以为孝就是简单的"不违"，而其实在当时的特定情况下，孝恰恰要求他变通。当然，曾子希望严守孝道，但他尚不明白如何去孝。当他听任其父以大棒虐责他时，实际上是间接地把他父亲放在可能失手将他打残甚至打死的地位，从而险些陷其父于不义。换句话说，如果曾子当时确实修炼到位了，他应该立即自发地逃走，防止他父亲铸成大错，这才是对父亲最好的帮助。

这又涉及了懷蒂的其他批评意见。他认为，即便是修炼有成的儒者，也可能碰到需要斟酌权衡的两难境地。这当然是对的。不能保证每一个情境都会有最佳选择，而且即便有最佳选择的话，也不可能总是那么容易看到的。如果岳母未曾力促岳飞精忠报国，岳飞的处境便会与萨特的那位学生相似。在我看来，如果真的遇到两难境地，一位修炼有成的儒者不会像布里丹的那头理性的毛驴，因为找不到去吃一堆草而非另一堆草的理由而饿死在两堆完全一样的干草之间。解决真正两难困境的方法依然是修炼而成的自发性。如果一个人需要斟酌，那就意味着他的修炼还不够。我不是说在真实世界中能够找到那种修炼得十全十美的人。也许从来就没有过，也永远不会有可以随心所欲地"发而皆中节"的完人。我没有像芬格莱特那样排斥道德选择的有用性。我只是声称儒家理想中的自由境界是一种修炼而成的自发性，在这个境界中一个人无需做出选择而能自发地做出恰当的反应。一个人修炼得越好，需要选择的事情就越少。如《中庸》里所说的"诚者天之道，诚之者人之道"。在一篇早先的文章里，我解释过：

> 作为天之道的"诚"和作为人之道的"诚之"之间的区别，就在一个"择"字。天无须有择。它无须有勉有思而能发而皆中节，能有得。……"诚"字用在"天"上是把天拟人化，以使人能以天为榜样。对一般人而言，择善而固执之是达到完全天人合一之前所必须经过的阶段。它的目标是最终能像天一样，能自然地"诚"，或者说能不勉而中，不思而得。这就是圣人的境界。但在达到这个理想目标之前，却仍然需要付出努力，要反思，要做抉择。①

那么"一个修炼有成的儒者在充满混乱和黑暗的世界里会怎么做？"回答是，"与命与仁"（《论语》9.1），继续修炼和践行自己的仁，把其他交给命运。

---

① 倪培民：《从功夫论的角度解读〈中庸〉》，《求实》2005年第2期。

五

　　怀吏的上述意见关联到他的另外一个重要观点 ——"即便是修炼得尽善尽美的儒家圣人或功夫大师也可能在某些问题上彼此产生分歧"。他认为这会导致另一个有关选择的问题，因为如果大师们意见不一，却都没有错，"那么一位大师决定取其中之一而非其他可能的选项，就必需要做出'选择'，哪怕这个选择是其修炼的自发结果。如此，他怎样才能为自己的选择做出辩护，尽管另外的选择也是正确的，也可以为其他大师所取呢？"

　　首先，我同意，修炼得十分完美的儒家圣人也完全可能对同一个境况或问题做出不同的回应。但这并不意味着他们必须在那些选项中做出"选择"。他们可以直接基于各自修炼而成的功夫做出不同的自发应对。用怀吏自己喜欢的音乐为例，两位钢琴大师可以自发地对同一首乐曲做出迥然不同的演绎，而都有各自的精彩。

　　其次，功夫视角的好处之一，是它不仅允许不同的功夫风格或品味，它甚至还允许对立的观点或做法成为互补的功法，而不至于陷入道德相对主义或道德虚无主义。把伦理问题当作真理对待的理论当然容不得矛盾的对立，但功夫伦理是以功效或功用作为理据，因而相互矛盾的命题就可能在实践中成为互补的功法。比如孟子的理论从正面鼓励人为善，所以适合于儿童教育；而荀子的理论提醒人们自己的缺

陷，因而更适合于纠正酗酒、吸毒等不良习气。①劳伦斯·科尔伯格
（Lawrence Kohlberg）以能够为自己的行为做合理辩护的能力来衡量
道德的成熟度，而道家则鼓励我们以婴儿为榜样。这两种对立的观点
在功夫视角下可以互补，因为虽然人的理性能力会随年龄的增长而增
强，人的创造力却会随之减弱。有鉴于此，我们可以从这两种观点中
汲取各自的智慧，并防止各自的局限。

当然，哪怕所有的相关事实都摆在面前，修炼有成的人依然可能
持不同的价值观。有的人可能倾向于理性的生活风格，有的人则倾向
于讲感情；有的人偏向于个性和独立，另一些人则喜欢合群；有的人
宁可牺牲生命也要找回正义，有的人则宁可让罪犯逍遥法外也不愿意
有更多的伤害。在功夫视角下，各种伦理理论不再被看作是互相矛盾
的有关真理的命题系统，而是不同的生活倾向。效用主义导致对幸福
的追求，康德的责任伦理导致对普遍理性的坚持，亚里士多德要我们
按照人的内在目的性去生活，而佛家的教导则导向看破红尘的无执。
怀聿问道："怎样才能摆脱在各种相互矛盾的道德要求当中做出选择
的困境？"我的回答是，对于善恶的不同观点只能通过它们各自对人
生的效应来判断。如果在这个意义上分不出高下，那就只能把它们当
作不同的艺术风格和品味了。②

---

① 参见拙文 "A Comparative Examination of Rorty's and Mencius' Theories of Human Nature"，
in *Rorty, Pragmatism, and Confucianism*，edited by Yong Huang, New York: SUNY Press, 2009.

② 参见拙文《功夫伦理初探》，《中山大学学报》（社科版）2018年第6期。

六

感谢怀庸的提醒，我需要把有关"权"的讨论与"修炼而成的自发性"联系起来。作为生活的艺术，修炼而成的自发性的功夫不是简单地把行为规范内在化为自己的习惯。行为规范的训练可以使人获得最终无须僵硬地固守这些规范的能力。虽然在功夫修炼的过程中，有必要在关键时刻暂时驻足，以决定是按照标准程序或规范去做，还是采取灵活变通的做法，在我看来，运用权变的能力也是在达到能够自发地做出反应，无须驻足犹豫的情况下才至臻完美。怀庸用的是钢琴大师的例子，我则常用驾驶汽车的例子。[①]一个人的驾驶技艺一旦臻熟，就能在特定情况下毫不犹豫地做出恰当的权变，而不是先要考虑一下是否应该死守初学时教练所教的那些规则。

这就是我在书中谈到道德金律和"信"德时所欲表达的观点。就道德金律而言，有些学者强调儒家的金律是"否定式"的，即告诉人们不应该做什么（"己所不欲，勿施于人"），而西方通行的标准金律是"肯定式"的，即告诉人们应该做什么（"己所欲，施于人"）。我在书中指出，实际上孔子两者都有提到。[②]孔子关于道德金律的特别之处，在于他从未将其当作是"金律"。孔子反对"必"和"固"（9.4）。在他看来，君子"无适无莫，义之与比"

---

① 参见拙著*Understanding the Analects of Confucius—A New Translation with Annotations*, Albany: State University of New York Press，2017，pp.26—27.

② 孔子的"肯定式"是"己欲立而立人，己欲达而达人"（6.30）。

（4.10）。孟子说孔子是灵活变通的"圣之时者"（《孟子·万章下》）。他把"权"的艺术看得如此之高，以至于认为能够找到"可与权"的同伴比找到"可与适道"和"可与立"的同伴更难（9.30）。在孔子那里，所谓的"金律"是用以引导人走上正道的指导，而非需要严格遵守的律令。在功夫艺术上，初学者和大师的区别就在于后者能够超越规范的制约而达到从心所欲地创造发挥的自由。

七

我对孔子的解读可以归纳为一个简单的核心观点，即孔子代表的是功夫之道。他的哲学不是围绕着获取命题性的知识，而是围绕着过怎样的人生展开的。这个核心观点有丰富的哲学内涵。除了晨阳和怀聿在评论中涉及的之外，还有不少在本书中只是简略地提及，未能展开。

例如，功夫之道的说法可以解释为什么孔子对有无鬼神和来世的问题不感兴趣。他对这类问题的态度可以从"祭如在，祭神如神在"（3.12）一语中抽取一个词来表述，叫作"如在主义"。[①]这种态度既不是有神论，也不是无神论，更不是怀疑论或不可知论。它把有神无神的问题搁置起来，而集中关注献祭者的自身状态，并由此而提供了

---

① 参见拙文《儒家精神人文主义的模式：如在主义》，《南国学术》2016年第3期。

一种从世俗生活中开发出精神性和解决宗教冲突的可行途径——虽然我们也许永远都无法证实或者证伪一种宗教信仰，但我们可以把从这种宗教信仰的"如在"态度会产生什么样的功效作为评判它的理据。

另一个例子是已被翻炒过无数遍的孟子人性论。为什么孔子不讨论这个非常哲学的问题，而孟子和荀子却各自发展出了有关人性的精致理论？从功夫的角度来看，重要的不是人性究竟是善还是恶，而是如何开发人的潜能并培养理想的人格。所以孔子强调的是人的可塑性，即虽然"性相近"，关键是"习相远"（17.2），要在"习"上下功夫。而孟子的人性论与其说是描述人性，不如说是推荐人应当如何确认自我。孟子之言性善，实乃鼓励人向善。由此观之，孟子的理论就不再是与荀子的性恶论相矛盾的，而是互补的。从功夫角度看，荀子之言性恶，是在提醒人们自我提升的必要性。孟子和荀子其实是为了同一个目标而提出了不同的功法。

这些例子说明，在看似不怎么哲学化的《论语》话语中，蕴含着孔子的哲学智慧。这些智慧与其他更哲学化的儒家著作里的观念一致，而且是其中许多观念的源头。正如《中庸》所言，这种智慧是哪怕街头巷尾的男男女女都能获得的，但它的最高深之处，却连圣人都不见得完全明白。[1]

---

[1] "夫妇之愚，可以与知焉，及其至也，虽圣人亦有所不知焉。"参见拙文《从功夫论的角度解读〈中庸〉》，《求实》2005年第2期。

大事年表 *

远古

约公元前24—前22世纪	古代圣王尧、舜、禹。
约公元前21—前17世纪	夏朝。
约公元前17—前11世纪	商朝。
约公元前11世纪	周文王、周武王、周公。
约公元前11—前8世纪	西周。

孔子生平

公元前551年约9月28日	孔子出生。
公元前549年（？）	3岁，孔子丧父。
公元前537年	15岁，"十有五而志于学"。

---

* 此年表主要参见张岱年主编：《孔子大辞典》，上海辞书出版社1993年版。

公元前533年（？）	娶宋国丌官氏为妻。
公元前532年	子孔鲤（字伯鱼）出生。当时孔子为"委吏""乘田"，管粮草与畜牧。
公元前522年	30岁，"三十而立"，约此时设教收授门徒。
公元前518年	鲁国贵族孟僖子临终嘱咐其两个儿子拜孔子为师。
公元前517年	鲁昭公帅师击季氏，师败，奔齐。孔子亦去齐国。
公元前516年	齐景公问政（12.11）和孔子在齐闻韶乐（7.14）大致在此时。
公元前515年（？）	孔子由齐返鲁。
公元前512年	40岁，"四十而不惑"。
公元前510年	鲁昭公卒，定公即位。
公元前504年（？）	季氏家臣阳虎擅权，欲见孔子，孔子不见。（17.1）
公元前502年	"五十而知天命"。公山弗扰据费以叛季氏，召孔子。（17.5）
公元前501年	阳虎欲去三桓，不遂，奔齐，然后去晋国。据载，孔子为中都宰。
公元前500年	据载，孔子为鲁司寇，赴夹谷之会，以礼挫败齐国阴谋。
公元前497年（？）	季桓子受齐女乐，三日不朝，孔子离开鲁国，开始周游列国。（3.1）在卫国居住10个月后，由卫去陈，经匡被匡人围

困。（9.5，11.23）

公元前496年	返卫。见南子。（6.28）
公元前495年	返鲁。鲁定公卒，哀公即位。
公元前493年	至卫。卫灵公问陈（军事布阵），孔子婉辞，离开卫国去宋国。
公元前492年	"六十而耳顺"。孔子过宋，司马桓魋欲杀孔子。（7.23）
公元前491年	季桓子卒。季康子欲召孔子返鲁。孔子离陈适蔡。
公元前490年	自蔡到叶，又返蔡。叶公问政、问直。（13.16，13.18）佛肸召孔子，孔子欲往。（17.7）
公元前489年	困于陈蔡之间，绝粮。（15.2）
公元前488年（？）	孔子返卫。
公元前485年	夫人丌官氏卒。
公元前484年	由卫返鲁。
公元前483年	子孔鲤卒。
公元前482年	"七十而从心所欲，不逾矩"。颜回卒。
公元前480年	卫国政变，子路在卫被杀。
公元前479年	孔子卒。鲁哀公为之作诔祭悼。
公元前478年	鲁辟孔子旧宅三间为庙堂奉祀孔子，是为孔庙之始。

"儒学第一期" 时的其他主要思想家

公元前6世纪（？）	老子，道家创始人。
公元前470—前391年（？）	墨子，墨家创始人。
公元前483—前402年（？）	子思，孔子之孙，传为《大学》与《中庸》的作者。
公元前372—前289年	孟子，在儒家传统中被尊为"亚圣"。
公元前369—前286年	庄子。
公元前325—前238年（？）	荀子。
公元前280—前233年（？）	韩非，法家代表人物。

秦汉至隋唐时期

公元前259—前210年	秦始皇嬴政时期。
公元前213年	秦始皇焚书。
公元前212年	秦始皇坑儒。
公元前202—前157年	汉文帝。
公元前194—前114年（？）	董仲舒。
公元前156—前87年	汉武帝，接受董仲舒"罢黜百家，独尊儒术"。
公元前141年	孔子八代孙孔鲋于秦始皇焚书时藏于孔府壁中的儒家书籍被发现。
公元前146—前86年（？）	司马迁，作《孔子世家》。
公元前48年	汉朝廷命孔子后裔孔霸以食邑800户奉祀

孔子。

| 公元前8年 | 孔子后代孔吉被封为侯，旋即又晋爵为公。 |

| 公元1年 | 孔子被追谥为"褒成宣尼公"，是为历代对孔子的封谥之始。 |

| 公元72年 | 汉明帝赴孔子故宅祭祀孔子及其72弟子。 |

| 公元79年 | 汉章帝召集儒生聚会白虎观论五经。 |

| 公元285年 | 朝鲜儒士将《论语》等介绍到日本。 |

| 公元581年 | 隋文帝在开皇之初，敬称孔子为"先师尼父"。 |

| 公元628年 | 唐太宗尊孔子为"先圣"，取代过去给予周公的地位。 |

| 公元630年 | 唐太宗诏各州县置孔子庙。 |

| 公元666年 | 唐高宗和武后至曲阜祀孔子。 |

| 公元710年 | 日本开始祭奠"先师"孔子。 |

| 公元739年 | 孔子被追谥为"文宣王"，其直系后裔长子开始被册封为"文宣公"。 |

| 公元768年 | 日本天皇尊孔子为"文宣王"。 |

"儒学第二期"

| 公元962年 | 宋太祖命扩建国子监祠宇，供奉孔子像，并亲自撰文赞孔子和颜回。 |

| 公元1011年 | 宋朝廷命各州置孔庙。 |

公元1017—1073年　　　周敦颐，援道儒学，为理学创始人。

公元1073年　　　越南李朝皇帝李日尊卒。曾在升龙（今河内）修建文庙，为越南立文庙祀孔之始。

公元1032—1107年　　　程颢（1032—1085），程颐（公元1033—1107年）。程氏兄弟将理学推向前所未有的高度。

公元1130—1200年　　　朱熹，与程氏兄弟一起，并称"程朱理学"，代表理学的最高峰，并将《论语》《孟子》《大学》《中庸》并列为儒学核心经典的"四书"。

公元1139—1193年　　　陆象山，为"心学"之开山祖。

公元1289年　　　程朱理学传入高丽。

公元1308年　　　元武宗将孔子谥号改成"大成至圣文宣王"。

公元1368年　　　明太祖朱元璋命孔子后裔袭封衍圣公并授曲阜知县。

公元1472—1528年　　　王阳明，将心学发展到高峰。

公元1501—1570年　　　朝鲜李朝理学家李滉。

儒学在近代的命运

公元1552—1610年　　　意大利传教士利玛窦，多年在华传教，自称"西儒"，并将"四书"译成拉丁文。

公元1644年　　　清世祖亲临太学祭奠孔子。

公元1704年	罗马教廷下令禁止在华天主教徒参加中国祭祖祀孔礼仪，是为"礼仪之争"。
公元1815—1897年	英国传教士、汉学家理雅各（James Legge），系统翻译研究中国经典，将"四书""五经"全部译成英文。
公元1881—1936年	鲁迅，激烈批判僵化教条的儒教。
公元1919年	五四运动。
公元1915—1923年	新文化运动，席卷全中国的批判旧传统的浪潮。
公元1939年	国民政府将孔子诞辰定为教师节。

"儒学第三期"

公元1948年	牟宗三等提出"儒学第三期"的概念。《联合国人权宣言》中加入儒家"四海之内皆兄弟"的原则。
公元1958年	港台新儒家代表人物唐君毅、牟宗三、徐复观、张君劢联署发表《为中国文化敬告世界人士宣言》。
公元1966—1976年	中国开始"文化大革命"。《论共产党员的修养》受到批判。
公元1974年	开始"批林批孔"运动。
公元1984年	中国孔子基金会成立。
公元1986年	学术刊物《孔子研究》创刊。
公元2004年	中国正式提出"建设和谐社会"。

参考文献

曹漫之编：《唐律疏议译注》，吉林人民出版社1989年版。

程树德：《论语集释》，中华书局1990年版。

戴溪：《石鼓〈论语〉答问》卷二，文渊阁四库全书本。

郭沫若：《公孙尼子及其乐论》，载郭沫若：《〈乐记〉论辩》，人民音乐出版社1983年版。

郭庆藩：《庄子集释》，中华书局1961年版。

《孔子家语》，上海古籍出版社1990年版。

《礼记》，陈澔注，上海古籍出版社1990年版。

吕祖谦：《丽泽论说》卷二，文渊阁四库全书本。

《孟子》，载《十三经注疏》，中华书局1980年版。

钱逊：《论语浅解》，北京古籍出版社1988年版。

《诗经》，载《十三经注疏》，中华书局1980年版。

《书经》，James Legge trans., 2000, *The Chinese Classics*, V. 3, *The Shoo King or The Book of Historical Documents*, Taipei: SMC Publishing Inc.

司马迁：《史记》，中华书局1959年版。

孙星衍辑、郭沂校补：《孔子集语校补》，齐鲁书社1998年版。

孙中山：《中山丛书》卷一，大中书局1928年版。

王晖：《商周文化比较研究》，人民出版社2000年版。

王阳明：《王阳明全集》卷一，红旗出版社1996年版。

魏启鹏：《简帛文献〈五行〉笺证》，中华书局2005年版。

夏瑰琦编：《圣朝破邪集》，香港建道神学院1996年版。

《孝经注疏》，上海古籍出版社2009年版。

徐复观：《中国人性论史·先秦篇》.台湾商务出版社1984年版。

《荀子》，载《诸子集成》，上海书店1986年影印版。

杨伯峻：《论语译注》，中华书局1980年第2版。

张岱年主编：《孔子大辞典》，上海辞书出版社1993年版。

张祥龙：《孔子的现象学阐释九讲——礼乐人生与哲理》，华东师范
　大学出版社2008年版。

张晓林：《天主实义与中国学统——文化互动与诠释》，学林出版社
　2005年版。

《中庸》，载朱熹：《四书章句集注》，齐鲁书社1992年版。

《帛书〈周易〉》，《文物》1984年第3期。

倪培民：《从功夫论的角度解读〈中庸〉》，《求实》2005年第
　2期。

倪培民：《功夫伦理初探》，《中山大学学报》（社科版）2018年第
　6期。

倪培民：《儒家精神人文主义的模式：如在主义》，《南国学术》
　2016年第3期。

倪培民：《儒学的最高目标——道德抑或艺术人生？》，《道德与文明》2018年第3期。

《左传》，James Legge trans., 1991, *The Chinese Classics*, V. 5, The Ch'un Tsew (Chun Qiu) with The Tso Chuen (Zuo Zhuan), Taipei: SMC Publishing Inc.

Ames, Roger T. and Henry Rosemont, Jr., *The Analects of Confucius: A Philosophical Translation*, New York: Ballantine Books, 1998.

Amy Olberding, *Moral Exemplars in the Analects—The Good Person Is That*, New York and London: Routledge, 2012.

Chen, Wing-tsit, *A Source Book in Chinese Philosophy*, Princeton, NJ: Princeton University Press, 1963.

Cook, J. Daniel and Henry Rosemont, Jr., *Gottfried Wilhelm Leibniz, Writings on China*, Chicago and La Salle, IL.: Open Court, 1994.

Creel, H. G., *Confucius and the Chinese Way*, New York: Harper & Brothers, 1949.

Fingarette, Herbert, *Confucius—The Secular as Sacred*, New York: Harper & Row, 1972.

Hadot, Pierre, *Philosophy as a Way of Life*, Malden, MA: Blackwell Publishing, 1995.

Hall, David L. and Ames, Roger T., *Thinking Through Confucius*, Albany, NY: State University of New York Press, 1987.

Immanuel Kant, *Prolegomena to Any Future Metaphysics*, trans. By Lewis White Back, Indianapolis: The Bobbs-Merrill Company, Inc. 1950.

Ivanhoe, P. J., "Whose Confucius? Which Analects?", in *Confucius and the Anelects: New Essays*, ed. Bryan Van Norden, New York: Oxford University Press, 2002.

Jensen, Lionel M., *Manufacturing Confucianism*, Durham, NC: Duke University Press, 1997.

Jullien, François, *Le Détour et l'accès: Stratégies du sens en Chine, en Grèce*, Paris: Grasset, 1995.

Jung, C. G., "Foreword to *The I Ching or Book of Change*", Richard Wilhelm / Cary F. Baynes translation, Princeton: Princeton University Press, 1950.

Kupperman, Joel, *Learning from Asian Philosophy*, New York: Oxford University Press, 1999.

Lau, D.C. trans., *Confucius, the Analects.* New York: Penguin Books, 1979.

Levenson, Joseph R., *Confucian China and Its Modern Fate, A Trilogy*, Berkeley and Los Angeles: University of California Press, 1968,

Li, Chenyang, *The Sage and the Second Sex, Confucianism, Ethics, and Gender*, Chicago and La Salle: Open Court, 2000.

Neville, Robert Cummings, *Boston Confucianism: Portable Tradition in the Late-Modern World*, New York: State University of New York Press, 2000.

Ni, Peimin, *On Reid*, Belmont: Wadsworth, 2002.

Ni, Peimin, *Understanding the Analects of Confucius—A New*

Translation with Annotations, Albany: State University of New York Press, 2017.

Reid, Thomas, *Complete Works of Thomas Reid*, ed. Sir William Hamilton, Edinburgh: Maclachlan and Stewart, 1846.

Rosemont, Jr. Henry, *A Chinese Mirror: Moral Reflections on Political Economy and Society*, La Salle, IL: Open Court, 1991.

Rosemont, Jr. Henry, "Human Rights: A Bill of Worries", in Wm. Theodore de Bary & Tu Weiming ed., *Confucianism and Human Rights*, New York: Columbia University Press, 1998.

Russell, Bertrand, *The Problem of China*, London and New York: The Century Co., 1922.

Sartre, Jean-Paul, *Existentialism and Human Emotions*, New York: Citadel Press, 1993.

Smith, Arthur H., *Chinese Characteristics*, Safety Harbor, FL: Simon Publications LLC, 2001.

Stephen J. Goldberg, "Chinese Aesthetics", in A Companion to World Philosophy, Blackwell, 1997.

Tu Weiming, "Epilogue: Human Rights as a Confucian Moral discourse", in Wm. Theodore de Bary & Tu Weiming ed., *Confucianism and Human Rights*, New York: Columbia University Press, 1998.

Varela, Francisco, *Ethical Know-how: Action, Wisdom, and Cognition*, Stanford: Stanford University Press, 1999.

Hansen, Chad, "Chinese language, Chinese Philosophy, and

'Truth'", *Journal of Asian Philosophy*, vol. XLIV. No. 3, 1985.

Ni, Peimin, "A Qigong Interpretation of Confucianism", *The Journal of Chinese Philosophy*, 23(1), 1996.

Ni, Peimin, "Confucian Virtues and Personal Health", *Confucian Bioethics*, ed. Ruiping Fan, Dordrecht / Boston: Kluwer Academic Publishers, 1999.

Ni, Peimin, "Kung Fu for Philosophers", *The New York Times* forum "The Stone", Dec. 8, 2010, http://opinionator.blogs.nytimes.com/2010/12/08/kung-fu-for-philosophers/.

Ni, Peimin, "Philosophers for Kung Fu: A Response", *The New York Times* forum "The Stone", Dec. 21, 2010, http://opinionator.blogs.nytimes.com/2010/12/21/philosophers-for-kung-fu-a-response/.

《论语》引文索引

14.1，13
14.2，151
14.3，47
14.22，116
14.24，76，156
14.28，193
14.29，150，178
14.30，86
14.34，138
14.36，45
14.38，38，64，188
14.41，118
14.43，96
14.44，169
15.2，37
15.5，118，186
15.8，178
15.9，37
15.11，159，160
15.15，86，135，153
15.18，89
15.19，86
15.20，57，153，187
15.21，86，135，153

15.22，153
15.23，153
15.24，82，83
15.29，51，80
15.30，67，170
15.31，170
15.32，152
15.37，82
15.39，149
15.40，62，116
15.41，161
15.42，93
16.1，113
16.2，188
16.7，187
16.9，168
16.12，57
16.13，164
17.1，211
17.2，79，172，282
17.4，211
17.5，13
17.6，85
17.7，15

17.9，163
17.10，165
17.11，158
17.13，203
17.19，44
17.20，201
17.21，41，52，171
17.24，153
17.25，196，197
17.26，92
18.4，13
18.5，26，63
18.6，62
18.7，63
18.8，64，
18.10，153
19.12，155
19.21，153
19.23，148
19.24，85
19.25，148
20.1，50，135
20.2，112，187

人名与主题索引

52，55，56，61，62，64，65，
66，71，79，80，81，83，93，
102，103，104，106，110，
112，113，116，118，120，137，
139，142，148，151，152，
153，155，156，159，161，
171，184，185，187，188，
192，193，195，197，203，
207，208，211，242，249，
254，264，268，272，276，
277，281
道德金律，82，83，280
道家，7，16，17，20，21，24，
25，26，27，37，44，47，51，
59，61，63，65，118，119，
172，188，217，235，245，
274，279
德里达 Jacques Derrida，156，223，
224，228
董仲舒，21，22，23，48，64，200
杜维明，52，67，214，229，231，
232，239，261
法家，7，19，20，21，22，58，
110，128，162
樊迟，151
范宣子，56

芬格莱特 Herbert Fingarette，88，
90，118，247，248，277
冯友兰，213，274
佛，27，65，135
佛教，24，26，27，60，64，65，
66，188，217，241，
伏尔泰 Voltaire，28，122
功夫，27，72，79，80，105，
106，134，135，173，176，
202，203，228，231，235，
244，245，246，247，248，
249，250，252，254，257，
258，259，260，261，262，
263，264，265，266，267，
268，269，270，271，273，
274，275，276，278，279，
280，281，282
功利主义，158，255
顾立雅 H. G. Creel，14，15，38，
149
哈道 Pierre Hadot，71，239，240，
241
韩非，18，19，128
汉文帝，20，21
汉武帝，21，22
郝大维 David Hall，117，159，

　　写书的人常常会感到一种遗憾，一本出版了的书就像泼出去的水，事后发现有瑕疵，也没法补救了。拙著2013年出中文版，如今又出中文修订本，给了我两次难得的机会，一方面对原著进行一些补正，另一方面，也用后记的形式再加几句话，像吃了正餐以后来点水果，顺便讲点相干或不太相干却又或许能帮助读者消化的东西。

　　这本书最初是为英文读者写的，希望以他们容易理解的语言和方法来介绍和阐发孔子的思想。后来译成了中文，书的性质也多了一层——成了我对同胞们汇报自己多年攻读哲学的一些心得。和我一样在"文革"以后最早出国留学攻读哲学的一批人，当年大多都是抱着"取经"的心态，出去学习西方哲学的，后来几乎都不约而同地转向了中国传统哲学和东西方比较哲学的研究。这里面当然也有着发挥自己母语和文化基础的优势以在海外立足的考虑，但更多的是在深入了解了西方哲学以后，反过来对中国传统哲学的博大精深有了更深切的体会。回想当年在复旦读研究生的时候，我选择的主攻方向乃西方近代经验主义的传统，尤其是苏格兰哲学家休谟，以为中国之落后于西方，关键在于缺乏科学理性的精神，而近代西方经验主义正是这一精神的哲学基础。记得当时在复旦访问的美国教授罗思文在为我们讲授西方哲学课程时，经常以溢美之词提到中国传统哲学，尤其是儒家思想。那时我还以为他只是客气，好比一个客人客套地恭维主人的家很漂亮一样，不能太当真。后来到美国攻读博士，我最初依然专注于西方分析哲学，博士论文做的是因果观念的本体论分析，与孔子、儒家都毫不相干。然而，就像是去西天"取经"，最后却发现佛祖就在心中一样，在美国多年，越来越发现西方经验主义以及由此发展出来的分析哲学虽然有种种不可否认的优点，但包含着许多重大的局限，而且当今世界的许多深刻危机，都可以在这些局限性里找到根源。再反观中国古典哲学，却从那些耳熟能详的句子里读出了许多即便在今天看来也还是超前的观念，看到它们常常恰可弥补西方主流哲学的许多不足。从20世纪90年代初开始，我和其他一些大致在相同年代出国学哲学的人开始在西方大学里任教，也相继走上了精神的"海归"之路，无论是研究的方向，还是我们讲授的课程，都开始转向中国古典哲学与中西方哲学的比较。

　　不过，正如"否定之否定"不意味着简单的回归，至少对我来说这些年苦读西方哲学的经历，绝非浪费光阴。分析哲学的严谨和细致、经验主义哲学的实事求是态度，经过多年的严格训练而成了我下意识中对自己做学问的要求。更重要的，是它使我可以从另外一个角度来回看中国自己的传统，因而才有了这本书里的比较哲学的视野，书中的内容，也就不仅仅是对孔子思想的简单介绍，而且也是站在现代的、跨文化的角度对孔子的思想遗产的反思。这本书里的许多内容，就是在本人近20年里发表的多篇学术论文的基础上浓缩提炼出来的。乘此书出中文修订本之际，我附上了其中的三篇文章：《从"合法性"到"立法者"——当代中国哲学地位之转变》《将"功夫"引入哲学》《孔子功夫哲学探微——答李晨阳和王怀聿教授》。希望通过它们，能帮助读者对孔子思想在当今世界哲学中的地位和我写作此书所采用的视角有一个更加清楚的了解，并激发进一步的思考。

此书从其最初的形成到后来出中英文的修订本，需要感谢的人太多，无法一一列举。其中必须提及的是附录三所回应的李晨阳和王怀聿教授。他们都是儒学界的翘楚，多年来与他们的交流使我获益匪浅。我对他们的回应，挂一漏万，尚有许多值得深入探讨之处。读者若有兴趣，可参阅他们对拙著的点评。[①]

另外必须提及的是我的三位复旦同窗好友和一位复旦的学长。第一位是受到我们全班同学尊敬的大姐、上海译文出版社原副总编赵月瑟，是她的约请，导致了此书最初的英文版的问世。无论是她的学术素养还是为人，在我们那个人才济济的班上，都是数一数二的，但她"述而不作"，默默地甘为伯乐，数十年如一日地替他人作嫁衣。孔子曰："圣人，吾不得而见之矣，得见君子者，斯可矣。"她是我有

---

① 参见 Chenyang Li, "Interpreting Confucius: The Aesthetic Turn and Its Challenges", Huaiyu Wang, "Gongfu Philosophy and the Confucian Understanding of Freedom: Critical Reflections on Ni Peimin's Confucius: The Man and the Way of Gongfu", *Dao: A Journal of Comparative Philosophy*, 17（2），2018。王怀聿、施璇：《立心以弘道：功夫修养的最高体现——评〈孔子——人能弘道〉》，《哲学分析》2015年第4期。

幸为友的几位君子之一。

　　第二位是来自"惟楚有才"的湖南的才女李子华。是她对此书的兴趣和辛勤的翻译劳动，使这本书以中文的形式得到另一次生命，并且给其中的哲学内容增加了文采。翻译在很大程度上是个再创作的过程，而且翻译哲学论著，不仅要求译者有较高的英语和中文水平，还要求本人具有相当的哲学素养。在这个意义上，这本书也是她的作品。当然里面所有尚存的瑕疵，都应当由我自己负责。

　　第三位是当年读大学时就经常与我合作发表文章、现在又与我在美国大学同一个系里任教的商戈令教授。我与他虽然个性迥异，他研究庄子，人也如庄子般洒脱不羁，我偏重孔孟，总是任重道远，为人处事常难免过于认真，我们俩却正好互补。他为此书起了一个再合适不过的副标题——"人能弘道"。这四个字出自《论语》。它非常贴切地概括了本书想表达的孔子思想的基本特点：首先，"弘道"是孔子的核心关怀。它表明孔子学说的特点不在于描述真理，而在于指导现实人生、追求人的完美化和社会的和谐共生。这也是我称为"功夫"视角的最基本特点。其次，"弘道"而非"循道"，意味着没有一个预先设定的普遍标准，表达了孔子之道本质上是允许无限创造性的人生艺术。孔子之道并不神秘。它说到底是追求人的素质的提高、民众生活的改善与社会和谐，而要达到这些，仁义就是其基本的"功力"，礼乐就是其基本的"功法"。也就是说，仁义和礼与其说是道德律令，不如说是达到艺术人生与社会和谐的"功夫"。第三，"人能弘道，非道弘人"也凸显了孔子哲学"即凡而圣"，即从平凡的人生中开发出精神性、神圣性的特点，这也是儒家与大多数宗教相区别的主要特征。如果说此书在众多阐述孔子思想的著作当中有其独特价值的话，主要就在于它突出了这几点。在我看来，这些特点也是孔子的思想对中华民族乃至整个世界的最可珍视的馈赠。

最后一位是上海人民出版社原总编辑，同时也是我复旦的学长郭志坤先生。从儒家的角度必须一提的是，他也是为科学事业做出了杰出贡献乃至奉献了生命的青年科学家郭申元的父亲。郭先生极为仔细地阅读了书稿，既高屋建瓴地对全书的重点提出了宝贵的意见，使这个中文版更鲜明地突出了"弘道"这一主线，又纠正了历经多次校对都未发现的若干细微错讹。从与郭先生的接触当中，我看到了郭申元精神的来源。

还必须提及的是，承蒙中国社会科学院哲学所王正副编审的推荐，世界图书出版公司北京分公司以高度的热忱和敬业精神编辑出版此书，使得此书以更完善的形态再次面向广大读者。在此一并表示深切的感谢！

倪培民

2020年9月修订于美国密西根